La amada inmóvil, Plenitud y otros poemas

La amada inmóvil, Plenitud y otros poemas

AMADO NERVO

Grupo Editorial Tomo, S. A. de C. V.
Nicolás San Juan 1043
03100 México, D. F.

1a. edición, diciembre 2015.

La amada inmóvil, Plenitud y otros poemas
Amado Nervo

Nicolás San Juan 1043, Col. Del Valle
03100, México, D. F.
Tels. 5575-6615, 5575-8701 y 5575-0186
Fax. 5575-6695
www.grupotomo.com.mx
ISBN-13: 978-607-415-766-6
Miembro de la Cámara Nacional
de la Industria Editorial No. 2961

Proyecto: Marco Antonio Garibay M.
Formación y diseño tipográfico: Francisco Miguel M.
Diseño de Portada: Karla Silva
Supervisor de producción: Leonardo Figueroa

Impreso en México - *Printed in Mexico*

CONTENIDO

SERENIDAD

RIMAS IRÓNICAS Y CORTESANAS

AMOR

AD ASTRA...

PIEDAD

PENUMBRA

ELEVACIÓN

LA ÚLTIMA LUNA

PERLAS NEGRAS

MÍSTICAS

LOS JARDINES INTERIORES

RONDÓS VAGOS

DAMIANA

EL PANORAMA

LA CATÁSTROFE

PRÓLOGO

En una breve nota autobiográfica publicada en España, Amado Nervo dice:

Nací en Tepic, pequeña ciudad de la costa del Pacífico, el 27 de agosto de 1870. Mi apellido es Ruiz de Nervo; mi padre lo modificó, encogiéndolo. Se llamaba Amado y me dio su nombre. Resulté, pues, Amado Nervo, y, esto que parecía seudónimo —así lo creyeron muchos en América—, y que en todo caso era raro, me valió quizá no poco para mi fortuna literaria. ¡Quién sabe cuál habría sido mi suerte con el Ruiz de Nervo ancestral, o si me hubiera llamado Pérez y Pérez!

Y en otro lado, dice algo más:

Soy descendiente de una vieja familia española que se estableció en San Blas a principios del siglo pasado. Hice mi instrucción primaria en las modestas escuelas de mi ciudad natal; muerto mi padre cuando yo tenía nueve años, mi madre me envió a un colegio de Padres Romanos, al de Jacona, en Michoacán, que entonces gozaba de cierta fama. En este colegio y después en el seminario de Zamora, Michoacán, hice mis estudios preparatorios, empezando, naturalmente, por el latín. Quise seguir la carrera de abogado y estudié dos años, pero el quebrantamiento rápido de la herencia paterna me obligó a volver a Tepic a ponerme al frente de lo poco que nos quedaba y a trabajar para ayudar a mi familia, que era numerosa. Después, buscando mejor destino, marché a Mazatlán, donde escribí en el Correo de la tarde *mis primeros artículos. Más tarde me dirigí a la capital (en 1894) y ahí con los esfuerzos y penalidades consiguientes, logré abrirme camino.*

El camino que se abrió Amado Nervo en la capital de México fue en principio arduo, pero pronto su talento literario le abrió las puertas de los mejores diarios de aquellos tiempos, como *El mundo ilustrado*, *El nacional* y *El imparcial*, colaborando también en varias revistas literarias, donde publicó una profusión de poemas, cuentos, semblanzas, crónicas y artículos de diversa índole, alcanzando con ello un cierto renombre que se elevó al nivel de la fama con la publicación, en 1895, de su primer libro, una novela corta titulada *El bachiller*, que fue bien recibida por la crítica, seguido por su primer tomo de poesía, llamado *Místicas*, que apareció en 1898 y consolidó su prestigio como un escritor de gran estilo, dentro de la corriente vanguardista de la época, que llamaban "Modernismo".

Se cita a Amado Nervo como uno de los más importantes impulsores del Modernismo en lengua española, siendo este un movimiento cultural relativamente antagónico del anterior Romanticismo y del subsecuente Realismo, que prevalecían a finales del siglo XIX, pero que fueron reinterpretados con una actitud "moderna", en la que se pretendía lograr una ecuación más viable entre la mera descripción de la realidad y la evasión idealista del credo romántico, dando lugar a una propuesta en la que lo real adquiere un carácter simbólico al pasar por el filtro poético.

Como todos los escritores y artistas de finales del siglo XIX, Amado Nervo tenía la imaginación encandilada por las luces de París, y aprovechó la oportunidad de establecerse allí en 1900, como corresponsal del diario mexicano *El mundo*. En París encontró a Ana Cecilia Paillléz que sería su compañera sentimental durante diez años, y se relacionó con personajes de elevada estatura literaria, como Verlaine, Moreas, Wilde, y otros, entre los que se encontraba Rubén Darío, quien sería su gran amigo.

Habiendo perdido su corresponsalía, regresó a México en 1902 y continuó su carrera literaria; pero en 1905 fue nombrado Segundo Secretario de la Embajada de México en Madrid. En España escribió algunos de sus mejores libros, como *En voz baja, Juana de Asbaje, Serenidad, La amada inmóvil, Elevación* y *Plenitud*. En 1914, a causa del movimiento revolucionario en México, Nervo perdió su cargo en la embajada y regresó a México. En 1918 fue llamado de nuevo al servicio diplomático, ahora como Enviado Plenipotenciario ante los gobiernos de Argentina y Uruguay. Viajó allá en 1919, ya aquejado de varias enfermedades, y falleció en Montevideo el 24 de mayo de 1919. Sus restos fueron trasladados a México y reposan en la Rotonda de las Personas Ilustres. En su tumba se lee lo que él escribió en momentos de plenitud, y que aquí resulta uno de los más bellos epitafios jamás escritos:

Amé, fui amado, el sol acarició mi faz.
¡Vida, nada me debes! ¡Vida, estamos en paz!

LA AMADA INMÓVIL

VERSOS A UNA MUERTA

I

Creí que *Serenidad* sería mi último libro de versos, y así lo afirmé a un amigo. Esta afirmación me perdió, porque la vida no gusta de que le tracen caminos, y el arcano burla los propósitos de los hombres. He vuelto, pues, a componer poemas. Un nuevo dolor, el más formidable de mi vida, los ha dictado, y sollozo a sollozo, lágrima a lágrima, formaron al fin el collar de obsidiana de estas rimas, que cronológicamente siguen a las de *Serenidad.*

¡Serenidad! Pensé que en la madurez de la vida iba a llegar a esa altiplanicie desde la cual dominamos los acontecimientos, vemos pasar la caravana de trivialidades y miserias terrestres y sonreímos piadosamente «del Circo de las Civilizaciones». Pensé que si hasta entonces mi vida había sido conturbada e inquieta, el hondo deseo de ser sereno y el tesón en expresarlo acabaría por serenarme de veras, haciéndome adquirir por fin el más precioso de los dones que he ansiado en la turbulencia y la amargura de mis días: la ecuanimidad.

Complacíame en el viejo símil de la montaña: arriba, nieve, el inmutable firmamento sin límites; abajo, nubes, tormentas, ciclones, torrentes bravíos, árboles desgajados.

¡Pobre superhombre! La mano de Dios se abatió sobre mí, y en un instante el alma himalayesca, cobijada por el azul, no fue más que un pobre guiñapo sangriento, convulso y sollozante.

Tenía yo un cariño, uno solo, ornamento de mi soledad, alivio de mi melancolía, flor de mi heredad modesta, dignidad de mi retiro, lamparita santa y dulce de mis tinieblas, y en unos cuantos días, ante mis ojos despavoridos, ante mi amor estupefacto, se me fue de la vida, dejándome de tal manera atónito frente a la realidad, que necesito cogerme la cabeza entre las manos febriles y apretármela como entre dos tenazas, para convencerme de que *es verdad* lo que *sé,* lo que pienso, lo que me pasa; que no se trata de una macabra prestidigitación, de un espantoso escamoteo, y de que todo lo que amé se ha desvanecido *de veras* y se ha vuelto fantasma.

II

Páginas escritas en los últimos días de enero y primeros días de febrero de 1912.

Va a hacer un mes, un mes solamente, y, sin embargo, en esos treinta días, en esos treinta relámpagos he llorado más lágrimas que estrellas visibles tiene la noche.

Va a hacer un mes, y en esos treinta relámpagos he acumulado tal cantidad de dolor, que me parece que todos mis males pasados y que todos mis males posibles se dieron cita para invadir y llenar mi espíritu, a fin de que no quedase en él un solo hueco que no fuese angustia.

Va a hacer un mes que, a las doce y cuarto del día, se extinguió blandamente Ana Cecilia Luisa Dailliez, mujer excepcional por su gracia, su bondad y la persistencia extraordinaria de su ternura, a quien conocí en París en una noche en que mi alma estaba muy sola y muy triste, la noche del 31 de agosto de 1901, y con quien viví desde entonces en la más cordial y noble de las compañías hasta el 7 de enero de 1912, en que murió en mis brazos.

Esta muerte ha sido la amputación más dolorosa de mí mismo. Un hacha invisible me ha dado un hachazo en mitad del corazón. Los dos pedazos de la entraña quedaron allí trémulos, entre borbotones de sangre. Luego uno de ellos fue arrebatado por el brazo omnipotente de la muerte, y el otro, el otro, mísero, siguió latiendo, latiendo... La tremenda rudeza del golpe no pudo apagar el ritmo de la vida... Siguió latiendo, así, la triste entraña mutilada; siguió latiendo entre los coágulos obscuros, y late todavía.

Veintiún días duró la enfermedad de Ana; veintiún días que fueron necesarios para poder clavarme en la conciencia la convicción de que iba a morir. Esta convicción era de tal suerte desmesurada para mis fuerzas, que hoy mismo, a pesar de todas las evidencias, me rebelo a veces contra ella, y entonces a mi soledad se une la más impotente de las desesperaciones.

El domingo, 17 de diciembre, la dulce y adorable compañerita de mi vida volvió a casa herida ya por el terrible bacilo de la fiebre tifoidea. El lunes empezó a sentirse mal; el jueves, 21, se encamó definitivamente y comenzó su calvario hasta el 3 de enero, en que, perdida la lucidez, fue cayendo, apaciblemente recostada sobre el almohadón blandísimo de la inconsciencia, en el seno insondable de la muerte.

Yo la velé todas las noches, con excepción de algunos ratos de imprescindible pero inquieto reposo, que quizá no sumaron en las veintiuna jornadas el espacio de diez horas. Mis días se pasaban en la obscuridad de la alcoba, al lado del lecho, espiando su respiración, aguzando mis ojos para ver los suyos, entrecerrados apenas o abiertos en la sombra. Esta perenne y angustiosa vigilia solo alternaba con un tormento indecible: el de ir tarde por tarde a mis quehaceres, a despachar, imprescindiblemente, los múltiples asuntos de mi incumbencia.

Como aquel nuestro cariño inmenso no estaba sancionado por ninguna ley; como ningún sacerdote nos había recitado maquinalmente, uniendo nuestras manos, algunas frases latinas; como ningún juez civil nos había gangueado algunos artículos del Código, no teníamos el derecho de amarnos a la luz del día, y nos habíamos amado en la penumbra de un sigilo y de una intimidad tales, que casi nadie en el mundo sabía nuestro secreto. Aparentemente, yo vivía solo, y muy raro debió de ser el amigo cuya perspicacia adivinara, al visitarme, que allí, a dos pasos de él, latía por mí, por mí solo, el corazón más noble, más desinteresado y más afectuoso de la tierra.

Pocas veces, muy pocas, salíamos juntos, evitando las arterias febriles de las metrópolis, donde mi relativa popularidad podía prepararme sorpresas. En cambio, en ciertos viajes nos desquitábamos ampliamente, y, brazo con brazo, enredadas las diestras con una ternura que tenía mucho de fraternal, nos dedicábamos a ese *flaneo* deleitable de París, de Londres, de Bruselas, buscando el *bibelot* gracioso, deteniéndonos ante el deslumbramiento de los escaparates, refugiándonos en los íntimos y perfumados rincones de los restaurantes, donde los *gourmets* de buena cepa, como nosotros, compensaban tantas acritudes de la vida...

Pero tal persistente secreto fue mi tortura persistente también, y en los días de la enfermedad de mi Ana esta tortura llegó a su máximo. A las tres de la tarde, a las tres y media a lo sumo, era preciso dejar a la idolatrada enferma y partir... Eran días aquellos de un trabajo incesante. Tenía yo entre manos innumerables asuntos diversos. Acudían, además, las visitas a todas horas. Y mientras el amor de mis amores se agitaba presa de la fiebre en su lecho, yo, a tres kilómetros de mi casa, hacía sumas, multiplicaciones y divisiones, redactaba notas, sonreía a los diversos visitantes, respondía a consultas de toda índole e inventaba todos los días una nueva mentira para escapar a las invitaciones, para despistar la curiosidad en acecho de los íntimos, sustraerme a su torturadora compañía, y correr, volar entre la multitud atareada, entre el enmadejamiento de tranvías y automóviles, a mi habitación, subir con ansias de muerte las escaleras, llamar discretamente para que el sonido brusco de la campanilla no alarmase a mi doliente idolatrada, y preguntar con voz temblorosa a quien me abría:

—¿Cómo sigue? ¿Cómo sigue?

Si debe creerse que nuestra existencia es una expiación de yerros anteriores, sabe Dios que yo expié en esas horas muchas faltas de otras vidas, o de esta mi pobre vida incoherente y mediocre, en la que ni siquiera ha habido un gran pecado, porque su magnitud no rimaba con mi alma, tipo aún de evoluciones intermedias.

Por fin, un día ya fue imposible el fingimiento, y, a pesar de que mi enfermita me insinuaba: «No le digas nada, *mon mignon*... ¡Para qué!», yo dejé caer en manos de mi «superior inmediato» (los diplomáticos, ¡ay!, no somos más que unos animales jerárquicos) mi ingenuo secreto de tantos años, para tener el derecho de escapar de la Cancillería en cuanto lo esencial había terminado, y de estar una hora antes a la cabecera del alma de mi alma, que se me moría.

III

Una noche en que su sufrimiento era muy intenso y en que, abandonados, al parecer, de Dios y de los hombres, yo sollozaba al borde del lecho, mientras ella se retorcía de angustia, le dije, aprovechando la pequeña tregua de su alivio: «Rica mía, óyeme: es preciso que tengas la voluntad de vivir. Hazte una resolución poderosa. Di: ¡Quiero vivir, quiero vivir!» *(je veux vivre!)* Me acordaba quizá de la frase de lord Bacon de Verulam, citada por Edgar Poe: «El hombre no se rinde ni a los ángeles ni a la muerte sino por el achaque de su propia voluntad».

La pobrecita mía me respondió: «*Oui, mon mignon, oui..*» Pero ¡todo en vano! Dios había hecho ya un signo a la muerte, y el ser más amado de mi existencia, el gran cariño de más de diez años, se me hundía, ¡se me hundía irrevocablemente en la eternidad!

La perspectiva de su muerte había despertado siempre en mí un pánico tal, que en estos dos lustros, yo, que a pesar de todo he permanecido espiritualista; yo, que desligado de fórmulas y recetas religiosas he amado a Dios y a Cristo en *espíritu y en verdad,* casi no tuve en la mente más que esta oración, vuelta ya a modo de jaculatoria: «¡Señor, haz que muera yo antes que ella!»

Y con tal fervor la había repetido, que estaba seguro de haber sido escuchado. Así, pues, mi desorientación, a medida que la gravedad se extremaba, era inmensa. Más de tres veces se leen en el Evangelio estas palabras de Jesús: «En verdad, en verdad os digo que todo lo que pidiereis al Padre en mi nombre, os será concedido». Y cuando mi perpetua súplica salía de mi corazón, tenía yo cuidado de añadir: «Te lo pido, Señor, en nombre de Cristo, que nos dijo: Todo lo que pidiereis al Padre, etcétera».

En los últimos días, mi oración se iba volviendo imperiosa. ¡Creía yo tener el derecho de que se me oyese! Se trataba de la promesa del ser más puro, más luminoso y más grande que había pasado por la tierra. Era asunto de dignidad divina. Dios no podía dejar de cumplir la palabra del espíritu que más le ha amado y se le ha acercado más en la sucesión de los siglos: «En verdad os digo que todo lo que pidiereis al Padre en mi nombre, os será concedido».

¡Y no fue así!

Nadie ha orado con más fervor que yo, y nadie quizá, en diez años, ha recordado con tal energía a la Causa de las causas la promesa del Hijo del Hombre.

La última noche de mi Anita, mi jaculatoria y la exigencia de la promesa que hay en ella fueron de una exasperación bronca, violenta. Me encaraba yo locamente con lo Desconocido y le exigía que hiciese honor al compromiso de Cristo.

Uno de los médicos de cabecera, llamado violentamente a eso de las ocho, me había dicho: *C'est fini*, y después: «Pero vamos a rendir la jornada de la muerte. Vamos a hacerle vivir artificialmente ocho o diez horas, a fin de ver si la naturaleza se aprovecha de ellas, intenta un nuevo esfuerzo y la salva. Solo que —había añadido— no abrigue usted esperanzas... Son tan lejanas, tan lejanas…»

Yo acepté; ¡qué había de hacer! Sabía, por otra parte, que las inyecciones no iban a hacerle sufrir, gracias a su bendita inconsciencia de tres días.

Y se le inyectó aceite alcanforado, cafeína, ¡qué sé yo! Y se le dio café negro con esencia de canela y de clavo, y se le galvanizó así en modo tal, que debiendo morir a las nueve de la noche, a juzgar por su aplanamiento, murió al día siguiente, a las doce y cuarto del día. Y durante esas horas, en que a cada inyección sucedía una resurrección momentánea, como aquellas del horrible cuento de Poe, yo, atrozmente balanceado entre el desaliento y la esperanza, no cesaba de clamar de alma a alma, de la mía, mísera y mezquina, al alma eterna de Dios:

—Señor, te lo ruego en nombre de Cristo, que nos dijo: «En verdad, en verdad, todo lo que pidiereis al Padre en mi nombre, os será concedido».

IV

Tres o cuatro días antes de sentirse enferma, mi adorada tuvo un presentimiento, raro en su carácter. «Esta tarde —me dijo—, al volver a casa, se me ocurrió de pronto que debía indicarte una cosa. Si me muero, en el tercer cajón de mi cómoda, en una cauta circular, está la llave de mi *secrétaire,* en el cual se hallan mis papeles. No sé por qué se me ocurrió esto, y pensé: Toma, ¡si se lo dijese a Amado!».

Yo sentí una como onda de hielo en el corazón..., pero, no queriendo dar consistencia a su idea, le respondí: «Yo también te recuerdo que en el mueble tal, en el cajón que tú sabes, está mi testamento». Como de ordinario, cuando hacía yo alusión a mi muerte, ella exclamó exaltada: «Por Dios, no hablemos de esto».

Y ya no hablamos más aquel día.

Pero, a pesar de la oleada de hielo en las entrañas, pensé que nada debía yo temer, que el hombre que perennemente había orado para que se le concediese morir antes que ella no podía morir después. Y las palabras mágicas, la promesa de Jesús, me invadió el alma con su certidumbre consoladora:

«En verdad, en verdad os digo que todo lo que pidiereis al Padre en mi nombre, os será concedido».

*

¿Inutilidad de la plegaria? ¡Sí, inutilidad de la plegaria! ¡Oh almas que aún creéis, como cree *aún* mi alma: la plegaria es nula e indica una concepción infantil, y hasta ofensiva, del principio eterno que nos rige!

Pues qué, ¿esa inteligencia infinitamente lúcida, previsora, lógica, para la cual no existe limitación ninguna de espacio y de tiempo, a quien achicamos con solo darle nombre; ese ser inconmensurable que ha ordenado, para fines de Él solo conocidos, todos los universos, va a torcer sus designios porque un pobre espíritu conturbado de hijo, de esposo o de padre, le pide que los tuerza?

El corazón nace con una potencialidad determinada para latir, y no dará un latido más de los millones que constituyen su rendimiento vital, aunque os pongáis a verter todas vuestras lágrimas y a exhalar todas vuestras oraciones.

Lo que sucede debe suceder y está bien que así suceda. Los designios de Dios se patentizan en los hechos inevitables, y todo lo inevitable es bueno. «Un hecho tan universal como la muerte debe ser un gran beneficio», dijo Schiller. La única plegaria posible es, por lo tanto, la que nos enseñó Jesús desde la montaña, en una tarde misteriosa de otros siglos: «¡Hágase tu voluntad, así en la tierra como en el cielo!».

Sí, la petición es inútil; pero no lo es la oración. El alma humana debe elevarse hasta una serena y constante contemplación del Arcano. La vida por excelencia es la del hombre cuyas actividades diarias se emplean en el bien y cuya mente superior, cima espiritual, está en perfecto contacto con lo invisible. Hay que orar, sí, para reunirse a lo Increado; pero es fuerza no pedir mercedes de esas que Jesús nos dijo que se nos darían por añadidura.

Fuerza es orar, sí, porque, por remota que supongamos a la inteligencia creadora, inteligencia es, alma es de la esencia misma de la nuestra, y el ímpetu y el pensamiento de un alma llegarán siempre a otra alma. No hay distancia a través de la cual dos almas no puedan tender un puente. Tendámoslo por la contemplación entre nosotros a Dios; pero jamás pidamos nada. Nuestro destino es inflexible como la mano que nos lleva a través del abismo.

V

Nuestro destino es inflexible, sí, y su inflexibilidad es el signo por excelencia de su divinidad. Un destino sesgo, poligonal, que fuese torciéndose a cada paso por efecto de nuestras plegarias, sería indigno de nuestro acatamiento y merecedor de nuestro desprecio. Dios no puede tener piedad, porque esta supondría una regresión en la voluntad increada, algo como una rectificación, como un arrepentimiento.

Mi lógica concibe todo esto… y, sin embargo, noche a noche, llena el alma de una angustia encrespada, de un desconsuelo inconmensurable, que me roe hasta los huesos, pido a Dios que me restituya a mi Ana.

¿En qué forma puede restituírmela? Ya han pasado más de dos mil años desde que Jesús dijo a Lázaro: «Ven fuera», y exclamó de la hija de Jairo: «No está muerta, es que duerme».

No hay más que dos formas de restitución: o que ella venga a mí espiritualmente, o que yo vaya a ella por el gran camino, por el camino real de la muerte. Con respecto al primer modo, centenares de miles de hombres pretenden conversar con los muertos, penetrar en el plano astral donde viven, verlos y seguirlos en sus evoluciones.

Según ellos, los muertos nos rodean. No están ausentes, sino invisibles, como dijo Hugo... Pero nosotros, a menos de tener desarrollado este sexto sentido de la visión subconsciente, de la evidencia, no podemos verlos... Acaso, como dice Maeterlinck, «continúan viviendo alrededor de nosotros; pero no logran, a pesar de sus esfuerzos, hacerse reconocer ni darnos una idea de su presencia, *porque no tenemos el órgano necesario para percibirlos...*». Solo los muertos pueden ver a los muertos...

Según William T. Stead, entre los muertos hay tanto escepticismo acerca de la posibilidad de comunicarse... con los vivos como lo hay entre los vivos acerca de la posibilidad de comunicarse... con los muertos. Unos y otros comprendemos que entre ambos se extiende un mar de misterio...

Solo que los cientos de miles de hombres de que hablaba yo antes pretenden haber franqueado ese mar en una nave mágica que se llama clarividencia, visión astral, y con timoneles enigmáticos que se llaman médium o adeptos. El propio Stead exclama: «He visto, y por eso creo. He visto a mi hijo materializarse ante mis ojos...». Y el eminente Lealcater, basado en experimentos personales, nos afirma que la muerte no existe.

Ahora bien, a mí me ha sido hasta hoy negada toda videncia. Lo que cientos de miles de hombres pretenden haber visto, yo no lo vi jamás. Y, sin embargo, aunque soy pequeño entre los pequeños, aunque constituyo un tipo de evolución media, difícil ha de ser hallar en el mundo un hombre que con más encarnizamiento haya tocado a la puerta de acero del misterio, que se endereza imponente en la montaña, en medio de la noche. El aldabón resuena en las tinieblas, con sonoridades pavorosas: ¡pero nadie me responde!

Todos los anhelos de mi vida han volado hacia el arcano. He podido ser vicioso, mediocre, malo...; pero en mi espíritu ha habido siempre un aleteo, un verberar ansioso hacia lo Desconocido. Siempre he creído en Dios, no en el Dios antropomorfo de las religiones, sino en la incomprensible Causa de las causas, y ciertamente por esa fe, que si ha podido padecer eclipses, porque soy hombre no más, han sido eclipses momentáneos, yo merecería quizá que ahora, en que he perdido el único bien que tenía en la vida, la pupila interior que todos tenemos en germen se abriese, y ¡por fin! mirase el más allá, el *borderland* de los ingleses, el plano superfísico en que *vive* una vida más amplia que la mía *mi muerta,* mi muerta adorada, que acaso revolotea en torno mío, con la angustia de que no percibo ni sus palabras de consuelo ni sus divinos besos impalpables.[1]

---

[1] Según Annie Besant, existen ya en el cerebro los órganos del sentido o visión astral y de la percepción del pensamiento: son la glándula pituitaria y la glándula pineal. En algunos seres privilegiados funcionan ya...

«Extraño espectáculo —dice «Julia» en sus *Cartas*—. De vuestro lado, almas llenas de angustia por los muertos; del *nuestro*, almas llenas de tristeza porque no pueden comunicarse con los que aman... «¿Qué podríamos hacer para unir a esas personas tristes, abrumadas de pena?».

En cierta ocasión ella me dijo: «Anoche soñé que estaba muerta y que tú llorabas sin consuelo cerca de mi cadáver. Pero yo continuaba viviendo, yo me hallaba a tu lado y te decía: ¡No llores! Aquí estoy. Mírame... Solo que tú no me mirabas y seguías llorando».

¿Será esta, Dios mío, la maravillosa realidad presente? ¿Fue verdad su sueño? ¿Se halla a mi lado y yo no la veo, porque inexorablemente se niega a abrirse mi pupila interior?

Muerta mía, muerta mía, ¿no me ha de quedar, pues, más vehículo para comunicarme contigo que el de mi propio cuerpo, que convulsivamente se agita con mis sollozos? ¡Ven, mira con mis ojos la soledad infinitamente hosca de mi vida! Gusta con mi boca la salsedumbre de mis lágrimas. Haz el bien con mis pobres manos, que se enclavijan o agitan en las tinieblas. Marcha con mis pies, en pos de todas las desgracias, para socorrerlas; conmuévete con mi corazón de todos los dolores humanos; logra que mi vida sea una continuación de la tuya... No te estorbará mi espíritu para infundir el tuyo en mi cerebro. ¿No eres por ventura *más yo que yo mismo?* ¡Realizaremos, pues, así el ensueño de dos almas en un solo cuerpo! Swedenborg, en su tratado de las *Delicias de la Sabiduría Angélica*, sobre el amor conyugal, dice: «Y he aquí que en aquel instante apareció un carro que bajaba del cielo supremo o tercer cielo; en ese carro se veía un solo ángel; pero, al aproximarse, se vio que eran dos...».

Mas hablemos del segundo modo de que ella me sea restituida, que es el de ir a buscarla por el camino real de la muerte.

Cuando yacía en su ataúd negro, rodeada de cirios, cubierta de flores, mostrando esa sonrisa prodigiosa de serenidad con que sonríen algunos muertos, yo experimenté, y lo he experimentado después con gran vehemencia el deseo de matarme, lo que los portugueses llaman con tanto acierto *a vontade da morrer...*

Remy de Gourmont, en su libro deliciosamente escéptico *Una noche en el Luxemburgo*, pone impíamente en boca de Cristo esta defensa del suicidio: «El suicidio es un monstruo que deberíamos acostumbrarnos a mirar con calma. Comparado a ciertos males físicos, a ciertos dolores, a ciertos infortunios, se nos mostraría pronto como un amigo muy feo, pero muy cordial. ¿No merece acaso los nombres más dulces? ¿No es el consolador? ¿No es la manumisión?».

Dentro de mí, *alguien* defendía también el acto aniquilador en parecidos términos; pero... ¡tuve miedo!, miedo de que, según tantas lecturas pretenden, mi voluntaria destrucción me apartase para siempre del objeto adorado, en cuya busca justamente quería ir.

Varias veces acaricié la «cacha» de mi browning, un verdadero juguete, construido en Bélgica, que automáticamente podía disparar en tu sien seis balas blindadas, como otras tantas llaves para abrir las puertas del *au delà*... Pero me asustó, no la aprensión vulgar de la muerte, sino el horror de una ausencia todavía más terrible, infligida por castigo, y junto a la cual nada significa este relámpago, esta ilusión, esta fantasmagoría de la vida, tras de la que Ana me aguarda, quizá, de *par en par* abiertos los amorosos brazos invisibles!

«¡Desgraciado!» —exclamó la Espírita de Téophile Gautier, estrechando *contra su corazón de fantasma* a Guido, que iba a suicidarse—. ¡No hagas eso! ¡No te mates por unirte a mí! ¡Tu muerte así provocada nos separaría sin esperanza, y abriría entre nosotros abismos que millones de años no bastarían a franquear! ¡Vuelve en ti! Soporta la vida, que, por larga que sea, no dura más que la caída de un grano de arena... Para soportar el tiempo, piensa en la eternidad, en que podremos amarnos siempre».

Y he aquí cómo inveteradas ideas espiritualistas, que desde mi infancia anclaron en el alma, ahondadas por tantas lecturas, me han impedido la muerte; gracias a ellas... ¡ni puedo vivir ni puedo morir!

VI

El tormento, empero, de esta mutilación, de esta cirugía brutal de la muerte, no consiste para mí, precisamente, en la separación, en el dolor atroz que trae aparejado; consiste, sobre todo, en una idea irremovible, indescepable, que pesa sobre mi corazón y gravita sobre mi alma despiadadamente: la idea de que la vida, en cuyos brazos no somos más que míseras briznas de heno, ha de recobrar por fuerza sus fueros y me ha de traer por fuerza el olvido. Esta idea me es tan intolerable, que me hace desear fervorosa, apasionadamente, la muerte. En las cartas de pésame, en las palabras de consuelo de los amigos, esta idea horrible, hija de la milenaria experiencia de los hombres, se encuentra a cada paso: «Ya se resignará usted. Ya olvidará usted. Ya se tranquilizará usted. Ello es inevitable. Nadie escapa a ese leteo... ¡Nadie! ¡Nadie!» El dolor posee las mismas leyes rítmicas que el movimiento, y como un péndulo cuya oscilación disminuye de amplitud, la excitación de la angustia se apacigua y se cambia en una especie de apatía, como enseñan las metafísicas.

Y mis entrañas sangran al oírles y al leerles, y experimento inefable angustia, porque yo también sé que, irrevocablemente, tengo que consolarme; que ni siquiera, alma mediocre, mesócrata mezquino, puedo aspirar al privilegio de llorar, mientras viva, a mi muerta... ¡a menos que viva poco! Esta fatalidad del consuelo me es más odiosa que la fatalidad de la tortura, porque el dolor ennoblece *(La douleur c'est la noblesse unique)*, y el consuelo, la alegría, son bellacos. En los brazos invisibles de ese gigante que parece sombrío y que es luminoso: el dolor, me he sentido un poquito dignificado. Desde que mi Ana cayó estrujada por la fiebre, he crecido. Mi talla moral ha ganado algunos centímetros. ¿Y he de volver a achicarme? ¿He de volver a sonreír y a decir frases sonoras en las triviales asambleas de los hombres? ¿Han de absorberme otra vez las tareas burocráticas? ¿He de vestirme y desvestirme el frac para hacer reverencias y distribuir sonrisas en los salones mundanos? Y el freno que hoy he puesto a mi deseo, al impulso incontrarrestable de la ida, ¿ha de romperse? ¿Y he de buscar a la hembra? —¡yo que tenía a mi lado a la mujer casi perfecta, llena de una dignidad amable y de una altivez graciosa; a la mujer solícita, que me envolvía, me penetraba, me saturaba de su ternura!...

¡Oh! Que aquellos cuya alma delicada haya pasado por la amargura de estos pensamientos, se conduelan de mi mal. El destino nos dice: —¡Pobre criatura; ni siquiera te es dado sufrir perennemente; ni siquiera eres capaz de llorar toda una vida! ¡Para sufrir *siempre* se necesitan almas elegidas! La tuya no es de su temple. Yo quiero que vivas, aunque tú no lo quieras. Eso es asunto mío. ¡Qué me importan a mí tus ideologías! ¿Acaso no eres carne? Pues a comer, a reír, a buscar a *la hembra placentera...*, y a llorar a veces, sí, pero por otras cosas. ¿Que estas cosas serán menos nobles que lo que ahora te penetra y te domina? ¡Y a mí qué! No es humano morar en excelsitudes espirituales como las que sueñas... Hay que bajar, hay que descender a las capas inferiores a que te arrastra tu densidad espiritual.

¡Ah! Yo soñé con que mi Ana me acompañase hasta la vejez. Pensé que, en un porvenir indefinido, uno de los dos (probablemente yo) habría de irse primero, pero diciendo al otro: —Mira, es forzoso que en esta estación tome yo el tren para el destino común, para la ciudad serena, adonde vamos... Tú seguirás aún un poco, hasta la estación inmediata, y allí tomarás el tren a tu vez, y nos encontraremos en la ciudad dentro de poco. ¡Allí te espero!

Mas partir ella así, en plena juventud, y dejarme a los cuarenta y un años, solo, en una estación, quizá muy lejana de aquella donde yo debo emprender el definitivo viaje...

A menos que... Sí; a menos que la misericordia de Dios luzca al fin sobre mi cabeza, y el Destino haga otro signo a la muerte...

¡Oh, amigo, que quizá leerás estas páginas deshilvanadas, inconexas y tristes! ¡Ojalá que, al leerlas, sepas ya que mi deseo fue realizado!

¡Ojalá que, lleno de una generosa simpatía para mí!, exclames:

—¡No se mostró con él inexorable la muerte!

De la estación donde se quedó solo, a aquella donde debía tomar el tren para la Ciudad Serena, había poco trecho. ¡Pero él no lo sabía! ¡Su adorada sí lo supo, y por eso sonreía en su ataúd con esa sonrisa que contagiaba de paz!

Dios no quiso que en mi vida, resultante de un karma mediocre, hubiera grandes noblezas. Ni siquiera me ha sido dado realizar el poco bien que intenté. Pero ¿quién me dice que, ante la humildad de mi ruego, la sombra no ha de tener oídos? ¿Quién me dice que la concesión suprema e inmerecida que ansío no ha de regocijar mis huesos? ¿Quién me dice, en fin, que no he de partir, joven aún, en busca de mi alma gemela, antes de que ella ascienda a planos donde el aire espiritual, enrarecido para mí, no me permita respirar?

Entre los versos de *Serenidad* hay unos que dicen:

No te apartes de mi vera,
muere tú cuando yo muera.
¡Yo te lleve, pues te traje!
Fuiste noble compañera
de viaje.
Rimemos nuestros destinos
para todos los caminos
que habremos de recorrer
en lo inmenso del arcano,
y vayamos por la muerte de la mano
como fuimos por la vida: ¡sin temer!

Estos versos la complacieron en extremo. Repitió varias veces los últimos, y aún vibra en mis oídos el metal de su acento, cuando insistía en el final: *¡sin temer!*

Yo no soy más que la cuerda que pulsan manos desconocidas.

Yo no compongo mis versos: ¡únicamente los escribo!

Yo soy la mano que traza las líneas. El espíritu sopla donde quiere. *Ego sum voz clamantis in deserto.*

Entonces... cabe una esperanza: ¡la de haber acertado!

Oh Dios, en quien creo y a quien amo sobre todas las cosas: ¡dame esta suprema dicha de morir ahora! ¡Hay en la otra ribera una mano amorosa, que está extendida esperando la mía para el divino viaje! ¡No retardes la unión de las dos! Da a mis versos el prestigio de una profecía hecha por los ángeles.

> Y vayamos por la muerte de la mano,
> como fuimos por la vida: ¡sin temer!

Y si, como afirman los teólogos, la muerte no es sino un incidente periódico en una existencia sin fin, de la mano volveremos a ir por las vidas sucesivas: de la mano por las vidas y por las muertes.

VII

Pero si, lector, por el contrario, al leer estas notas sabes que existo, compadéceme. Envejezco en alguna metrópoli, cogido entre los engranajes del vivir cotidiano; acaso he contraído lazos... Tengo deberes, tediosos quizá; y en tanto, mi pobre desaparecida se hunde, se hunde en los abismos del infinito: navega sola por los negros océanos del devenir, se aleja, de uno en otro cielo, hacia riberas tan remotas, que nuestra mente se fatiga solo de pensarlas.

> *Les morts font des longs voyages...*

Compadéceme, porque Dios no quiso oírme, y no merecí de su misericordia esa serena dignidad de la muerte. Caeré, pero más tarde, profanado por la baba del mundo, agobiado por esfuerzos triviales de esos que demanda hora a hora la lucha por la existencia.

Quizá —¡oh, vergüenza suprema!—, como el presidiario acaba por amar su jergón maloliente y la húmeda penumbra de su calabozo, yo habré acabado por amar con egoísmo senil la vida, y tosiendo y claudicando, me aferraré, sin embargo, al horror y a la vulgaridad de mis días.

¡Oh! Yo merezco ciertamente este crepúsculo..., pero ahora no quiero presentirlo. ¡Ilusión, nodriza de las almas, no me abandones!

¡Déjame creer que soy amado de los dioses, y que en plena virilidad voy a rendir mi espíritu y a volar libérrimo al lado del alma que me aguarda *más allá de las puertas!*

Todas las noches, al sentir la suave invasión del sueño, me digo: «Quizá no despertaré». Y me complazco en cruzar las manos sobre el pecho, con esa definitiva actitud de reposo... ¡que tanto ansío! Y por las mañanas el alba que se cuela, con su insoportable tinte azul, por las rendijas, me produce desconsuelos insondables. Es esta la hora más terrible de las veinticuatro, que como dos docenas de puñales se me clavan a diario en el corazón. La angustia de vivir trepa hasta mi garganta, y me produce náuseas invencibles.

Afuera, el invierno, de una crudeza excepcional, sacude los árboles, el viento aúlla, la lluvia azota las vidrieras; nubes bajas, ventrudas, de un plomo cobrizo, pasan atormentadas y trágicas.

Y yo, echando mano de mis reservas de voluntad, hago dolorosamente el esfuerzo previo para vivir, y con el gesto resignado del enfermo que accede a tomar la poción neuseabunda, empiezo a tragarme el contenido turbio del vaso de la existencia.

Pero no blasfemo: acato. Lo inevitable es la única certidumbre que tenemos de la voluntad de Dios.

«Todos y cada uno me adoran —dice el Eterno en un diálogo de Renán— por la resignación que ponen en soportar la vida para fines solo de mí conocidos».

Y nada, ni la espantosa mutilación que he sufrido, puede arrancarme la fe en Cristo. ¡Él ha partido en dos mi corazón, mas en la mitad sangrienta y temblorosa que me queda, hay todavía bastante amor para bendecir a Jesús!

VIII

Sobre el mármol de su cómoda ha quedado su sombrero, tal como ella lo puso el último día que salió al tornar a casa. Sus pieles y su blusa negra, pendientes de la percha en que sus manos las colocaron con esa meticulosidad que le era propia y que hacía de ella la *ménagère* por excelencia, tienen aún su olor de mujer limpia, su olor que respiré más de diez años. Las otras prendas de su ropa cuelgan lacias en el vestidor. Por dondequiera sus huellas me salen al paso. El lecho vacío me parece desmesurado:

> Ha de sobrarme la mitad del lecho,
> y ha de faltarme la mitad del alma.

Frecuentemente coloco una silla al borde de la cama, pegado al sitio donde expiró, y en la penumbra de la alcoba evoco toda una vida: la noche de

París en que la conocí, el 31 de agosto de 1901. Yo iba en busca de una muchacha del Barrio Latino, con quien me permitía matar el tiempo, que por aquel entonces, y a raíz de grandes contrariedades, no tenía para mí más que tedio. La muchacha no acudió a la cita y, en cambio, la mano misteriosa que teje los destinos nos puso a Ana y a mí frente a frente. Ella paseaba con una hermana y, según supe después, había salido aquella noche impulsada por un tedio tan grande como el mío. También ella tenía dolores, y su hermana, solícita, angustiada al verla llorar en el rincón de su casa, insistió para que saliese: —*Si tu restes* —le dijo— *tu deviendras folle*—. Ella se dejó convencer... El arcano iba a arrojarla en mis brazos.

Un minuto más o menos, y no nos hubiéramos encontrado. Pero estaba escrito.

Nuestra simpatía fue inmediata; mas a pesar de ella, la almita ingenua y temerosa se resistía a entregarse. La vida había sido hosca con ella y tenía miedo.

—Yo no soy una mujer para un día —me dijo enérgica, pero sonriente.

—Pues ¿para cuánto tiempo? —le pregunté, entre ligero y ansioso.

—Para toda la vida.

—¡Está bien!

Y cuando al fin (después de días deliciosos en que la persistencia del amor, aunque no lograba la posesión, ya se la prometía serena) ella se entregó sin reserva al hombre a quien empezaba a conocer y estimar, nos repetimos: «¡Para toda la vida!». Y para toda la vida fue... desde aquella noche bendita del estío de 1901 hasta esta lívida mañana del invierno de 1912 en que su hipo de agonizante resonó como eco espantoso en mi corazón.

Más de diez años de un amor confiado, lleno de abandonos. Más de diez años de esa cosa deliciosa y divina que se llama el cariño, y que resume todas las cordialidades, todas las intimidades, todas las seguridades de la vida.

París, Londres, Nueva York, México, Bruselas, Roma, Venecia, Florencia... Medio mundo nos vio juntos. ¡Adónde iré ahora que no me encuentre con su fantasma! ¡En qué lugar no he de ver su huella bendita! ¡Qué paisaje no ha de reconstruírmela!

Por dondequiera que me empuje mi hosco destino, he de abrir los brazos para apretar contra mi corazón su espectro adorado, y no he de estrechar más que mi angustia..., mi angustia y la trenza de su cabello castaño, impregnado del sudor de su agonía, que es lo solo material que me queda de la compañera única de mi vida, de la que me quiso pobre y triste, enfermo y olvidado; de la que me ofreció siempre con ímpetu generoso la cordialidad de sus brazos, la seguridad de su apoyo, la lucidez de su instinto; a la que debo la orientación de mi existencia y el no haber caído definitivamente tantas veces en los hoyancos del camino.

¡Ah, Señor, cómo no creer en ti, cuando vemos disolverse todo esto en la incomprensible negrura de la muerte! Un instinto invencible nos fuerza a asirnos con crispada mano a la promesa de Jesús:

«Yo soy la resurrección y la vida: el que cree en mí, aunque haya muerto vivirá». Es imposible que ese instinto nos engañe. La naturaleza no nos ha atormentado el alma con sed de inmortalidad para volvernos Tántalos inexplicables en un infinito hipotético *(natura nihil facit frustra)*. Este amor, esta avidez de lo absoluto tan contraria a las exigencias materiales, esta atracción invencible que el arcano ejerce sobre nuestros espíritus, esta ansia inconmensurable de persistir, son un indicio seguro de eternidad.

Creo en ti, Señor; creo que los vivos y los muertos estamos, por el mismo concepto, en tus brazos. *En ti vivimos, nos movemos y somos.* La muerte, como tantas veces lo repetí a mi adorada, es solo una ilusión. ¡La muerte no existe! ¡Yo lo proclamo con energía, a pesar de mi soledad aparente, a pesar de mi angustia inefable! Mi pobre alma está encerrada en esta fortaleza del cuerpo. Es una triste princesa metida en una torre impenetrable, con cinco mezquinas ventanillas (los cinco sentidos) para adivinar el inmenso mundo exterior. A veces le parece escuchar como el ruido de un mar que con rumores de seda que se desgarra bate los pies de su fortaleza... A veces cree haber visto pasar seres alados que con majestad inmensa agitan sus plumajes níveos; a veces oye rumores armoniosos de palabras, fragmentos de músicas... Ansiará empinarse y ver los horizontes que presiente... ¡Pero las cinco ventanas están muy altas, son muy estrechas!

Mi alma, la infinita prisionera, sabe que *there are more things in heaven and earth than are dream of in your philosophy;* sabe que los muertos amados que, al derrumbarse su castillo de carne, adquirieron el privilegio del vuelo, pugnan por acercarse a ella, la solicitan, la aguardan; pero sabe también que el castillo es inexpugnable por ahora, que la coraza de carne es invencible..., que solo a veces, cuando duerme, esa muerte periódica del sueño le abre las puertas de la prisión; pero que al despertar se halla de nuevo presa y no puede acordarse sino con una enigmática vaguedad de sus departimientos con las otras almas...

Sabe todo esto, sí, y se resigna a la ley de Dios, que un día desmoronará piadosamente la dolorida arquitectura de sus huesos. Su convicción indestructible le dice que amores como el amor de que fue objeto son *más poderosos que la muerte*, y llena de unción, exclama:

—¡Oh!, muerte, ¿dónde está tu aguijón? ¡Oh!, sepulcro, ¿dónde está tu victoria?

Además, un raciocinio piadoso le argumenta de esta suerte para consolarle: «Cuando vivías con ella, cada instante os separaba, porque os acercaba al día tremendo de su muerte; ahora que se ha ido, cada instante que pasa os acerca, porque es un instante menos en la vida y por lo tanto de ausencia, porque abrevia el plazo, vencido el cual, tu alma, que se exhalará de tus labios descoloridos, y su alma, que te aguarda en la ribera, se fundirán locamente en un divino beso de amor!».

*

Así, pues, lector, tú que pensaste acaso hallar en este libro, como en el anterior, el ambiente del célebre cuadro de Henri Martin que se llama *Sérénité,* aquel ambiente lleno de radiaciones crepusculares, de sosiego augusto, y aquella asamblea de seres nobilísimos, en un bosque saturado de paz, solo te encuentras con un nuevo sollozo del atribulado poeta de las *Místicas* y de los *Jardines interiores.*

¡Serenidad! ¿La merecía yo por ventura? Ella es privilegio de espíritus incomparablemente más altos que mi espíritu. Mi serenidad en este libro se llama *Resignación.*

Perdóname, tú que me lees. Pude suprimir la intimidad de un prefacio tan sombrío; pero sentí que debía a mi Muerta estas páginas. Aquí, donde las escribo, hace apenas dos meses, le leía aún mis versos.

Solo me queda ahora por decir a mi Ana lo que pensé al besar su frente (tan fría que hasta los cabellos estaban helados) en el momento supremo en que iban a cerrar su ataúd:

—Gracias, idolatrada mía, del fondo de mis entrañas, por los diez años de amor que me diste. ¡Que Dios te bendiga!

Y tú, lector, si crees en las promesas de Jesús y has llegado hasta estas líneas, ruega por Ana Cecilia Luisa Dailliez, para quien amorosamente escribo este libro. ¡Ora por ella y que Dios te bendiga también!

AMADO NERVO

Febrero de 1912, Madrid.

MITYL, cherchant dans le gazon. —Où *sont jis les morts?*
TYLTYL, cherchant de même.—*Il n'y a pas de morts.*

MAETERLINCK: L'oiseau bleu (IV)

Je t'aimerai au delà de la vie!

LACORDAIRE

...Si quid mea carmina possunt,
nulla dies unquan memori vos eximet aevo.

VIRGILIO: Eneida, 433-34

Oh Tierra madre: sé leve para ella.
¡Ha pesado tan poco sobre ti!

MELEAGRO

EN MEMORIA DE ANA

Encontrada en el camino de la vida
el 31 de agosto de 1901.

Perdida — ¿para siempre?— el 7 de enero
de 1912.

OFERTORIO

Deus dedit, Deus abstulit

Dios mío, yo te ofrezco mi dolor:
¡Es todo lo que puedo ya ofrecerte!
Tú me diste un amor, un solo amor,
¡un gran amor!
                    Me lo robó la muerte...
y no me queda más que mi dolor.
Acéptalo, Señor:
¡Es todo lo que puedo ya ofrecerte!...

I. PENSAMIENTOS AFINES

Yo no soy más que arcilla sin valor..., pero viví algún tiempo con la rosa.

SAADI

Un esprit vêtu de noir guide nos pas: c'est la Douleur!

LEÓN DENIS

Noir chevalier masqué qui chevauche en silence
la Douleur a percé mon vieux coeur de sa lance.

PAUL VERLAINE

Il faut s'habituer à tout dans la vie: même à I'Eternité.

G. LEVROUX

Todos los hombres desean únicamente librarse de la muerte; pero no saben librarse de la vida.

LAO-TSEU-TAO-TE-KING

Somos tan pequeños como nuestra dicha... sí, pero somos tan grandes como nuestro dolor.

HEBBEL

La mort a des rigueurs à nulle autre pareilles.
On a beau la prier,
la cruelle qu'elle est se bouche les oreilles
et nous laisse crier.

MALHERBE

Nous sommes plongés dans un invisible milieu spirituel, d'où une aide nous vient, notre âme ne faisant mistérieusement qu'un avec une âme plus grande dont nous sommes les instruments.

(La philosophie de l'expérience. *Traducción francesa de W. James, Biblioteca Alcan,* 1909).

Not dead, but gone before.

ROGERS: Human life.

Es la vida un dolor en que se empieza el de la muerte, que dura mientras dura ella... Antes empiezas a morir que sepas qué cosa es vida.

QUEVEDO

Une fois, il vit dans le cimetière
une tombe neuve, un nouveau cyprès!
I1 comprìt pour quoi! La nuit toute entière
il pleura su mie, et mourut après.

RONSARD: La ballade de Roland

La voilà, j'ai coupé seulement ces deux tresses
dont elle m'enchaînait hier dans ses caresses
et je n'ai gardé que cela!

LAMARTINE

Seigneur, je reconnais que l'homme est en délire
s'il ose murmurer!
Je cesse d'accuser, je cesse de maudire!
Mais laissez-moi pleurer!

VÍCTOR HUGO

Y morir es muy distinto de lo que todos suponen y más feliz. ¿Alguien ha pensado que nacer es una ventura? Me apresuro a manifestarle que morir es igualmente venturoso: Yo lo sé.

WALT WHITMAN

I

¿LLORAR? ¿POR QUÉ?

Este es el libro de mi dolor:
lágrima a lágrima lo formé;
una vez hecho, te juro, por
Cristo, que nunca más lloraré.
¿Llorar? ¿Por qué?

Serán mis rimas como el rielar
de una luz íntima, que dejaré
en cada verso; pero llorar,
¡eso ya nunca! ¿Por quién? ¿Por qué?

Serán un plácido florilegio
un haz de notas que regaré
y habrá una risa por cada arpegio,
¿Pero una lágrima? ¡Qué sacrilegio!
Eso ya nunca. ¿Por quién? ¿Por qué?

II

"MÁS YO QUE YO MISMO"

¡Oh, vida mía, vida mía!,
agonicé con tu agonía
y con tu muerte me morí.
¡De tal manera te quería,
que estar sin ti es estar sin mí!

Faro de mi devoción,
perenne cual mi aflicción
es tu memoria bendita.
¡Dulce y santa lamparita
dentro de mi corazón!

Luz que alumbra mi pesar
desde que tú te partiste
y hasta el fin lo ha de alumbrar,
que si me dejaste triste,
triste me habrás de encontrar.

Y al abatir mi cabeza,
ya para siempre jamás,
el mal que a minarme empieza,
pienso que por mi tristeza
tú me reconocerás.

Merced al noble fulgor
del recuerdo, mi dolor
será espejo en que has de verte,
y así vencerá a la muerte
la claridad del amor.

No habrá ni noche ni abismo
que enflaquezca mi heroísmo
de buscarte sin cesar.
Si eras *más que yo mismo*,
¿cómo no te he de encontrar?

¡Oh, vida mía, vida mía,
agonicé con tu agonía
y con tu muerte me morí!
De tal manera te quería,
que estar sin ti es estar sin mí.

Febrero de 1912

III

GRATIA PLENA

Todo en ella encantaba, todo en ella atraía:
su mirada, su gesto, su sonrisa, su andar...
El ingenio de Francia de su boca fluía.

Era llena de gracia, como el Avemaría;
¡quien la vio no la pudo ya jamás olvidar!

Ingenua como el agua, diáfana como el día,
rubia y nevada como margarita sin par,
al influjo de su alma celeste amanecía...
Era llena de gracia, como el Avemaría;
¡quien la vio no la pudo ya jamás olvidar!

Cierta dulce y amable dignidad la investía
de no sé qué prestigio lejano y singular.
Más que muchas princesas, princesa parecía:
era llena de gracia, como el Avemaría;
¡quien la vio no la pudo ya jamás olvidar!

Yo gocé el privilegio de encontrarla en mi vía
dolorosa; por ella tuvo fin mi anhelar,
y cadencias arcanas halló mi poesía.
Era llena de gracia como el Avemaría;
¡quien la vio no la pudo ya jamás olvidar!

¡Cuánto, cuánto la quise! ¡Por diez años fue mía;
pero flores tan bellas nunca pueden durar!
¡Era llena de gracia, como el Avemaría;
y a la Fuente de gracia, de donde procedía,
se volvió..., como gota que se vuelve a la mar!

Marzo de 1912

IV

¡PUELLA MEA!

MUCHACHITA mía,
gloria y ufanía
de mi atardecer,
yo solo tenía
la santa alegría
de mi poesía
y de tu querer.

¿Por qué te partiste?
¿Por qué te me fuiste?
Mira que estoy triste,
triste, triste, triste,
con tristeza tal
que mi cara mustia
deja ver mi angustia
como si fuera de cristal.

Muchachita mía,
¡qué sola, qué fría
¡te fuiste aquel día!
¿En qué estrella estás?
¿En qué espacio vuelas?
¿En qué mar rielas?
¿Cuándo volverás?
—¡Nunca, nunca más!

Marzo de 1912

V

SU TRENZA

Bien venga, cuando viniere,
la Muerte: su helada mano
bendeciré si hiere...
He de morir como muere
un caballero cristiano.

Humilde, sin murmurar,
¡oh Muerte!, me he de inclinar
cuando tu golpe me venza;
¡pero déjame besar,
mientras expiro, su trenza!

¡La trenza que le corté
y que, piadoso, guardé

(*impregnada todavía*
del sudor de su agonía)
la tarde en que se me fue!

Su noble trenza de oro:
amuleto ante quien oro,
ídolo de locas preces,
empapado por mi lloro
tantas veces... tantas veces...

Deja que, muriendo, pueda
acariciar esa seda
en que vive aún su olor:
¡Es todo lo que me queda
de aquel infinito amor!

Cristo me ha de perdonar
mi locura, al recordar
otra trenza, en nardo llena,
con que se dejó enjugar
los pies por la Magdalena...

Marzo 19 de 1912

VI

ESCAMOTEO...

Con su desaparición
es tal mi estupefacción,
mi pasmo, que a veces creo
que ha sido un escamoteo,
una burla, una ilusión;

que tal vez sueño despierto,
que muy pronto te veré,
y que me dirás: "¡No es cierto,
vida mía, no me he muerto;
ya no llores..., bésame!"

Marzo de 1912

VII

¿QUÉ MÁS ME DA?

Kempis
In angello cum libello

¡Con ella, todo; sin ella, nada!
Para qué viajes,
cielos, paisajes.
¡Qué importan soles en la jornada!
Qué más me da
la ciudad loca, la mar rizada,
el valle plácido, la cima helada,
¡si ya conmigo mi amor no está!
Qué más me da...

Venecias, Romas, Vienas, Parises:
bellos sin duda; pero copiados
en sus celestes pupilas grises,
¡en sus divinos ojos rasgados!
Venecias, Romas, Vienas, Parises,
qué más me da
vuestra balumba febril y vana,
si de mi brazo no va mi Ana,
¡si ya conmigo mi amor no está!
Qué más me da...

Un rinconcito que en cualquier parte me preste abrigo;
un apartado refugio amigo
donde pensar;
un libro austero que me conforte;
una esperanza que sea norte
de mi penar,
y un apacible morir sereno,
mientras más pronto más dulce y bueno:
¡qué mejor cosa puedo anhelar!

Marzo de 1912.

VIII

¡QUIÉN SABE POR QUÉ!

PERDÍ tu presencia,
pero la hallaré;
pues oculta ciencia
dice a mi conciencia
que en otra existencia
te recobraré.

Tú fuiste en mi senda
la única prenda
que nunca busqué;
llegaste a mi tienda
con tu noble ofrenda,
¡quién sabe por qué!

¡Ay!, por cuánta y cuánta
quimera he anhelado
que jamás logré...,
y en cambio, a ti, santa,
dulce bien amado,
te encontré a mi lado,
¡quién sabe por qué!

Viniste, me amaste;
diez años llenaste
mi vida de fe,
de luz y de aroma;
en mi alma arrullaste
como una paloma,
¡quién sabe por qué!

Y un día te fuiste.
¡Ay triste!, ¡ay triste!;
pero te hallaré;

pues oculta ciencia
dice a mi conciencia
que en otra existencia
te recobraré.

Marzo 19 de 1912

IX

MI SECRETO

¿Mi secreto? ¡Es tan triste! Estoy perdido
de amores por un ser desaparecido,
por un alma liberta,
que diez años fue mía, y que se ha ido...
¿Mi secreto? Te lo diré al oído:
¡Estoy enamorado de una muerta!

¿Comprendes —tú que buscas los visibles
transportes, las reales, las tangibles
caricias de la hembra, que se plasma
a todos tus deseos invencibles—
ese imposible de los imposibles
de adorar a un fantasma?

¡Pues tal mi vida es y tal ha sido
y será!

Si por mí solo ha latido
su noble corazón, hoy mudo y yerto,
¿he de mostrarme desagradecido
y olvidarla, no más porque ha partido,
y dejarla, no más porque se ha muerto?

Marzo 25 de 1912

X

METAFISIQUEOS

¡De qué sirve al triste la filosofía!
Kant o Schopenhauer o Nietzsche o Bergson...
¡Metafisiqueos!
En tanto, Ana mía,
te me has muerto, y yo no sé todavía
dónde ha de buscarte mi pobre razón.
¡Metafisiqueos, pura teoría!
¡Nadie sabe nada de nada: mejor
que esa pobre ciencia confusa y vacía,
nos alumbra el alma, como luz del día,
el secreto instinto del eterno amor!

No ha de haber abismo que ese amor no ahonde,
y he de hallarte. ¿Dónde? ¡No me importa dónde!
¿Cuándo? No me importa... ¡pero te hallaré!
Si pregunto a un sabio, « ¡Qué sé yo!», responde.
Si pregunto a mi alma, me dice: «¡Yo sé!»

27-111-912

XI

UNIDAD

No, madre, no te olvido;
mas apenas ayer ella se ha ido,
y es natural que mi dolor presente
cubra tu dulce imagen en mi mente
con la imagen del otro bien perdido.

Ya juntas viviréis en mi memoria
como oriente y ocaso de mi historia,
como principio y fin de mi sendero,
como nido y sepulcro de mi gloria;
¡pues contigo nací, con ella muero!

Ya viviréis las dos en mis amores
sin jamás separaros;
pues, como en un matiz hay dos colores
y en un tallo dos flores,
¡en una misma pena he de juntaros!

Marzo 28 de 1912

II. PENSAMIENTOS AFINES

Mais elle était du monde où les plus belles choses
ont le pire destin!
et rose, elle a vécu ce qui vivent les roses,
l'espace d'un matin.

MALHERBE

Elle est venue; elle a souri: elle a passé.

Epitafio antiguo

Vous qui pleurez, venez à ce Dieu, car il pleure.
Vous qui souffrez, venez à lui, car il guérit.
Vous qui tremblez, venez à lui, car il sour it.
Vous qui passez, venez à lui, car il demeure.

VÍCTOR HUGO

Je me souviens
des jours anciens
et je pleure.

VERLAINE

El más rápido corcel para conducir a la perfección es el sufrimiento.

EL MAESTRO ECKHARDT: Obras. Vol. 1, pág. 492.

Death is the crown of life.

YOUNG: Night thoughts

I

EL FANTASMA SOY YO

Vivants, vous êtes des fantômes.
C'est nous qui sommes les vivants!
V. H.

MI ALMA es una princesa en su torre metida,
con cinco ventanitas para mirar la vida.
Es una triste diosa que el cuerpo aprisionó.
Y tu alma, que desde antes de morirte volaba,
es un ala magnífica, libre de toda traba..
Tú no eres el fantasma: ¡el fantasma soy yo!

¡Qué entiendo de las cosas! Las cosas se me ofrecen,
no como son de suyo, sino como aparecen
a los cinco sentidos con que Dios limitó
mi sensorio grosero, mi percepción menguada.
Tú lo sabes hoy todo… ¡yo, en cambio, no sé nada!
Tú no eres el fantasma: ¡el fantasma soy yo!

5 de abril 1912

II

TRES MESES

MI AMADA se fue a la Muerte,
partió al Misterio mi amada;
se fue una tarde de invierno;
iba pálida, muy pálida.

Ella que, por su color,
gloriosamente rosada,
parecía un ser translúcido

iluminado por llama
interna...
¡Qué lividez
aquella, la de mi Ana,
y qué frialdad! ¡Si tenía
hasta las trenzas heladas!

¡Se fue a la Muerte, que es
nuestra Madre, nuestra Patria
y nuestra sola heredad
tras este valle de lágrimas!

Hoy hace tres meses justos
que se la llevaron trágica-
mente inmóvil, y recuerdo
con qué expresión desolada
se plañía entre los árboles
el viento del Guadarrama.

¡Tres meses de viaje! ¡Nunca
fue nuestra ausencia tan larga!
Noventa días sin verla,
y sin una sola carta...

Abismo de los abismos,
distancia de las distancias,
hondura de las honduras,
muralla de las murallas,
¿dónde tienes a mi muerta?
¡Dámela! ¡Dámela! ¡Dámela!

¡En vano en la noche lóbrega
suena y resuena la aldaba
con que llamo a la gran puerta
del castillo que se alza
en la cima misteriosa
de la fúnebre montaña!

Cierto, detrás de esa hostil
fortaleza, alguien se halla...

Se adivina no sé qué,
un confuso rumor de almas...

De fijo nos oyen, pero
nadie nos responde nada,
y resuena solamente,
con vibraciones metálicas,
en los ámbitos inmensos
el golpazo de la aldaba.

Hoy hace tres meses justos
que se la llevaron, trágica-
mente inmóvil, y recuerdo
con qué expresión desolada
se plañía entre los árboles
el viento del Guadarrama;
y recuerdo también que
al cruzar por las barriadas
de Madrid me sollozó
una tétrica gitana:
«¡Señorito, una limosna
por la difunta de su *arma!*»

8 abril de 1912

III

HUGUEANA

¡Ay de mí! Cuántas veces, arrobado
en la contemplación de una quimera,
me olvidé de la noble compañera
que Dios puso a mi lado.

—¡Siempre estás distraído! —me decía;
y yo, tras mis fantasmas estelares,

por escrutar lejanos luminares
el íntimo lucero no veía.

Qué insensatos antojos
los de mirar, como en tus versos, Hugo,
las estrellas en vez de ver sus ojos,
desdeñando, en mi triste desatino,
la cordial lucecita que a Dios plugo
encenderme en la sombra del camino...

Hoy que partió por siempre el amor mío,
no me importan los astros, pues sin ella
para mí el universo está vacío.
Antes, era remota cada estrella:
hoy, su alma es la remota, porque en vano
la buscan mi mirada y mi deseo.

Ella, que iba conmigo de la mano,
es hoy lo más lejano:
los astros están cerca, pues los veo.

Abril, 9-9 12

IV

CUANDO DIOS LO QUIERA

SANTA FLORECITA, celestial renuevo,
que hiciste de mi alma una primavera,
y cuyo perfume para siempre llevo:
¿Cuándo en mi camino te hallaré de nuevo?
—¡Cuando Dios lo quiera, cuando Dios lo quiera!

—¡Qué abismo tan hondo! ¡Qué brazo tan fuerte
desunirnos pudo de tan cruel manera!
Mas ¡qué importa! Todo lo salva la muerte
y en *otra ribera* volveré yo a verte...
¡En otra ribera..., sí! ¡Cuando Dios quiera!

Corazón herido, corazón doliente,
mutilada entraña: si tan tuya era
(carne de tu carne, mente de tu mente,
hueso de tus huesos), necesariamente
has de recobrarla... —¡Sí, cuando Dios quiera!

Abril de 1912

V

LE TROU NOIR

Y todos los modernos sobreentienden,
quiénes más, quiénes menos,
esa inmortalidad del otro lado
del agujero negro.

FLAUBERT: *Correspondance*

¡PARA EL QUE SUFRE como yo he sufrido,
para el cansado corazón ya huérfano,
para el triste ya inerme ante la vida,
bendito agujero negro!

¡Para el que pierde lo que yo he perdido
(luz de su luz y hueso de sus huesos),
para el que ni recobra ya ni olvida,
bendito agujero negro!

¡Agujero sin límites, gigante
y medroso agujero,
cómo intriga a los tontos y a los sabios
la insondabilidad de tu misterio!

¡Mas si hay alma, he de hallar la suya errante;
si no, en la misma nada fundiremos
nuestras áridas bocas, ya sin labios,
en tu regazo, fúnebre agujero!

Abril 4 de 1912

VI

TODO INÚTIL

Inútil es tu gemido:
no la mueve tu dolor.
La muerte cerró su oído
a todo vano rumor.

En balde tu boca loca,
la suya quiere buscar:
Dios ha sellado su boca:
¡ya no te puede besar!

Nunca volverás a ver
sus amorosas pupilas
en tus veladas arder
como lámparas tranquilas.

Ya sus miradas tan bellas
en ti no se posarán:
Dios puso la noche en ellas
y llenas de noche están...

Las manos inmaculadas
le cruzaste en su ataúd,
y estarán siempre cruzadas:
¡ya es eterna su actitud!

Al noble corazón tierno
que solo por ti latió,
como a pájaro en invierno
la noche lo congeló.

—¿Y su alma? ¿Por qué no viene?
¡Fue tan mía…! ¿Dónde está?
—Dios la tiene, Dios la tiene:
¡Él te la devolverá
quizá!

Abril 19 de 1912

VII

¡CÓMO SERÁ!

SI EN EL MUNDO fue tan bella,
¿cómo será en esa estrella
donde está?
¡Cómo será!

Si en esta prisión obscura,
en que más bien se adivina
que se palpa la hermosura,
fue tan peregrina,
¡cuán peregrina será
en el más allá!

Si de tal suerte me quiso
aquí, ¿cómo me querrá
en el azul paraíso
en donde mora quizá?
¡Cómo me querrá!

Si sus besos eran tales
en vida, ¡cómo serán
sus besos espirituales!
¡Qué delicias inmortales
no darán!
Sus labios inmateriales,
¡cómo besarán!

Siempre que medito en esa
dicha que alcanzar espero,
clamo, cual Santa Teresa,
que muero porque no muero:
hallo la vida muy tarda
y digo: ¿cómo será
la ventura que me aguarda
donde ella está?
¡Cómo será!

Abril 21 de 1912

III. PENSAMIENTOS AFINES

Así como entre el eco sordo de las aguas y los diversos rumores que se escuchan cuando se abre un túnel oímos de vez en cuando el ruido de los barreteros que vienen hacia nosotros del lado opuesto, así también a intervalos escuchamos los golpes de la piqueta de nuestros camaradas, los que se fueron al más allá....

Sir Oliver Lodge

(Rector de la Universidad de Birmingham).

El alma, cuando dormimos, tiene ojos de lince.

Esquilo: Euménides

Ils n'ont accepté de la terre que l'effort seul qu'elle nécessite pour s'en détacher.

Villiers de L'isle Adam

Oh, Christ, that it were possible
for one short hour to see
the souls we loved. That they might tell us
what and where they be!

Tennyson: Maud. Pt. IV. III

I

LA CITA

> Llamaron quedo, muy quedo,
> a la puerta de tu casa...
>
> Villaespesa

¿Has escuchado?
Tocan la puerta...
—La fiebre te hace
desvariar.
—Estoy citado
con una muerta,
y un día de estos ha de llamar...
Llevarme pronto me ha prometido;
a su promesa no ha de faltar...
Tocan la puerta. Qué, ¿no has oído?
—La fiebre te hace desvariar.

Abril 26 de 1912

II

NADIE CONOCE EL BIEN

Había un Ángel cerca de mí,
mas no le vi...
Posó las plantas maravillosas
entre las zarzas de mi erial, y
yo, en tanto, estaba viendo otras cosas.

Cuando, callado, tendió su vuelo
y quedó al irse torvo mi cielo,
mi vida huérfana, mi alma vacía,
comprendí todo lo que perdía.

Alcé los ojos despavorido,
llamé al ausente con un gemido,
plegó mis labios convulso gesto...

Mas pronto el ángel dejó traspuesto,
con vuelo de ímpetu soberano,
las lindes negras del mundo arcano,
y todo vano fue... ¡todo vano!

¡Quién del espacio devuelve un ave!
¡Qué imán atrae a un dios ya ido!
Dice el proloquio que nadie sabe
el bien que tiene... ¡sino perdido!

Abril 27 1912

III

REPARACIÓN

¡En esta vida no la supe amar!
Dame otra vida para reparar,
¡oh Dios!, mis omisiones,
para amarla con tantos corazones
como tuve en mis cuerpos anteriores;
para colmar de flores,
de risas y de gloria sus instantes;
para cuajar su pecho de diamantes
y en la red de sus labios dejar presos
los enjambres de besos
que no le di en las horas ya perdidas...

Si es cierto que vivimos muchas vidas
(conforme a la creencia
teosófica), Señor, otra existencia
de limosna te pido
para quererla más que la he querido,

para que en ella nuestras almas sean
tan *una*, que las gentes que nos vean
en éxtasis perenne ir hacia Dios
digan: «¡Cómo se quieren esos dos!».

A la vez que nosotros murmuramos
con un instinto lúcido y profundo
(mientras que nos besamos
como locos): «Quizá ya nos amamos
con *este mismo amor* en otro mundo!».

Abril 28

IV

¡CÓMO CALLAN LOS MUERTOS!

¡Qué despiadados son
en su callar los muertos!
Con razón
todo mutismo trágico y glacial,
todo silencio sin apelación
se llaman: *un silencio sepulcral.*

Abril 29

V

ME BESABA MUCHO

Me besaba mucho, como si temiera
irse muy temprano... Su cariño era
inquieto, nervioso.
Yo no comprendía
tan febril premura. Mi intención grosera
nunca vio muy lejos...
¡Ella presentía!

Ella presentía que era corto el plazo,
que la vela herida por el latigazo
del viento, aguardaba ya..., y en su ansiedad
quería dejarme su alma en cada abrazo,
poner en sus besos una eternidad.

Mayo 4 de 1912

VI

AQUEL OLOR...

Era un' amicizia «*di terra lantana*»
GABRIELE D'ANNUNZIO

¿EN QUÉ CUENTO TE LEÍ?
¿En qué sueño te soñé?
¿En qué planeta te vi
antes de mirarte aquí?
¡Ah! ¡No lo sé..., no lo sé!

Pero brotó nuestro amor
con un *antiguo* fervor,
y hubo, al tendernos la mano,
cierta emoción *anterior*,
venida de lo lejano.
Tenía nuestra amistad
desde el comienzo un cariz
de otro sitio, de otra edad,
y una familiaridad
de indefinible matiz...

Explique alguien (si lo osa)
el hecho, y por qué, además,
de tus caricias de diosa
me queda una misteriosa
esencia sutil de rosa
que viene de un siglo atrás...

Mayo 7 1912

VII

HÉLAS!

Hélas! *Je ne suis plus un poète, un artiste.*
Je ne suis plus qu'un coeur profondément meurtri;
Je ne suis qu'un esprit las et farouche et triste
qui veut saisir un rêve d'amour évanoui…

La Mort a mis devant mes yeux ses lourdes voiles,
pour m'empêcher de suivre Celle qui s'envola;
mais mon âme opiniâtre, cherche dans les étoiles,
fouille les noirs abîmes, et la retrouvera.

11-V-1912

VIII

REGNUM TUUM

FUERA, sonrisas y saludos,
vals, esnobismo de los clubs,
mundanidad oropelesca.
Pero al volver a casa, tú.
En el balcón, en la penumbra,
vueltos los ojos al azul,
te voy buscando en cada estrella
del misterioso cielo augur.

¿Desde qué mundo me contemplas?
¿De qué callada excelsitud
baja tu espíritu a besarme?
¿Cuál el astro cuya luz
viene a traerme tus miradas?

¡Oh qué divina es la virtud
con que la noche penetra
bajo su maternal capuz!

Hasta mañana, salas frívolas,
trajín, ruidos, inquietud,
mundanidad oropelesca,
poligonales fracs, abur.

Y tú, mi muerta, ¡buenas noches!
¿Cómo te va? ¿Me amas aún?
Vuelvo al encanto misterioso,
a la inefable beatitud
de tus lejanos besos místicos.
¡Aquí no reinas más que tú!

Mayo, 16, de 1912

IX

NEARER TO THEE!

AVANT *de t'en aller vers le sombre rivage,*
chaque jour, chaque instant, te séparait de moi,
car la barque approchait pour l'éternel voyage...
Maintenant, chaque jour nous unit d'avantage,
je suis tous les instants plus près, plus près de toi!

Aujourd'hui, plus qu'hier, et plus encore demain!
Ainsi, combien de soirs, je pense avec émoi:

«Qui sait si elle me tend déjà la blanche main
pour m'aider a franchir son abîme lointain!»
Et je me sens plus près, toujours plus près de toi!

21-V-1912

IV. PENSAMIENTOS AFINES

Que ferai-je de la lyre
de la vertu, du destin?
Hélas; et, sans ton sourire,
que ferai-je du matin?

Que ferai-je seul, farouche,
sans toi, du jour el des cieux,
de mes baisers sans ta bouche
et de mes pleurs sans tes yeux?

V. H.

La vie des morts est plus durable que celle des vivants.

GUSTAVE LE BON

Mi diestra sea olvidada. Mi lengua se pegue a mi paladar, si de ti me olvidare.

SALMOS, 137, 5, 6

Mejor es la buena fama que el buen ungüento,
y el día de la muerte que el día del nacimiento.

ECLESIASTÉS, 7, 1

Mi alma espera a Jehová más que los centinelas la mañana.

SALMOS, 130, 6

La muerte no es quizá más que un cambio de sitio.

MARCO AURELIO

I

ESTE LIBRO

Un rimador obscuro
que no proyecta sombra,
un poeta maduro
a quien ya nadie nombra,
hizo este libro, amada,
para vaciar en él
como turbia oleada
el ánfora colmada
de lágrimas y hiel.

Humilde florilegio,
pobre ramo de rimas,
su solo privilegio
es que acaso lo animas
tú, con tu santo soplo
de amor y de ternura,
desde el astro en que estás.

¡Un dolor infinito
labró en él con su escoplo
tu divina escultura,
como un recio granito,
para siempre jamás!

Mayo 23 1912

II

YA TODO ES IMPOSIBLE

¡Dios no ha de devolvértela porque llores!
Mientras tú vas y vienes por la casa
vacía; mientras gimes,
la pobre está pudriéndose en su agujero.
¡Ya todo es imposible!

Así llenaras veinte lacrimatorias
con la sal de tus ojos; así suspires
hasta luchar en ímpetu
con el viento que pasa, destrozando
las flores de tus jardines;
así solloces hasta herir la entraña
de la noche sublime,
nada obtendrás: la Muerte no devuelve
sino cenizas a los tristes...
La pobre está pudriéndose en su agujero,
¡Ya todo es imposible!

Dios lo ha querido... Inclina la cabeza,
humíllate, humíllate
y aguarda, recogido, en las tinieblas,
el beso de la Esfinge!

Mayo 31 de 1912

III

ESPERANZA

¿Y POR QUÉ no ha de ser verdad el alma?
¿Qué trabajo le cuesta al Dios que hila
el tul fosfóreo de las nebulosas
y que traza las tenues pinceladas
de luz de los cometas incansables
dar al espíritu inmortalidad?

¿Es más incomprensible por ventura
renacer que nacer? ¿Es más absurdo
seguir viviendo que el haber vivido,
ser invisible y subsistir, tal como
en redor nuestro laten y subsisten
innumerables formas, que la ciencia
sorprende a cada instante
con sus ojos de lince?

Esperanza, pan nuestro cotidiano;
esperanza, nodriza de los tristes:
murmúrame esas íntimas palabras
que en el silencio de la noche fingen,
en lo más escondido de mi mente,
cuchicheo de blancos serafines...
¿Verdad que he de encontrarme con mi muerta?
Si lo sabes, ¿por qué no me lo dices?

Junio 2-12

IV

EL RESTO, ¿QUÉ ES?

TÚ ERAS la sola verdad de mi vida,
el resto, ¿qué es?
Humo..., palabras, palabras, palabras...
¡mientras la tumba me hace enmudecer!

Tú eras la mano cordial y segura
que siempre estreché
con sentimiento de plena confianza
en tu celeste lealtad de mujer.

Tú eras el pecho donde mi cabeza
se reposó bien,
oyendo el firme latir de la entraña
que noblemente mía solo fue.

Tú lo eras todo: ley, verdad y vida...
El resto, ¿qué es?

Junio 4

V

NIHIL NOVUM...

¡Cuántos, pues, habrán amado
como mi alma triste amó...
y cuántos habrán llorado
como yo!

¡Cuántos habrán padecido
lo que padecí,
y cuántos habrán perdido
lo que perdí!

Canté con el mismo canto,
lloro con el mismo llanto
de los demás,
y esta angustia y este tedio
ya los tendrán sin remedio
los que caminan detrás.
Mi libro solo es, en suma,
gotícula entre la bruma,
molécula en el crisol
del común sufrir, renuevo
del Gran Dolor: ¡Nada nuevo
bajo el sol!

Mas tiene cada berilo
su manera de brillar,
y cada llanto su estilo
peculiar.

Junio 10

VI

POR MIEDO

La dejé marcharse sola...
y, sin embargo, tenía

para evitar mi agonía
la piedad de una pistola.

«¿Por qué no morir? —pensé.
¿Por qué no librarme desta
tortura? ¿Ya qué me resta
después que ella se me fue?».

Pero el resabio cristiano
me insinuó con voces graves:
«¡Pobre necio, tú qué sabes!»
Y paralizó mi mano.

Tuve miedo..., es la verdad;
miedo, sí, de ya no verla,
miedo inmenso de perderla
por toda una eternidad.

Y preferí, no vivir,
que no es vida la presente,
sino acabar lentamente,
lentamente, de morir.

Junio 11 1912

VII

¡CUÁNTOS DESIERTOS INTERIORES!

¡Cuántos desiertos interiores!
Heme aquí joven, fuerte aún,
y con mi heredad ya sin flores.
Némesis sopló en mis alcores
con bocanadas de simún.

De un gran querer, noble y fecundo,
solo una trenza me quedó...
¡y un hueco más grande que el mundo!

Obra fue todo de un segundo.
¿Volveré a amar? ¡Pienso que no!

Solo una vez se ama en la vida
a una mujer como yo amé;
y si la lloramos perdida
queda el alma tan malherida,
que dice a todo: «¡Para qué!».

Su muerte fue mi premoriencia,
pues que su vida era razón
de ser de toda mi existencia.
Pensarla es ya mi sola ciencia...
¡Resignación! ¡Resignación!

Junio 13

VIII

ESO ME BASTA

Este libro tiene muchos precedentes,[1]
tantos como gentes
habrán sollozado
por un bien amado,
desaparecido,
por un gran amor extinguido.

Tal vez muchos otros lloraron mejor
su dolor que yo mi inmenso dolor,
quizá (como eran poetas mayores)
había en sus lágrimas muchos más fulgores...

[1] Muchos grandes amantes lloraron antes que yo en rimas eternas. Alighieri, a Beatriz; Petrarca, a Laura; Miguel Ángel, a Victoria Colonna.

Muchos hermanos míos por la estatura, también: Espronceda, a Teresa; Isaacs, a María; Silva, a su hermana; Balart, a Dolores; Villaespesa... y una larga peregrinación de dolientes seguirá a la nuestra: pastoreados todos por nuestra reina la Muerte.—*N. del A.*

Yo en mis tristes rimas no pretendo nada:
para mí es bastante
con que mi adorada
para siempre ida,
detrás de mi hombro las lea anhelante
y diga: «Este sí que es un buen amante
que nunca me olvida».

Junio 10

IX

¡QUÉ BIEN ESTÁN LOS MUERTOS!

¡Qué bien están los muertos,
ya sin calor ni frío,
ya sin tedio ni hastío!

Por la tierra cubiertos,
en su caja extendidos,
blandamente dormidos...

¡Qué bien están los muertos,
con las manos cruzadas,
con las bocas cerradas!

¡Con los ojos abiertos,
para ver el arcano
que yo persigo en vano!

¡Qué bien estás, mi amor,
ya por siempre exceptuada
de la vejez odiada,

del verdugo dolor...;
inmortalmente joven,
dejando que te troven

su trova cotidiana
los pájaros poetas
que moran en las quietas
tumbas, y en la mañana,
donde la Muerte anida,
saludan a la vida!

17 de junio de 1912

X

BONSOIR...

Donc, bonsoir, mignon, et à demain

(Palabras que Ana me dejó escritas una noche en que tuvimos que separarnos).

¡BUENAS NOCHES, mi amor, y hasta mañana!
Hasta mañana, sí, cuando *amanezca*,
y yo, después de más de cuarenta años
de incoherente soñar, abra y estriegue
los ojos del espíritu,
como quien ha dormido mucho, mucho,
y vaya lentamente despertando,
y, en una progresiva lucidez,
ate los cabos del ayer de mi alma
(antes de que la carne la ligara)
y del hoy prodigioso
en que habré de encontrarme, en ese plano
en que ya nada es ilusión y todo
es verdad...
¡Buenas noches, amor mío,
buenas noches! Yo quedo en las tinieblas
y tú volaste hacia el amanecer...
¡Hasta mañana, amor, hasta mañana!
Porque, aun cuando el destino

acumulara lustro sobre lustro
de mi prisión por vida, son fugaces
esos lustros; sucédense los días
como rosarios, cuyas cuentas magnas
son los domingos...
Son los domingos, en que, con mis flores,
voy invariablemente al cementerio
donde yacen tus formas adoradas.
¿Cuántos ramos de flores
he llevado a tu tumba? No lo sé.
¿Cuántos he de llevar? Tal vez ya pocos.
¡Tal vez ya pocos! ¡Oh, qué perspectiva
deliciosa!
¡Quizá el carcelero
se acerca con sus llaves resonantes
a abrir mi calabozo para siempre!
¿Es por ventura el eco de sus pasos
el que se oye, a través de la ventana,
avanzar por los quietos corredores?
¡Buenas noches, amor de mis amores!
Hasta luego, tal vez..., o hasta mañana.

Junio 25 1912

V. PENSAMIENTOS AFINES

Et j'ai vu quelque fois ce que l'homme a cru voir.

ARTURO RIMBAUD

Mourir «proprement», comme disait M. Farcot, simplement, dignement, paisiblement. In pace, in idipsum, dormiam et requiescam.

LE P. HYACINTHE LOYSON

¡Cuándo será que pueda,
libre de esta prisión, volar al cielo!

FRAY LUIS DE LEÓN

¡Oh, muerte, ven callada,
como sueles venir en la saeta!

Ánonimo sevillano

Cuando Dios, que al que llora recompensa,
se apiade al fin de lo que yo he sufrido,
en silencio me iré como he venido...
Quiero en la sombra entrar. Tengo una inmensa
necesidad de olvido.

ANTONIO ZARAGOZA

Tous mes étonnements son: finis sur la terre,
tous mes adieux sont faits, l'âme est prête à faillir
pour atteindre à ses fruits protegés de mystère
que la pudique mort a seule osé cuellir.

MARCELINE DESBORDES-VALMORE

I

SONETO

¡Qué son diez años para la vida de una estrella!
Mas para el triste amante que encontró la mitad
de su alma en el camino, y se enamoró della,
diez años de connubio son una eternidad.

Diez años, cuatro meses y siete días quiso
el Arcano, que encauza las vidas paralelas,
juntarnos no en meloso y estulto paraíso,
sino en la comunión de las almas gemelas.

Conducidos marchamos
por un amor experto;
del brazo siempre fuimos,

y tal nos adoramos,
que... ¡ no sé quién ha muerto,
o si los dos morimos!

Junio 29 de 1912

II

BENDICIÓN A FRANCIA

¡Bendita seas, Francia, porque me diste amor!
En tu París inmenso y cordial encontré
para mi cuerpo abrigo, para mi alma fulgor,
para mis ideales el ambiente mejor...
¡y, además, una dulce francesa que adoré!

Por esa mujer noble, tuyo es, Francia querida,
mi reconocimiento; pues que, merced a ella,
tuve todos los bienes; ¡el gusto por la vida,

la intimidad celeste, la ternura escondida,
y la luz de la lámpara y la luz de la estrella!

Yo no sé qué demiurgo la substrajo a mi anhelo
tras una amputación repentina y cruel,
y ya tú sola, Francia, puedes darme consuelo:
con un refugio amigo para llorar mi duelo,
tu maternal regazo para verter mi hiel,
la sombra de algún árbol en tu florido suelo...
¡y acaso, en tus colmenas, una gota de miel!

Julio 3 de 1912

III

SEIS MESES...

¡Seis meses ya de muerta! Y en vano he pretendido
un beso, una palabra, un hálito, un sonido...
y, a pesar de mi fe, cada día evidencio
que detrás de la tumba ya no hay más que silencio...

Si yo me hubiese muerto, ¡qué mar, qué cataclismos,
qué vórtices, qué nieblas, qué cimas ni qué abismos
burlaran mi deseo febril y omnipotente
de venir por las noches a besarte en la frente,
de bajar, con la luz de un astro zahorí,
a decirte al oído: «¡No te olvides de mí!».

Y tú, que me querías tal vez más que te amé,
callas inexorable, de suerte que no sé
sino dudar de todo, del alma, del destino,
¡y ponerme a llorar en medio del camino!
Pues con desolación infinita evidencio
que detrás de la tumba ya no hay más que silencio...

Julio 7 de 1912

IV

PIEDAD

¡No porque está callada
y ya no te responde, la motejes;

no porque yace helada,
severa, inmóvil, rígida, la huyas;
no porque está tendida
y no puede seguirte ya, la dejes;

no porque está perdida
para siempre jamás, la sustituyas!

Julio 9 de 1912

V

POBRECITA MÍA

Bien sé que no puedes,
pobrecita mía,
venir a buscarme.
¡Si pudieras, vendrías!

Acaso te causan
dolor mis fatigas,
mis ansias de verte,
mis quejas baldías,
mi tedio implacable,
mi horror por la vida.
¡No puedes traerme consuelo!

¡Si pudieras, vendrías!

¡Qué honda, qué honda
debe ser la sima

donde caen los muertos,
pobrecita mía!

¡Qué mares sin playas
qué noche infinita
qué pozos danáideos,
qué fieras estigias
deben separarnos de los que se mueren
desgajando en dos
almas una misma,
para que no puedas venir a buscarme!

Si pudieras, vendrías...

Julio 11 de 1912

VI

LOS MUERTOS MANDAN

Los muertos mandan. ¡Sí, tú mandas, vida mía!
Si ejecuto una acción, digo: «¿Le gustaría?».
Hago tal o cual cosa pensando: «¡Ella lo hacía!».

Busco lo que buscabas, lo que dejabas dejo,
amo lo que tú amabas, copio como un espejo
tus costumbres, tus hábitos... ¡Soy no más tu reflejo!

Julio 13 de 1912

VII

LEJANÍA

¡Parece mentira que hayas existido!
Te veo tan lejos...
Tu mirada, tu voz, tu sonrisa,
me llegan del fondo de un pasado inmenso...

Eres más sutil
que mi propio ensueño;
eres el fantasma de un fantasma,
eres el espectro de un espectro...
Para reconstruir tu imagen remota
he menester ya de un enorme esfuerzo.

¿De veras me quisiste? ¿De veras me besabas?
¿De veras recorrías la casa, hoy en silencio?
¿De veras, en diez años, tu cabecita rubia
reposó por las noches, confiada, en mi pecho?

¡Ay qué perspectivas esas de la muerte!
¡Qué horizontes tan bellos!
¡Cuál os divinizan, oh difuntas jóvenes,
con sus lejanías llenas de misterio!
¡Qué consagraciones tan definitivas
las que da el Silencio!...
¡Cuál os vuelve míticas, casi fabulosas!
¿Qué tristes mujeres de carne y de hueso,
con sus pobres encantos efímeros,
podrían venceros?
Tenéis un augusto prestigio de estatua,
y por un fenómeno de rareza lleno,
mientras más distantes, más imperiosas
vais agigantandoos en el pensamiento.

Julio 17 de 1912

VIII

HUELGA DE CÉLULAS

Este concurso de células,
unánimes en su intento
misterioso de que dure
la intensa vida en mi cuerpo,
esos miles de millones

de pequeñitos cerebros,
que, con una disciplina
admirable en el esfuerzo,
se dividen el trabajo
de mis órganos diversos
y mantienen el fenómeno
de mi existir en el tiempo,
un día, quizá cercano
(mañana, tal vez hoy mesmo),
han de declararse en huelga,
porque en el reloj eterno
sonó el instante...
                    ¡Qué júbilo
entonces el del colegio
aquel, más de cuarenta años
a mi espíritu sujeto!

¡Qué alegría en el cotarro
innúmero y turbulento!

Cada grupo ha de tirar
por su lado, con estruendo:
—¡Vuelvo a la rosa!, dirá
uno; y otro: —¡Al aire vuelvo!;
y otro: —¡Al agua!; y otro: —¡Al barro!;
y otro: —¡Al carbón!; y otro: —¡Al hierro!;
y otro: —¡A la cal!; y otro: —¡Al fósforo!;
y otro: —¡A la mar!; y otro: —¡Al cielo!
Y mi espíritu, entretanto,
verá feliz, sonriendo,
la disociación bendita
que restituye al Acervo
lo prestado...
                    Mas, de pronto,
movido por el recuerdo
más hondo, más persuasivo,
más amante, más inmenso,
se preguntará a sí mismo:
—Bien, y yo, ¿adónde me vuelvo?

— ¡A mis brazos! —gritará
en la eternidad tu acento...
Y cuando los dos fundidos
en una sola alma estemos,
el océano infinito
nos absorberá en silencio...

Julio 21 de 1912

IX

PERO TE AMO

Yo no sé nada de la vida,
yo no sé nada del destino,
yo no sé nada de la muerte;
¡pero te amo!

Según la buena lógica, tú eres luz extinguida;
mi devoción es loca, mi culto, desatino,
y hay una insensatez infinita en quererte;
¡pero te amo!

Julio 24 de 1912

X

VIVIR SIN TUS CARICIAS

Vivir sin tus caricias es mucho desamparo;
vivir sin tus palabras es mucha soledad;
vivir sin tu amoroso mirar, ingenuo y claro,
es mucha obscuridad...

Julio 25 de 1912

VI. PENSAMIENTOS AFINES

...L'homme est capable de culbuter toutes les résistances et de franchir bien des obstacles et même peut-être la mort.

BERGSON

Soy un cadáver: ¿cuándo me entierran?
Soy un ausente: ¿cuándo me voy?

DÍAZ MIRÓN

On n'emporte en mourant que ce qu'on a donné.

EMILE DESCHANEL

Le silence éternel de ces espaces infinis, m'effraie.

PASCAL: Pensées

Un désespoir paisible et sans reproches au ciel, est la sagesse même.

ALFRED DE VIGNY: *Journal*, 1824

Un seul être vous manque et tout est dépeuplé.

LAMARTINE

Si agradable descanso, paz serena,
la muerte, en traje de dolor, envía,
señas da su desdén de cortesía:
más tiene de caricia que de pena.

FRANCISCO DE QUEVEDO

Si nous avons l'oreille fine, nous pouvons entendre la chute de nos instants dans le néant, comme un vase qui se vide goutte à goutte.

HENRI BORDEAUX: Deux méditations sur la mort

I

POR ESTA SELVA...

Por esta selva tan espesa,
donde nunca el sol penetró,
buscando voy una princesa
que se me perdió.

Entre los árboles copudos,
entre las lianas verdinegras
que trepan por los desnudos
troncos, como culebras;

entre las rocas de hosquedad
hostil y provocativa
y la pavorosa soledad
y la penumbra esquiva,

buscando voy una princesa
rubia como la madrugada,
que ha partido y que no regresa
desta espesura malhadada.

Dicen que al fin de aquella ruta,
que bordan el ciprés y el enebro,
hay una reina muy enjuta
que mora en un castillo muy negro;

que guarda en fieros torreones
otras princesas como la mía,
y que es sorda a las rogaciones
del desamparo y la agonía.

...Mas, acaso si yo pudiese
ver a la reina, y su huella
seguir astuto, al cabo diese
con el castillo negro... ¡y con Ella!

Pero el más seguro instinto
no se sentiría capaz
de guiarse por el laberinto
desta penumbra pertinaz.

Es que el espíritu presiente
algo fatal que se avecina,
y es que acaso es más imponente
que lo que vemos claramente
lo que tan solo se adivina.

Heme aquí, pues, con la alma opresa
en medio de la obscuridad,
enamorado de una princesa
que se perdió en la selva espesa
tal vez por una eternidad...

Julio 31 de 1912

II

EL VIAJE

Para calmar a veces un poco el soberano,
el invencible anhelo de volverte a mirar,
me imagino que viajas por un país lejano
de donde es muy difícil, ¡muy difícil!, tornar.

Así mi desconsuelo, tan hondo, se divierte;
doy largas a mi espera, distraigo mi hosco esplín,
y, pensando en que tornas, en que ya voy a verte,
un día, en cualquier parte, me cogerá la muerte
y me echará en tus brazos, ¡por fin, por fin, por fin!

Agosto 2 de 1912

III

SIN RUMBO

Por diez años su diáfana existencia fue mía.
Diez años en mi mano su mano se apoyó,
¡y en solo unos instantes se me puso tan fría,
que por siempre mis besos congeló!

¡Adónde iréis ahora, pobre nidada loca
de mis huérfanos besos, si sus labios están
cerrados, si hay un sello glacial sobre su boca,
si su frente divina se heló bajo su toca,
si sus ojos ya nunca se abrirán!

Agosto 14 de 1912

IV

DESPUÉS...

Después de aquella brava agonía,
ya me resigno..., ¡sereno estoy!
Yo, que con ella nada pedía,
hoy, ya sin ella, solo querría
ser noble y bueno... ¡mientras me voy!

En su bendito nombre, que adoro,
ser noble y bueno, y al expirar,
poder decirme: «¡Nada atesoro:
di toda mi alma, di todo mi oro,
di todo aquello que pude dar!».

Desnudo torno como he venido;
cuanto era mío, mío no es ya:
como un aroma me he difundido
como una esencia me he diluido,
y, pues que nada tengo ni pido,
¡Señor, al menos, vuélvemela!

Agosto, 20 de 1912

V

¡OH MUERTE!

MUERTE, ¡cómo te he deseado!,
¡con qué fervores te he invocado!,
¡con qué anhelares he pedido
a tu boca su beso helado!
¡Pero tú, ingrata, no has oído!

¡Vendrás, quizá, con paso quedo
cuando de partir tenga miedo,
cuando la tarde me sonría
y algún ángel, con rostro ledo,
serene mi melancolía!

Vendrás, quizá, cuando la vida
me muestre una veta escondida
y encienda para mí una estrella.
¡Qué importa! Llega, ¡oh, Prometida!:
¡Siempre has de ser la bien venida,
pues que me juntarás con ELLA!

Agosto 22 de 1912

VI

ALQUIMIA

BIEN SÉ que para verte
he menester la alquimia de la muerte
que me transmute en alma, y delirante
de amor y de ansiedad, a cada instante
que llega, lo requiero
diciéndole: «¡Ah, si fueses tú el postrero!».

Es tan desmesurado, tan divino
y tan hondo el futuro que adivino

a través de las rutas estelares,
y de uno en otro de los avatares,
siempre contigo, noble compañera,
que por poder morir, ¡ay, qué no diera!

Agosto 24 de 1912

VII

DIÁLOGO

EL DESALIENTO

¡Por qué empeñarse en buscar
a quien se quiere esconder!
Si Dios no se deja ver,
alma, ¿cómo le has de hallar?

Y aún pretendes lograr
que esa esfinge que se esconde
y calla, te diga dónde
recobrarás a tu muerta.

¡Ilusa, llama a otra puerta,
que en esta nadie responde!

LA ESPERANZA

Hay que empeñarse en buscar
a quien se quiere esconder.
Si Dios no se deja ver,
alma, le tienes de hallar
por fuerza.
Y has de lograr
que esa esfinge que se esconde
y calla, te diga dónde
recobrarás a tu muerta.

¡Si la Fe llama a una puerta,
el Amor siempre responde!

Septiembre 20 de 1912

VIII

TAL VEZ...

TAL VEZ ya no le importa mi gemido
en el indiferente edén callado
en que el espíritu desencarnado
vive como dormido...
Tal vez ni sabe ya cómo he llorado
ni cómo he padecido.

En profundo quietismo,
su alma, que antes me amara de tal modo,
se desliza glacial por ese abismo
del eterno mutismo,
olvidada de sí, de mí, de todo...

Septiembre 30 de 1912

IX

LUX PERPETUA

SI HA DE SER CONDICIÓN de mi dicha el olvido
de ti, quiero estar triste siempre (como he vivido).

Prefiero la existencia más árida y doliente
al innoble consuelo de olvidar a mi ausente.

Por lo demás, ¡qué tengo sin ti de cosa propia,
que me halague o sonría en esta clara inopia,
ni qué luz en mis noches me quedará si pierdo
también la lamparita cordial de tu recuerdo!

Octubre 2 de 1912

VII. PENSAMIENTOS AFINES

Il n'y à pas de mort.

MAETERLINCK

Les voies de la mort sont apaisantes et sereines.

HENLEY

E, quando noi cominciamo ad aprire gli occhi sul visible, giá eravamo da tempo aderenti all'invisibile.

G. D'ANNUNZIO: Contemplazione della Morte

Celui qui croit vaut mieux, pèse davantage, contient plus de vie que celui qui doute. S'il se trompe, tant pis: c'est de la force gaspillée; du moins, c'est de la force.

JACQUES RIVIÈRE

La science nous donne la télégraphie, la lumierère eléctrique, la médicine. La Religion, sous telle de ses formes, nous donne la sérénité, l'équilibre moral, le bonheur.

ÉMILE BOUTROUX

I

UN SIGNO

Eternidad: ¡devuélveme lo que me has substraído!
Abismo: ¡restitúyeme lo que sorbió tu hondura!
Esfinge: ¡escucha mi alarido!
¡Compadécete ya, Noche obscura!

Oye mi imploradora
voz, ¡ oh Isis!; desgarra tu capuz…
y tú, lucero ignoto en que Ella mora,
¡por piedad, hazme un signo de luz!

Octubre 16 de 1912

II

¿POR QUÉ?

¿Por qué tú que me amabas con esa multiforme
solicitud celeste, me dejas hoy? ¿Por qué
no acudes a mis lágrimas?
—Es un misterio enorme...
—Es un misterio enorme... ¡pero yo lo sabré!

Octubre 22 de 1912

III

ETERNIDAD

¡La muerte! Allí se agota todo esfuerzo,
allí sucumbe toda voluntad.

¡La Muerte! ¡Lo que ayer fue nuestro Todo
hoy solo es nuestra Nada!... ¡Eternidad!
¡Silencio!... El máximo silencio
que es posible encontrar.
¡Silencio!... ¡Ultrasilencio,
y no más! ¡Oh, no más!

¡Ni una voz en la noche
que nos pueda guiar!
Ana, razón suprema de mi vida,
¿dónde estás, dónde estás, dónde estás?

Se abisma en el abismo el pensamiento,
se enlobreguece, al fin todo mirar
en esta lobreguez inexorable,
y desespera, a fuerza de esperar,
la más potente de las esperanzas.
¡Eternidad, eternidad!

Octubre 23 de 1912

IV

EL ENCUENTRO

¿Por qué permaneciste siempre sorda a mi grito?
¡Dios sabe cuántas veces, con amor infinito,
te busqué en las tinieblas, sin poderte encontrar!
Hoy —¡por fin!— te recobro: todo, pues, era cierto...
¡Hay un alma! ¡Qué dicha! No es que sueñe despierto...
¡Te recobro! ¡Me miras y te vuelvo a mirar!

—Me recobras, amigo, porque ya eres un muerto:
De fantasma a fantasma nos podemos amar.

Octubre 29 de 1912

V

IMPACIENCIA

Soy un viajero que tiene prisa
de partir.
Soy un alma impaciente e insumisa,
que se quiere ir.
Soy un ala que trémula verbero...
¿Cuándo vas, oh Destino, a quitar
de mi pie tu grillete de acero
y — ¡por fin!— a dejarme volar?

Octubre 31 de 1912

VI

DILEMA

O no hay alma, y mi muerta ya no existe
(conforme al duro y cruel «polvo serás»)...
o no puede venir, y está muy triste;
pero olvidarse de mi amor, ¡jamás!

Si de lo que ella fue solo viviese
un átomo consciente, tras la fría
transmutación de los sepulcros, ¡ese
átomo de conciencia me amaría!

Noviembre 1 de 1912

VII

7 DE NOVIEMBRE (1912)

La noche en que estaba tendida —hoy hace diez meses— era la noche última que iba a pasar en su casa, bajo nuestro techo acogedor. ¡En su casa, donde siempre había sido el alma, y la luz, y todo! ¡En su casa, donde la adorábamos con la más vieja, noble y merecida ternura; donde cuanto la rodeaba era suyo, afectuosamente suyo!

¡Y habría que echarla fuera al día siguiente! Fuera, como a una intrusa... Fuera en pleno invierno, entre el trágico sollozar de los cierzos. Y habría que alejarla de nosotros como a una cosa impura, nefanda; ¡que esconderla en un cajón enlutado y hermético!, y llevarla lejos, por el campo llovido, por los barrizales infectos, para meterla en un agujero sucio y glacial. ¡A ella, que había disfrutado por más de diez años la blancura tibia de la mitad de mi lecho! ¡A ella, que había tenido mi hombro viril y seguro como almohada de su cabecita luminosa! ¡A ella, que vio mi solicitud tutelar encendida siempre como una lámpara sobre su existencia!

¡Oh, Dios, dime si sabes de una más despiadada angustia, y si no merezco ya que brille para mí tu misericordia!...

VIII

LA SANTIDAD DE LA MUERTE

La santidad de la muerte
llenó de paz tu semblante,
y yo no puedo ya verte
de mi memoria delante,
sino en el sosiego inerte
y glacial de aquel instante.

En el ataúd exiguo,
de ceras a la luz fatua,
tenía tu rostro ambiguo
quietud augusta de estatua
en un sarcófago antiguo.

Quietud con yo no sé qué
de dulce y meditativo;
majestad de lo que fue;
reposo definitivo
de quien ya sabe el *porqué*.

Placidez, honda, sumisa
a la ley; y en la gentil
boca breve, una sonrisa
enigmática, sutil,
iluminando indecisa
la tez color de marfil.

A pesar de tanta pena
como desde entonces siento,
aquella visión me llena
de blando recogimiento
y unción..., como cuando suena
la esquila de algún convento
en una tarde serena…

Noviembre 15 de 1912

VIII. PENSAMIENTOS AFINES

La mort n'arrive qu'une fois et se fait sentir à tous les moments de la vie: i1 est plus dur de l'appréhender que de la souffrir.

LA BRUYÈRE

C'est l'amour qui, à la fin, aura raison…

A. NERVO

Una muerte pronta es la ventura suprema de la vida.

PLINIO

Si tuviese fuerza bastante para sostener la pluma, escribiría lo fácil y delicioso que es morir.

WILLIAM HUNTER: Últimas palabras

La douleur seule entre assez avant dans l'âme puar l'agrandir. Elle y réveille des sentiments qu'on n'avait point encere soupçonnés. Il y a dans l'âme des places très elevées où dort la vitalité et que la douleur seule peut atteindre.

BLANC SAINT-BONNET

Au fond, rien n'est perdu d'un passé, même effacé; «inconscient», n'équivaut pas à «inexistant», mais á «inefficace»…

J. DESAYMARD: La Pensée d'Henri Bergson

Le Passé: Autant que le Présent, bien plus que l'Avenir, il es tout entier dans notre pensée et constamment dans notre main. . . «Le Passé est passé» disons-nous; et cela n'est pas vrai: le passé est toujours présent.

MAETERLINCK: Le temple enseveli

Rien ne m'est plus, plus ne m'est rien.

(Divisa de VALENTINA DE MILÁN)

Et pourquoi le monde ne se composerait-il pas de sphères de réalités climates, mais interférents, si bien que nous ne pourrions, nous, l'a ppréhender qu'en usant alternativement des différents symboles et en prenant des attitudes diverses?

EMILE BOUTROUX

I

IMPOTENCIA

Señor, piedad de mí porque no puedo
consolarme... Lo intento, mas en vano.
Me sometí a tu ley porque eras fuerte:
¡El fuerte de los fuertes!... Pero acaso
es mi resignación solo impotencia
de vencer a la Muerte, cuyo ácido
ósculo corrosivo,
royendo el corazón que me amó tanto,
royó también mi voluntad de acero...
¡La Muerte era titánica; yo, átomo!

¡Señor, no puedo resignarme, no!
¡Si te digo que ya estoy resignado,
y si murmuro *fiat voluntas tua*,
miento, y mentir a Dios es insensato!

¡Ten piedad de mi absurda rebeldía!
¡Que te venza, Señor, mi viril llanto!
¡Que conculque tu ley tu piedad misma!...
Y revive a mi muerta como a Lázaro
o vuélveme fantasma como a ella,
para entrar por las puertas del Arcano
y buscar en el mundo de las sombras
el deleite invisible de sus brazos.

Noviembre, 16

II

BENDITA...

Bendita seas, porque me hiciste
amar la muerte, que antes temía.
Desde que de mi lado te fuiste,

amo la muerte cuando estoy triste;
si estoy alegre, más todavía.

En otro tiempo, su hoz glacial
me dio terrores; hoy, es amiga.
¡Y la presiento tan maternal!...
Tú realizaste prodigio tal.
¡Dios te bendiga! ¡Dios te bendiga!

Noviembre 19

III

AL ENCONTRAR UNOS FRASCOS DE ESENCIA

¡Hasta sus perfumes duran más que ella!
Ved aquí los frascos, que apenas usó,
y que reconstruyen para mí la huella
sutil que en la casa dejó...

Herméticamente encerrada,
la esencia en sus pomos no se escapará.
Mientras que el espíritu de mi bien amada,
más imponderable, más tenue quizá,
voló de sus labios, redoma encantada,
¡y en dónde estará!

Diciembre 1

IV

SEÑUELO

La muerte nada quiere con los tristes.
Subrepticia y astuta,
aguarda a que riamos

para abrirnos la tumba
y, con su dedo trágico, de pronto
señalarnos la húmeda
oquedad, y empujarnos brutalmente
hacia su infecta hondura.

Mas yo tengo tal gana de que venga,
que voy a ser feliz para que acuda,
para que sea mi reír señuelo,
y ella caiga en la trampa de venturas
ruidosas, que en el fondo son tristezas...

¿La engañaré? ¡Quizá, si tú me ayudas
desde la eternidad, oh inmarcesible
amada, oh novia única,
cuyos besos de sombra
he de reconquistar, pese a la Enjuta
que te mató a mansalva hace once meses,
dejando a un infeliz por siempre a obscuras!

Diciembre 7 1912

V

YO NO DEBO IRME...

Yo no debo irme: tengo que esperar
hasta que la muerte me venga a llamar.
¡Tengo que esperar!
¡Cuánto tarda, cuánto!...
Pero el tiempo corre
y a veces escucho, cerca de mi torre,
entre las tinieblas, cauteloso andar...
Mucho tarda, pero tiene que llegar.

Rejas insidiosas, rejas que vedáis
para mí la vida, que cuadriculáis
para mí los aires; impasibles rejas,

duras a mis dedos, sordas a mis quejas:
habrán de limaros mis firmes anhelos,
y quizá una noche me abriréis los cielos.

Mucho, tal vez mucho tengo de esperar;
pero al fin la muerte me vendrá a llamar.

Diciembre 10

VI

RESURRECCIÓN

Yo SOY TAN POCA COSA, que ni un dolor merezco…
Mas tú, Padre, me hiciste merced de un gran dolor.
Ha un año que lo sufro, y un año ya que crezco
por él en estatura espiritual, Señor.

¡Oh Dios, no me lo quites! Él es la sola puerta
de luz que yo vislumbro para llegar a Ti.
Él es la sola vida que vive ya mi muerta:
mi llanto, diariamente, la resucita en mí.

Diciembre 26

VII

¡REYES!

¡OH REYES, me trajisteis hace un año un presente
excepcional: un gran dolor!
Fuisteis conmigo pródigos, cual monarcas de Oriente,
Baltasar, Gaspar y Melchor.

Durante las tristísimas horas de vuestra noche,
terribles horas de expiación,
mi solo bien, mi frágil azucena, su broche
plegaba ya sin remisión.

Todo fue inútil: llanto, plegarias. Y al siguiente
día vi agostarse mi flor.

Fuisteis conmigo pródigos, monarcas del Oriente;
vuestros tres dromedarios trajéronme el presente
más grande, ¡oh Baltasar, oh Gaspar, oh Melchor!

6 de enero 1913

VIII

HASTA MURIÉNDOTE

HASTA MURIÉNDOTE me hiciste bien,
porque la pena de aquel edén
incomparable que se perdió,
trocando en ruego mi vieja rima,
llevó mis ímpetus hacia la cima,
pulió mi espíritu como una lima
y como acero mi fe templó.

Hoy, muy dolido, mas ya sereno,
por ti quisiera ser siempre bueno;
de los que sufren tengo piedad;
en mi alma huérfana, solo Dios priva,
nada mi vuelo mental cautiva,
y es mi esperanza cual siempreviva
que se abre a un beso de eternidad.

Enero 13 de 1913

IX

¡QUÉ IMPORTA!

¡QUÉ IMPORTA que no sepas cómo te sigo amando
más allá del sepulcro, si lo sé yo con creces!
¡Qué importa que no escuches cómo estoy sollozando
si escucho mi sollozo yo, que soy tú dos veces!

Febrero 5 de 1913

IX. PENSAMIENTOS AFINES

En mettant les choses aux mieux, notre vie est comme un enfant revêche qu'il faut amuser sans cesse, si l'on veut qu'il reste tranquille, jusqu'au moment où il s'endort; et c'est la fin de nos soucis.

Frédéric Locker Lampson

Todos los seres proceden del mismo espíritu, que tiene diversos nombres: justicia, amor o sabiduría, en sus diversas manifestaciones, como el océano recibe otros nombres cuando baña otras riberas.

Emerson

La grandeur de l'homme se mesure à celle des mystères qu'il cultive ou devant lesquels il s'arrête.

Maeterlinck: La Mort

Puesto que hemos tenido el privilegio de existir, hemos tenido el privilegio de entrar de lleno en el misterio del universo, y somos forzosamente una porción —por pequeña que sea— de ese misterio.

A. N.

Il sait (le mystique) que l'univers entier, aussi bien que lui même, est en sécurité entre les mains paternelles de son Dieu. Il a l'nuition que tous seront sauvés, en dépit des portes de l'enfer et de toutes les apparences contraires.

William James: L'experience religieuse
(Trad. de F. Abunzit).

Où est Dieu, les ruines et les naufrages ne sont jamais définitifs.

Loid

There is no room for death.

Emily Brontë

... Et les baisers de moins et les rides de plus!

Víctor Hugo

I

BIENAVENTURADOS

¡Bienaventurados,
bienaventurados,
los dignificados
por la dignidad glacial de la muerte;
los invulnerables ya para los hados,
una y misma cosa ya con el Dios fuerte!

¡Bienaventurados!

Bienaventurados los que destruyeron
el muro ilusorio de espacio y guarismos;
los que a lo absoluto ya por fin volvieron;
los que ya midieron todos los abismos.

Bienaventurada, dulce muerta mía,
a quien he rezado como letanía
de fe, poesía
y amor, estas páginas…, que nunca leerás.
Por quien he vertido, de noche y de día,
todas estas lágrimas… que no secarás.

Marzo 15 de 1913

II

QUEDAMENTE...

Me la trajo quedo, muy quedo, el Destino,
y un día, en silencio, me la arrebató;
llegó sonriendo; se fue sonriente;
quedamente vino;
vivió quedamente;
queda… ¡quedamente desapareció!

Abril 25 de 1913

III

EL QUE MÁS AMA...

Si no te supe yo comprender,
si alguna lágrima te hice verter,
bien sé que al cabo perdonarás
con toda tu alma... ¡Qué vas a hacer!
¡El que más ama perdona más!

Abril 26 de 1913

IV

¡SI PUDIERA SER HOY!...

Como verte es el único ideal que persigo,
sin vivir en mí estoy,
y muriendo del ansia de reunirme contigo,
cada día me digo:
«¡Si pudiera ser hoy!»

Abril 28 de 1913

V

PERDÓN

Perdóname, Ideal, para que pueda
irme en paz al venir mi última hora...
Es tan dulce el perdón: ¡prerrogativa
de los Dioses! Perdóname, Inmortal:
"El que todo lo sabe lo perdona
todo", y hoy, Ideal, todo lo sabes
con la sabiduría de la muerte.

Que tu perdón en mi alma se derrame
como un rayo de luna en el silencio

de una mística noche...
Que caiga como pétalos de lirio
sobre el hondo cansancio de mi vida.

Perdóname, Ideal, para que pueda
morir en paz.

Junio 4 de 1913

X. PENSAMIENTOS AFINES

O mon Dieu, je reviens d'un long voyoge amer
où j'ai laissée mon coeur, et d'où je ne rapporte,
que stériles regrets d'avoir tenté la mer.

Mon ivresse est tombée et ma superbe est morte;
l'universel ennui creuse son nid en moi;
l'espoir, sans s'arrêter, passe devant ma porte.

Le jour quand il renaît m'inspire de l'effroi;
la nuit roule sur moi pleine d'horreur glacée;
je marche comme en rêve et sans savoir pourquoi.

LOUIS LE CARDONNEL

Nous sommes des êtres invisibles.

Une parole mystique peut seule par moments representer un être humain.

MAETERLINCK: Le trésor des humbles

PEPIN. —*Quel est le sommeil de ceux qui sont éveillés?*
ALCUIN. —*L'espérance.*

(*Disputatio*. Documento del tiempo de Carlo Magno.)

La muerte es una ley: no es un castigo.

SÉNECA

I

LA APARICIÓN

Cristo dijo que allí donde nos reuniésemos en su nombre, estaría él en medio de nosotros. No es, pues, extraño que aquella noche misteriosa en que hablábamos de él con unción cordial, de su inmensa alma diáfana, de su ternura grande como el universo, de su espíritu de sacrificio incomparable, del sabor místico de su caridad, que nos penetra y nos envuelve, Él se presentará de pronto, suavemente, en el corro.

Lejos de sorprendernos, su aparición divina nos pareció natural. Quizá no se trataba propiamente de una aparición; más bien le sentíamos dentro de nosotros; pero la realidad de su presencia era absoluta, imponente, superior a toda convicción.

En vez de turbarnos, experimentamos todos un bienestar infinito.

Cristo nos bendijo y, sonriéndonos, con aquella indecible sonrisa, nos preguntó:

—¿Qué deseáis que os dé antes de volver al Padre?

—Señor —dijo Rafael—, deseo que me perdones mis pecados.

—Perdonados están —respondió Jesús, siempre sonriendo.

—Yo, Señor —dijo Gabriel—, ansío estar contigo...

—Pronto estarás —replicó Cristo amorosamente—. Y tú —me preguntó—, ¿qué quieres, hijo?

Iba a decirle algo de mi muerta; pero no sé por qué, al ver la expresión divina de su rostro, comprendí que no era preciso decirle nada; que los muertos estaban en paz en su seno, junto a su corazón, y que todas las cosas que sucedían eran paternalmente dispuestas o reparadas.

—¿Qué anhelas, hijo? —repitió Jesús, y yo respondí:

—Señor, ¿qué puedo anhelar, si todo está bien? Yo solo deseo que se haga en mí tu voluntad...

Cristo me miró con ternura (¡qué mirada de éxtasis!); pasó su mano translúcida por mis cabellos...

Después se alejó sonriendo, como había venido.

II

TANATOFILA

¡OH MUERTE, en otros días, que recordar no puedo
sin emoción profunda, te tenía yo miedo!...
En medio de la noche, incapaz de dormir,
clamaba congojado: «Yo tengo que morir...
¡Yo tengo que morir irremisiblemente!»
Y sudores glaciales empapaban mi frente.

¿A quién tender la mano ni de quién esperar?
Estaba solo, solo de la vida en el mar...
Tenía un formidable aislador: la pobreza,
y ningún seno de hembra brindaba a mi cabeza
febril una almohada.
Estaba solo, solo; ¿de quién esperar nada?
....

Mas pasaron los años, y un día, una chiquilla
bondadosa me quiso. ¡Era noble, sencilla;
la fortuna la había tratado con rigor:
nos unimos... y, juntos, nos hallamos mejor!

Entonces, si la muerte volvía, con su quedo
andar, yo le tenía ya mucho menos miedo.
Buscaba, despertando, la diestra tan leal
de mi amiga, y con ímpetu resuelto, fraternal,
la estrechaba, pensando: «¡Con ella nada temo!».
Con tal de marchar juntos, ¿qué importan tu supremo
horror y tus supremos abismos, oh, callada
Eternidad?... Con ella no temo nada, nada.

¿El infierno? —¡El infierno será donde ella falte!
¿Y el cielo? —Pues donde ella se encuentre... Que me exalte
o me deprima tanto como quiera mi estrella:
¿Qué importa, si desciendo y asciendo yo con ella?
¿Qué más me dan las hondas negruras del Arcano,
si voy por los abismos cogido de su mano?
....

¡Pero tanta ventura enojó no sé a quién
en las tinieblas, y una hoz me segó mi bien!

Una garra de sombra solapando su dolo,
me la mató… ¡y entonces me volví a quedar solo!
Solo, pero con una soledad más terrible
que antes.
Sollozando, buscaba a la Invisible
y pedía piedad a lo desconocido;
abriendo bien los ojos y aguzando el oído,
en un mutismo trágico, pretendía escuchar
siquiera una palabra que me hiciese esperar...

Mas no plugo a la Esfinge responder a mi grito,
y ante el inexorable callar del Infinito
(tal vez indiferente, tal vez hosco y fatal)
escondí en lo más hondo del corazón mi mal,
y apático y ayuno de deseo y de amor,
entré resueltamente dentro de mi Dolor
como, dentro de una gran torre silenciosa...

Mis pobres rimas fieles me decían: «Reposa,
y luego, con nosotras, canta el mal que sufriste;
ven, duerme en nuestro dulce regazo, no estés triste.
¡Aún hay muchas cosas que cantar... cobra fe!».

Y yo les respondía: «¡Para qué! ¡para qué...»
Mas ellas insistían; en mi redor volaban,
y como eran las únicas que no me abandonaban,
acabé por oírlas.
Un libro, gota a gota,
se rezumó, con lágrimas y sangre, de la rota
entraña; un haz de rimas brotó para el Lucero
inaccesible, un libro de tal suerte sincero,
tan íntimo, tan hondo, que si desde su fría
quietud ella lo viese… me lo agradecería.

Después de haberlo escrito, quedé más resignado,
como si en su fiel ánfora hubiese yo vaciado

todo lo crespo y turbio de mi dolor presente,
dejando en l'alma solo la linfa transparente,
el caudal cristalino, diáfano, de mi pena,
profundo cual la noche, cual la noche serena.

Y aquel fantasma negro, que miraba temblando
yo antes, blandamente se fue transfigurando...

En la pálida faz del espectro, indecisa
como un albor naciente, brotaba una sonrisa;
brotaba una sonrisa tan cordial, de tal suerte
hospitalaria, que me pareció la Muerte
más madre que las madres; su boca, ayer horrible,
más que todas las bocas de hembra apetecible;
sus brazos, más seguros que todos los regazos...
¡Y acabé por echarme, como un niño, en sus brazos!

Hoy, ella es la divina barquera en quien me fío;
con ella, nada temo; con ella, nada ansío.
En su gran barca de ébano, llena de majestad,
me embarcaré tranquilo para la Eternidad.

Junio de 1913

III

RESTITUCIÓN

¿Encontrará la ciencia las almas de los muertos
un día, y a la angustia y el llanto que los van
buscando, del Enigma por los limbos inciertos,
responderá la boca del abismo: «Aquí están»?

¿Descubriremos ondas etéreas que transmitan
a los desaparecidos la voz de nuestro amor,
y habrá para lo que ellos decirnos necesitan
algún maravilloso y oculto receptor?

¡Oh milagro, tu sola perspectiva nos pasma!
Pero ¿qué hay imposible para la voluntad
del hombre, que a su antojo tenaz todo lo plasma?
¡Ante el imperativo del genio, mi fantasma
tendrás que devolverme por fuerza, Eternidad!

9 de enero de 1914

IV

BUSCANDO

Entre el dudoso cortejo
de sombras, peregrinando
voy una sombra buscando.

En el místico reflejo
de la noche constelada
quiero hallar una mirada.

Asir anhela mi oído
una voz que se ha extinguido
entre los ecos lejanos.

Al pasar por un jardín
finge el roce de un jazmín
la caricia de sus manos.

¡Oh sombra, mirada, voz,
manos!; el vórtice atroz
de la eternidad callada
os sorbió. ¡Triste de mí,
que no tengo nada, nada;
que ya todo lo perdí!

Enero 18 de 1914

V

INDESTRUCTIBLE

Bien ves, si me estás mirando,
que desde que te perdí,
mi vida se va pasando
piadosamente pensando
en ti;

que incólume, sin desgaste,
¡oh Ideal!, has de vivir
en el alma en que anidaste,
y que lo que edificaste
ni Dios lo querrá destruir.

Febrero 2 de 1914

VI

LA BELLA DEL BOSQUE DURMIENTE

Tu amada muerta es como una princesa que duerme.
Su alma, en un total olvido de sí misma, flota en la noche.
Mas si tú persistes en quererla,
un día esta persistencia de tu amor la recordará.
Su espíritu tornará a la conciencia de su ser, y sentirás en lo íntimo de tu cerebro el suave latido de su despertar y el influjo inconfundible de su vieja ternura que vuelve...
Comprenderás entonces, merced a estos signos misteriosos, que una vez más el amor ha vencido a la muerte.

Febrero 9 de 1914

VII

ED: ELLA OV'E? DE SUBITO DISS'IO

Dante: *Paraíso*

Si tras el negro muro de granito
de la muerte hay un mundo, un más allá,
al cruzar el dintel del infinito
mi pregunta primer, mi primer grito,
ha de ser: «Y ella, y ella, ¿dónde está?».

Y una vez que te encuentre, penetrado
de una inmensa y sublime gratitud
para quien quiso fuera de ti amado
y me permite haberte recobrado,
¡a qué pedir más beatitud!

Enero 10 1915

VIII

LOS MUERTOS

El paraíso existe;
pero no es un lugar (cual la creencia
común pretende) tras el hosco y triste
bregar del mundo; el paraíso existe;
pero es solo un estado de conciencia.

Los muertos no se van a parte alguna,
no emprenden al azul remotos viajes,
ni anidan en los cándidos celajes,
ni tiemblan en los rayos de la luna...

Son voluntades lúcidas, atentos
y alados pensamientos

que flotan en redor, como diluidos
en la sombra; son límpidos intentos
de servirnos en todos los momentos;
son amores custodios, escondidos.

Son númenes propicios que se escudan
en el arcano, mas que no se mudan
para nosotros; que obran en las cosas
por nuestro bien; son fuerzas misteriosas,
que, si las invocamos, nos ayudan.

¡Feliz quien a su lado
tiene el alma de un muerto idolatrado
y en las angustias del camino siente
sutil, mansa, impalpable, la delicia
de su santa caricia,
como un soplo de paz sobre la frente!

Enero 18 de 1915

IX

SOLO TÚ

CUANDO lloro con todos los que lloran,
cuando ayudo a los tristes con su cruz,
cuando parto mi pan con los que imploran,
eres tú quien me inspira, solo tú.

Cuando marcho sin brújula ni tino,
perdiendo de mis alas el albor
en tantos barrizales del camino,
soy yo el culpable, solamente yo.

Cuando miro al que sufre como hermano;
cuando elevo mi espíritu al azul;

cuando me acuerdo de que soy cristiano,
eres tú quien me inspira, solo tú.

Pobres a quienes haya socorrido,
almas obscuras a las que di luz:
¡no me lo agradezcáis, que yo no he sido!
Fuiste tú, muerta mía, fuiste tú…

IV-15

X

BENEDICTA

No sé adónde llevóse la marea
de la muerte tu ser, pero yo exclamo,
con el inmenso amor con que te amo:
«¡Dondequiera que esté, bendita sea!»

Octubre 1917

XI

NO LO SÉ

Crepitan ya las velas en la ría;
tú ¿por qué no te embarcas, alma mía?
—Porque Dios no lo quiere todavía.

—Mira: piadosamente las estrellas
nos envían sus trémulas centellas…
—¡Bien quisiera vestirme toda de ellas!

—Tu amiga, la niña tierna, ya se fue.
Los que te aman se van tras ella; ¿qué
vas a hacer tú tan sola?
—No lo sé.

Enero 28 de 1918

XII

EL CELAJE

¿Adónde fuiste, Amor, adónde fuiste?
Se extinguió del poniente el manso fuego,
y tú, que me decías «hasta luego,
volveré por la noche»... ¡no volviste!

¿En qué zarzas tu pie divino heriste?
¿Qué muro cruel te ensordeció a mi ruego?

¿Qué nieve supo congelar tu apego
y a tu memoria hurtar mi imagen triste?

Amor, ¡ya no vendrás! En vano, ansioso,
de mi balcón atalayando vivo
el campo verde y el confín brumoso;

y me finge un celaje fugitivo
nave de luz en que, al final reposo,
va tu dulce fantasma pensativo.

SERENIDAD

AUTOBIOGRAFÍA

¿VERSOS autobiográficos? Ahí están mis canciones,
ahí están mis poemas: yo, como las naciones
venturosas, y a ejemplo de la mujer honrada,
no tengo historia: nunca me ha sucedido nada,
¡oh noble amiga ignota!, que pudiera contarte.

Allá en mis años mozos, adiviné del Arte
la armonía y el ritmo, caros al Musageta,
y, pudiendo ser rico, preferí ser poeta.
—¿Y después?
                    —He sufrido como todos y he amado.
—¿Mucho?
                    —Lo suficiente para ser perdonado...

APACIBLEMENTE

Tene te primo in pace & tunc
poteris alias pacificare.

(Kempis, lib. II, cap. III-I)

I

PRIMERA PÁGINA

He desdeñado todo lo pequeño
y tranquilo, enigmático, risueño
paso la vida mía
hilando la hebra de oro de mi ensueño
en la rueca de mi melancolía.

II

MEDIUMNIDAD

Antrum adjuvat vatem

Si mis rimas fuesen bellas,
enorgullecerme dellas
no está bien,
pues nunca mías han sido
en realidad: al oído
me las dicta... ¡no *sé quién*!
Yo no soy más que el acento
del arpa que hiere al viento
veloz,
no soy más que el eco débil,
ya jubiloso, ya flébil,

de una voz...
Quizás a través de mí
van despertando entre sí
dos almas llenas de amor,
en un misterioso estilo,
y yo no soy más que el hilo
conductor.

Nota del autor. Gran número de altos poetas han confesado el carácter mediumnímico de su inspiración.

Alfredo de Musset dijo:

«On ne travaille pas: on écoute; c'est comme un inconnu qui vous parle à l'oreille».

Y Lamartine:

"Ce n'est pas moi qui pense, ce sont mes idées qui pensent pour moi". Y nuestro exquisito Gutiérrez Nájera expresó con delicado acierto:

«Yo no escribo mis versos; no los creo.
Viven dentro de mí, vienen de fuera:
a ese, travieso, lo formó el deseo;
a aquel, lleno de luz, la Primavera».

III

SOLIDARIDAD

Alondra, ¡vamos a cantar!
Cascada, ¡vamos a saltar!
Riachuelo, ¡vamos a correr!
Diamante, ¡vamos a brillar!
Águila, ¡vamos a volar!
Aurora, ¡vamos a nacer!
¡A cantar!
¡A saltar!
¡A correr!
¡A brillar!
¡A volar!
¡A nacer!

IV

OPTIMISMO

No sé si es bueno el mundo... No sé si el mundo es malo;
pero sé que es la forma y expresión de Dios mismo.
Por eso, ya al influjo de azote o de regalo,
nada en el fondo extingue mi tenaz optimismo.
Santo es llorar... y lloro si tengo alguna pena;
santo es reír... y rio si en mi espíritu hay luz;
mas mi frente se comba siempre limpia y serena,
ya brille el sol, o ya sude hielo en la cruz.

V

SOSIEGO

Ultra limen

Más allá de la impaciencia
de los mares enojados,
la tranquila indiferencia
de los limbos irisados
y la plácida existencia
de los monstruos no soñados.

Más allá de la violencia
de ciclones y tornados,
la inmutable transparencia
de los cielos estrellados...

Más allá del río insano
de la vida del bullir
pasional, el Océano
Pacífico del morir...
Con su gris onda severa,
con su inmensa espalda inerte

que no azota volandera
brisa alguna...
¡Y mi galera
de ébano y plata, se advierte
sola, en el mar sin ribera
de la Muerte!

VI
LA MONTAÑA

Desde que no persigo las dichas pasajeras,
muriendo van en mi alma temores y ansiedad:
la Vida se me muestra con amplias y severas
perspectivas, y siento que estoy en las laderas
de la montaña augusta de la Serenidad.

Comprendo al fin el vasto sentido de las cosas;
sé escuchar en silencio lo que en redor de mí
murmuran piedras, árboles, ondas, auras y rosas...
Y advierto que me cercan mil formas misteriosas
que nunca presentí.

Distingo un santo sello sobre todas las frentes;
un divino *me fecit Deus*, por dondequier,
y noto que me hacen signos inteligentes
las estrellas, arcano de las noches fulgentes,
y las flores, que ocultan enigmas de mujer.

La Esfinge, ayer adusta, tiene hoy ojos serenos;
en su boca de piedra florece un sonreír
cordial, y hay en la comba potente de sus senos
blanduras de almohada para mis miembros llenos
a veces de la honda laxitud del vivir.

Mis labios, antes pródigos de versos y canciones,
ahora experimentan el deseo de dar
ánimo a quien desmaya, de verter bendiciones,

de ser caudal perenne de aquellas expresiones
que saben consolar.

Finé mi humilde siembra; las mieses en las eras
empiezan a dar fruto de amor y caridad;
se cierne un gran sosiego sobre mis sementeras;
mi andar es firme...
¡Y siento que estoy en las laderas
de la montaña augusta de la Serenidad!

VII

VENGANZA

Hay quien arroja piedras a mi pecho, y después
hurta hipócritamente las manos presurosas
que me dañaron...
Yo no tengo piedras, pues
solo hay en mi huerto rosales de olorosas
rosas frescas, y tal mi idiosincrasia es,
que aun escondo la mano tras de tirar las rosas.

VIII

VIA, VERITAS ET VITA

Ver en todas las cosas
de espíritu incógnito las huellas;
contemplar
sin cesar

en las diáfanas noches misteriosas,
la santa desnudez de las estrellas.
¡Esperar!
¡Esperar!

¿Qué? ¡Quién sabe! Tal vez una futura
y no soñada paz...
Sereno y fuerte,
correr esa aventura
sublime y portentosa de la muerte.

Mientras, amarlo todo... y no amar nada,
sonreír cuando hay sol y cuando hay brumas;
cuidar de que en el áspera jornada
no se atrofien las alas, ni oleada
de cieno vil ensucie nuestras plumas.

Alma: tal es la orientación mejor,
tal es el instintivo derrotero
interior.

Aunque nada sepamos del destino,
la noche a no temerlo nos convida.
Su alfabeto de luz, claro y divino,
nos dice: «Ven a mí: soy el Camino,
la Verdad y la Vida».

IX

ÉXTASIS

¡Serenidad! ¡Serenidad!
El mar,
como un gran poeta, nos anima
al ensueño, y el enjambre estelar
tan inmediato nos parece estar
cual si fuese a caérsenos encima,
derrumbándose como un inmenso altar...

Un gran fleco espumoso
se desgarra en la arena lentamente,
como encaje de albor fosforescente,
y a la vez —¡oh milagro!— melodioso.

El mar, así arropado
en la diáfana noche diamantina,
se nos figura más desmesurado
que cuando a plena luz lo hemos mirado:
¡siempre es más grande lo que se adivina!

¡Serenidad! ¡Serenidad!
La palma
con esbelteces núbiles, descuella
cual Sulamita en éxtasis,
y el alma
comulga con la luz de cada estrella.

X

PAZ LUNAR

Llevas en ti mismo un amigo
sublime, a quien no conoces.
KRISHNA

CUANDO en la sombría plata del cabello
su plata celestial posa la luna,
viene a mí una gran paz con su destello:
cierta vaga esperanza de algo bello
que tiene que llegar sin duda alguna.

Un instinto sutil me dice: «Lucha
y aguarda: lo que sueñas no es mentira;
hay quizás un oído que te escucha,
y una mano invisible, siempre ducha
(no tu mano mortal), hiere tu lira.

»En lo más escondido de tu mente,
detrás de una enigmática barrera,
vive un ser misterioso, un dios silente,

un inmortal y arcano Subconsciente,
y ese tiene razón: Espera, espera».

XI

LLEGÓ EL OTOÑO

¡Oh mi dilecta paz laboriosa,
mis placideces de solitario
junto a la almita cándida, lírica y jubilosa
de mi canario!

¡Oh sutil aire lleno de arbóreas
emanaciones!, ¡oh cielo límpido que se descubre
de mis ventanas!, ¡oh loca esencia de mis marmóreas
varas de nardo (nieve olorosa del mes de octubre)!

¡Precoz blancura de la eminente
y augusta cumbre del Guadarrama!
¡Tinte ya sepia, pero riente
aún y suave del panorama!

¡Sol quizá triste, por lo distante;
mas con celeste blandura dando su luz y abrigo!
¡Sol que sonríe como el semblante
acaso pálido, mas bondadoso, de un viejo amigo!

Y en cada brote, flor o retoño,
cierta solemne gracia tardía
que nos murmura: «¡Soy el otoño! Soy el otoño
lleno de santa melancolía... ».

«Pasó el verano que hace a la virgen tan seductora;
pasó el impulso febril que sexos y almas agita;
ya del silencio contemplativo llegó la hora...
Piensa serenamente en lo arcano, ¡calla… medita!».

XII

RENUNCIACIÓN

¡Oh! Siddharta Gautama, tú tenías razón:
las angustias nos vienen del deseo; el edén
consiste en no anhelar, en la renunciación
completa, irrevocable, de toda posesión;
quien no desea nada, dondequiera está bien.

El deseo es un vaso de infinita amargura,
un pulpo de tentáculos insaciables, que al par
que se cortan, renacen para nuestra tortura.
El deseo es el padre del esplín, de la hartura,
¡y hay en él más perfidias que en las olas del mar!

Quien bebe como el Cínico el agua con la mano,
quien de volver la espalda al dinero es capaz,
quien ama sobre todas las cosas al Arcano,
¡ese es el victorioso, el fuerte, el soberano,
y no hay paz comparable con su perenne paz!

XIII

FIDELIDAD

De todo y todo lo que yo he amado,
solo las rimas no me han dejado.
Conmigo moran bajo la tienda,
o vuelan ágiles a mi lado,
mientras claudico, ya fatigado,
por agria senda.

Doliente, triste..., mas resignado
a que ninguno mi mal comprenda,
en el Misterio me he refugiado.
En la comarca de lo soñado,
frente al castillo de la Leyenda,

vivo ignorado.
Pero las rimas no me han dejado:
conmigo moran bajo la tienda.

Vae soli!..., dice, rugiendo airado,
el Viento, en torno de mi vivienda.
Vae soli!, aúlla desesperado...
Y yo le grito (para que entienda):
«No estoy tan solo, compadre alado:
tengo mis rimas; no me han dejado:
conmigo moran bajo mi tienda».

XIV
HATHA-YOGA

Yo TENGO la voluntad
en ejercicio perpetuo:
esa voluntad que acaba
por mandar (si persevero)
a las almas de los vivos
y a las almas de los muertos.

La voluntad, que en la lucha,
en el noble vencimiento
de sí mismo, a cada instante
va creciendo, va creciendo,
y al fin transporta montañas,
y al cabo enciende luceros.

Yo tengo la voluntad:
con ella todo lo tengo,
pues Dios mismo solo es
una voluntad sin término,
que exterioriza, penetra
y mantiene el universo.

Yo tengo la voluntad...
mas no la gasto en terrenos

antojos, ni en procurar
privanzas, honras, empleos.
Mis alas suben más alto:
van lejos, mucho más lejos.
Mi reino no es de este mundo,
y he de llegar a mi reino.

XV

LA MUERTE, NUESTRA SEÑORA

LA MUERTE, nuestra Señora,
está llena de respuestas:
de respuestas para todos
los porqués de la existencia.
Silencio de los silencios
tal vez llamarla debieran;
mas quien sabe interrogarla,
quien tiene fina la oreja,
escucha cosas muy hondas
en medio de las tinieblas.

Es una dama muy pálida
la Muerte; ¡mas tan serena!,
con unos ojos inmensos
que miran de una manera...

Sobre sus hombros de mármol,
en que los besos se hielan,
cae en negros gajos fúnebres
la majestad de las trenzas.
¡Qué afiladas son sus manos!
¡Qué seguras y qué expertas!
¡Cogen nuestra alma al morirnos
con una delicadeza!...

¡Qué maternal su regazo!
¡Y qué benigna y qué tierna

su boca, que nos dará,
en voz baja, las respuestas
a los porqués angustiosos
que torturan la existencia!

XVI

HAY QUE...

Hay que andar por el camino
posando apenas los pies;
hay que ir por este mundo
como quien no va por él.

La alforja ha de ser ligera,
firme el báculo ha de ser,
y más firme la esperanza
y más firme aún la fe.

A veces la noche es lóbrega;
mas para el que mira bien
siempre desgarra una estrella
la ceñuda lobreguez.

Por último, hay que morir
al deseo y al placer,
para que al llegar la muerte
a buscarnos, halle que
ya estamos muertos del todo,
no tenga nada que hacer
y se limite a llevarnos
de la mano por aquel

sendero maravilloso
que habremos de recorrer,
libertados para siempre
de tiempo y espacio. ¡Amén!

XVII

SERENA TU ESPÍRITU

Serena tu espíritu, vive
tu vida en paz.
Si solo eres sombra que traga
la eternidad,
¿por qué te torturas, por qué
sufrir, llorar?

¿Que fuiste infeliz una hora?
Pues búscala...
¿En dónde se encuentra esa hora?
Pasó... ¡no es más!
Tu pobre vivir, malo, bueno,
cayendo va
en un pozo obscuro... Las dichas
¿que más te dan,
si apenas adviertes un goce
ya muerto está?

¡Serena tu espíritu, vive
tu vida en paz!

XVIII

YO NO SOY DEMASIADO SABIO...

Yo no soy demasiado sabio para negarte,
Señor; encuentro lógica tu existencia divina;
me basta con abrir los ojos para hallarte;
la creación entera me convida a adorarte,
y te adoro en la rosa y te adoro en la espina.

¿Qué son nuestras angustias para querer por ellas
argüirte de cruel? ¿Sabemos por ventura
si tú con nuestras lágrimas fabricas las estrellas,

si los seres más altos, si las cosas más bellas
se amasan con el noble barro de la amargura?

Esperemos, suframos, no lancemos jamás
a lo Invisible nuestra negación como un reto.
Pobre criatura triste, ¡ya verás, ya verás!
La Muerte se aproxima... ¡De sus labios oirás
el celeste secreto!

XIX

A QUÉ...

¡A QUÉ TANTOS y tantos sistemas peregrinos!
¡A qué tantos volúmenes y tanta ciencia, a qué!
Si lo que más importa, que son nuestros destinos,
se nos esconde siempre; si todos los caminos
conducen al «¡no sé!».

Marchemos pensativos
por parajes inciertos,
tras el Deus Absconditus que nadie ver logró
y del cual no sabemos ni qué hace con los muertos,
ni por qué nos destruye, ni por qué nos creó.

(Le amamos, sin embargo; y en este cautiverio,
bebemos, bendiciéndole, su acíbar y su hiel.
Le amamos, sí, le amamos… ¡quizá por el misterio
torturador, inmenso, divino, que hay en Él!)
Mas nunca entenderemos la esencia de las cosas,
y, pues que lo Absoluto siempre nos ha de huir,
dejemos lo Absoluto y aspiremos las rosas
(las pobres rosas pálidas, enfermas, espinosas
y mustias) del vivir...

Brille nuestra sonrisa, cual una mansa luz
crepuscular, en toda labor, en toda pena.
Y, como Jesucristo, llevemos nuestra cruz,
con el alma dolida, pero noble y serena.

XX

TEMPLE

ESTOY templado para la muerte,
templado para la eternidad,
y soy sereno porque soy fuerte:
la fuerza infunde serenidad.

¿En qué radica mi fuerza?
En una
indiferente resignación
ante los vuelcos de la fortuna
y los embates de la aflicción.
En el tranquilo convencimiento
de que la vida tan solo es
vano fantasma que mueve el viento,
entre un gran *antes* y un gran *después*.

XXI

ULTRAVIOLETA

HAY PROBLEMAS que tienen claridades de luna
y otros con esplendores de mañana de abril.
Mi problema, luz vierte muy blanda y oportuna;
no es que esté obscuro, es una
claridad más sutil...

Claridad para ojos crepusculares, para
ojos contemplativos, avezados a ver
ese presentimiento de luz tan tenue y rara
que palpita en los ortos, antes de amanecer...

XXII

SOL

Mi alma, serena vive y sumisa.
Maté tristezas, ansia, inquietud.
Sobre el desastre de mi salud,
brilla el sol claro de mi sonrisa.

Nada mi firme sosiego altera.
La vida amasa barro a mis pies;
pero mi frente más limpia es
que un mediodía de primavera.

Doliente amigo: ven de mí en pos.
Si estás por sombras obscurecido,
yo con los tristes mi sol divido:
¡hay luz bastante para los dos!

XXIII

LIMPIDEZ

No remuevas el poso de tu vida.
Si hay légamo en el fondo,
qué importa: está muy hondo,
y mancillar no logra los cristales.
Sobre el agua dormida,
puede aún retratarse la escondida
verdura de las frondas estivales.

El légamo no merma
la transparencia casta de la fuente,
a condición de que en el fondo duerma
perennemente,
o de que síntoma de su existencia
sea solo la nítida presencia

de nenúfares blancos, desmayados
de amor sobre los límpidos espejos
del agua, y cuyos tallos alargados
nos dan la flor... ¡dejando el cieno lejos!

XXIV

COMUNIÓN

Son horas de infinita serenidad, muy bellas,
y en idéntico ensueño comulgamos los dos.
La noche nos regala con un montón de estrellas:
la paz está en las almas... ¡Bendigamos a Dios!

Dilata tus pupilas para que el firmamento
refleje y copie en ellas su augusta majestad.
¡Ensancha bien tu espíritu! Abre tu pensamiento,
¡para que en ellos quepa toda la eternidad!

XXV

CÉLULAS, PROTOZOARIOS

Células, protozoarios, microbios..., más allá
de vosotros ¿hay algo?
Pronto nos lo dirá
el microscopio intruso, pertinaz y paciente.
Mas tal vez la materia se empequeñecerá
tanto bajo su lente,
que un día, como espectro, se desvanecerá
ante el ojo del sabio, quedando solamente
la Fuerza creadora, cuyo oleaje va
y viene omnipotente,
y fuera de la cual nada es ni será...

XXVI

EL NUDO

Apretado era el nudo:
apenas si al mirar atentamente
se advertía el camino
de las diversas cintas
entrelazadas en estrecho abrazo
(como si en su inconsciencia se adoraran),
y formando una sola
protuberancia, que, maciza y fuerte,
desafiaba mis dedos.

Apretado era el nudo,
y yo estaba anheloso
de saber lo que, envuelto
en el blanco papel que sujetaba,
podría contenerse.

Apretado era el nudo y grande, grande
la tentación de hacer lo que Alejandro
hizo con el de Gordius, rey de Frigia.

Apretado era el nudo;
¡pero no lo corté! Pacientemente,
con los índices ágiles
y los chatos pulgares, lo deshice,
después de largo tiempo de faena.

Y quedé satisfecho de mí mismo
y me dije: no más he de cortar
los nudos, por difíciles que sean
de desatarse... Cuidadosamente,
hábilmente, serenamente, puestas
en ello la atención y la paciencia,
habré de deshacerlos.
Jamás los filos rudos
de mis tijeras forzarán la unida

red de cintas...
¡Jamás cortaré nudos,
por estrechos que sean, en la vida!

XXVII

SOÑAR ES VER...

SONAR es *ver*: un ángel que llega callandito
deshace nuestras vendas con dedos marfileños...
La noche es de los dioses; soñando, los visito.
¡Quién sabe qué ventanas que dan al Infinito
nos abren los ensueños!

XXVIII

CAMINO ADELANTE

TRANQUILO voy por el espacio abierto
a mis firmes pisadas,
para Dios, vivo; para el hombre, muerto;
desdeñoso de halagos, de miradas,
y de toda existencia que no corre
por los cauces divinos del Ensueño.

Erguido hacia el azul, como la torre;
antiguo ya como las olimpiadas
y como el sol de abril, claro y risueño.

La vida es mía: para mí almacena
sus tesoros de amor y de sustancia
inmortal, que me brinda a mano llena.

Igualmente distante
de desalientos como de arrogancia,
con la frente serena,
voy camino adelante...

XXIX

ALMA MATER

Yo me figuro a la Naturaleza
como a la gran giganta
de Baudelaire. Ojos bovinos, baza
piel, labios gruesos y jugosa boca.

Sí, toda ella es obscura,
como la buena tierra,
como el tronco del árbol,
como el pan de centeno...

Y me imagino que sonríe plácida
y serena y augusta
y que, con sus dos manos sarmentosas,
acaricia mi frente
y la apoya en sus senos
de fecundo pezón ennegrecido,
y la recuesta sobre el ritmo blando
de esos senos enormes, y parece
decirme: «Ya no inquieras
ni penes más: ¿no ves que yo sonrío?
¡Duérmete, que yo habré de despertarte
cuando llegue el momento
de todo despertar, pobre hijo mío!».

XXX

DE PASADA

A mis presurosos años, que serenos
por el mundo marchan, al placer ajenos,
díceles la Dicha, viéndoles venir,
y ellos le responden lo que vais a oír:

—¡Oh la turba pálida!, ¿por qué tan de prisa?
Descansad un rato, vuestra es mi morada;
os daré mi lecho, mi pan, mi sonrisa...

—Somos peregrinos; vamos de pasada;
no queremos nada.

—Aceptad al menos, para restauraros,
la cándida leche, recién ordeñada,
de mi vaca negra de los ojos claros...

—Somos peregrinos; vamos de pasada;
no queremos nada.

—Respirad un poco la ideal esencia
de mis bellas flores que el rocío baña:
hay lirios de Harlem, rosas de Florencia,
claveles de España...
Escuchad siquiera los diáfanos trinos
de mis ruiseñores bajo la enramada...

—Somos peregrinos;
vamos de pasada;
no queremos nada.

XXXI

MAR DE LA SERENIDAD

Mis ojos se han vuelto claros
de tanto mirar al mar;
de tanto verlo en mi vida;
las olas vienen y van
y hay horizontes sin límites,
de severa majestad.

Mi pensamiento, antes frívolo,
de tanto mirar al mar

se ha vuelto apacible, grave;
y es tal su profundidad,
que en vano un buzo de almas
fondo habría de buscar.

Mis melancolías cantan
blandamente, como el mar,
la misma canción monótona,
al mismo viejo compás.

En mi corazón, enfriado
por la pena y por la edad,
reinan la quietud y el hielo
del océano glacial.

Recogido, silencioso,
esquivo y áspero, está
como una roca perdida
en la gris inmensidad.

Solo hay algo que no tiene
mi espíritu como el mar:
las cóleras; no hay en mí
ya vientos de tempestad
ni espumas rabiosas. Nada
te puede encolerizar,
mar muerto, mar de mi alma,
«mar de la Serenidad».

XXXII

NEC SPES NEC METU

Ni miedo ni esperanza... ni angustia ni tristeza:
si quiere Dios, mendigo; si así le place, rey.
Mi mente late al ritmo de la naturaleza,
¡mi voluntad es una con la divina ley!

XXXIII

ESTOY CONTENTO

Estoy contento porque lo creado
no tiene límites: estoy contento
porque es fatal esta ascensión humana
hacia la luz: porque hay cientos de sabios
que, en sus laboratorios,
van arrancando a Isis sus secretos:
porque una fulgurante
legión de altos poetas
ahonda cada vez en el océano
del Subconsciente:
porque se acerca el plazo
en que, cual una aurora irresistible,
que invadirá y envolverá la tierra,
ha de venirnos la revelación...
La Ciencia y la Poesía
la traerán, cada una de la mano;
y entonces ya no habrá ningún arcano,
y en las almas, ¡por fin será de día!

XXXIV

Lector: tal vez murmures (y tal vez con verdad),
después de que las páginas de este libro leíste,
que mi serenidad es un poquito triste...
¿No es así, por ventura, toda serenidad?

RIMAS IRÓNICAS Y CORTESANAS

I

DISCRETEOS

¡Cómo creer, marquesa, que vuestro afán responde
a mi afán! ¿Estáis loca? Ni siquiera soy conde,
ni esnob, ni deportista. Si voy a los salones,
recórrolos furtivo, como en discreta fuga,
luciendo mi pechera sin mácula ni arruga,
y mi solapa virgen de condecoraciones.

Odio el *bridge*; no tengo ni Renault ni Mercedes,
ni en mi haber una dama chic, caída en mis redes...
Todavía me gustan las cosas naturales,
los amores sin química ni amistad de maridos,
los embelesos jóvenes, aún semidormidos,
el pudor zahareño, los silvestres panales...

¡Esperad a la tarde, mi querida marquesa!
No importa que se amengüen esos tonos de fresa
de vuestros labios; pienso que besarán acaso
con más arte, del sol poniente a los reflejos...
Seremos refinados siendo un poco más viejos
¡y beberemos juntos nuestro postrero vaso!

II

MENSAJE

Dice la Dama que *fue*,
que ya no *es*, que un barrunte
de nieve en su pelo ve...
—Decid a la Dama que

su tarde a mi tarde junte.
Decidle que hay un edén
en los besos otoñales
sobre la nuca o la sien;
decidle que huelen bien
en septiembre los rosales;

que si el ardor que empleé
en requerirla de amor
excesivo acaso fue,
yo le aterciopelaré
en adelante ese ardor;

que haré blandura mi afán,
y, por obviarla sonrojos,
nuestras manos se unirán
sin fiebre, y se encontrarán
pensativos nuestros ojos;

que nos embelesarán
un afecto grave y hondo;
que mi frente ansiosa está
de posarse un poco ya
sobre su seno redondo;

que aún germina el verdor
en nuestra alma de un retoño
tardío, quizá el mejor;
que hay todavía fulgor
en las tardes de mi otoño;

que mi soledad reclama
la suya; que somos dos
hielos que han menester llama...
Decid todo esto a la Dama,
¡oh dueña!, y que os guarde Dios.

III

EL SALUDO MEJOR

I

Su diadema es una flor,
y su collar dieciocho años.
Las otras ostentan perlas
sobre los escotes blancos,
pedrerías en el pecho
y corona en los tocados.
A través de sutil blonda,
ella insinúa los trazos
breves, divergentes, firmes,
sus dos senos de mármol.

II

—Duquesa, ¡qué bello traje!
—Es, marquesa, vuestro encaje
de rara magnificencia.

Ella, no más una flor,
y el abrileño esplendor
de su azul adolescencia.

III

Preside la embajadora,
la duquesa va después,
en seguida la marquesa,
la condesa al fin se ve.
(Se dirigen a la mesa
ornada de rosas-té.)

Y Ella al último; mas tienen
sus dieciocho años sencillos
aspecto de pajecillos
que la cauda le sostienen.

IV

El joven rey casadero
llega y la advierte primero:
—¡Hola condesa! —¡Señor!
—¡Adiós, Blanca! —Sol, ¿qué tal?
Pues, ¿y vuestro embajador,
madama? —¿Cede ese mal,
duquesa?
Luego, el mejor
saludo a Ella: un temblor
leve en la diestra real...

IV

¡OH, LA RAPAZA!

Oh, la rapaza de quince abriles,
asustadiza como las corzas
y los antílopes...
¡No, no duquesas ni damiselas
llenas de nervios y de melindres,
de carnes flácidas,
embadurnadas de crema y tintes!

¡Estoy cansado de *pose* y seudo-
refinamiento, de esnobs y títeres!
Dame tu boca tan fresca,
dame tus brazos tan firmes,
dame tus ojos,
dame tu cuello;
¡dáteme toda tú, virgen!

V

NOCTURNO PARISIENSE

Desde la terraza de un café

Pasa la barba poética,
fluvial y profética,
de un bohemio que no come nada...

Pasa la faz apoplética
y congestionada
de un vividor...
Pasa, hética,
alguna peripatética
trasnochada,
muy pintada...

Pasa un apache con una
golfa. Queda el bulevar
encomendado a la luna
de París...
¡Voime a acostar!
—Bueno, y a qué tanta vana
verba...
—Pues pregúntalo
mañana:
¡Hoy es tarde y tengo gana
de faire dodo!

VI

CONSONANTE...

Consonante, redoble pueril, murga liviana,
que hace a todos los simples salir a la ventana;
obstáculo invencible del prócer pensamiento;
artificio feudal de juglería; viento
que impide oír los ritmos, llenos de aristocracia

(para el amor platónico, fórmula de eficacia
segura); cascabel de saltimbanqui; treta
que de tantos ingenios es la sola receta;
canutillo sonoro, lentejuela esplendente:
¡imposible dejarte! Soy tu forzado; siente
mi pie tu plomo esférico, tu pesada cadena...
Has cortado las alas al águila serena
de mi idea, por ti cada vez más ignota,
cada vez más esquiva, cada vez más remota.

Como alma de carne, quizá el Verso puro
logrará, sin embargo, librarse del conjuro
de tu molicie gótica, llena de sortilegios,
de la cadencia bárbara que llora en tus arpegios…
Hallará la ecuación de la Belleza suma;
desnudo como Venus, surgirá de la espuma,
y en su hermético frasco del más limpio cristal,
encerrará, cual rayo de luz, al ideal.

VII

LOS CUATRO CORONELES DE LA REINA[1]

La reina tenía
cuatro coroneles:
un coronel blanco,
y un coronel rojo,
y un coronel negro,
y un coronel verde.

El coronel blanco nunca fue a la guerra;
montaba la guardia cuando los banquetes,
cuando los bautizos y cuando las bodas;
usaba uniforme de blancos satenes;

[1] Para complacer a la hermosa muchacha que me pidió "un cuento de reinas, muy raro".

cruzaban su pecho brandeburgos de oro,
y bajo su frente,
que la gran peluca nívea ennoblecía,
sus límpidos ojos de un azul celeste
brillaban, mostrando los nobles candores
de un adolescente.

El coronel rojo siempre fue a la guerra
con sus mil jinetes
o, llevando antorchas en las cacerías,
con ellas pasaba cual visión de fiebre.
Un yelmo de oro con rojo penacho
cubría sus sienes;
una capa flotante de púrpura
al cuello ceñía con vivos joyeles,
y su estoque ostentaba en el puño
enorme carbúnculo ardiente.

El coronel negro para las tristezas,
los duelos y las
capillas ardientes;
para erguirse cerca de los catafalcos
y a las hondas criptas descender solemne,
presidiendo mudas filas de alabardas,
tras los ataúdes de infantes y reyes.

Mas cuando la reina dejaba el alcázar,
a furto de todos, recelosa y leve;
cuando por las tardes, en su libro de horas,
miniado por dedos de monje paciente,
murmuraba rezos tras de los vitrales;
cuando en el reposo de los escabeles
bordaba rubíes sobre los damascos,
mientras la tediosa cauda de los meses
pasaba arrastrando sus mayos floridos,
sus julios quemantes, sus grises diciembres;
cuando en el sueño sumergía su alma,
silencioso, esquivo, la guardaba siempre
con la mano puesta sobre el fino estoque,

el coronel verde…
El coronel verde llevaba en su pecho
vivo coselete
color de cantárida; fijaba en su reina
ojos de batracio, destilando fiebre;
trémula esmeralda lucía en su dedo,
menos que sus crueles
miradas de ópalo, henchidas de arcanos
y sabiduría, como de serpiente...

Y desde que el orto sus destellos lanza
hasta que en ocaso toda luz se pierde,
quizá como un símbolo, como una esperanza,
¡iba tras la reina su coronel verde!

VIII

¡PARÍS!

Se escuchan lejanas orquestas
que tienen no sé qué virtud.
El Bosque es un nido de fiestas...
¡Oh, mi juventud!

Islotes de azul claridad,
cascada que en blando fluir
despeña su diafanidad,
¡dicha de vivir!

Mujeres que solo se ven
aquí, como cisnes, pasar,
y prometedoras de un bien
que no tiene par...

Prestigio de flores de lis,
perfume de labios en flor...
¡París! ¡Oh, París! ¡Oh, París!
¡Invencible amor!

IX

¡OH, MADUREZ!

¡Oh, madurez, irónica y maldita!
Por dentro juventud, por fuera daños...
Siempre que veo una mujer bonita,
mi incorregible corazón palpita,
¡sin acordarse de sus cuarenta años!

Mas si ella los advierte, preterido
soy por aquel insubstancial muchacho
que tal vez no podrá ser ni marido...
Todo, porque la sien ha emblanquecido
y hay pimienta con sal en el mostacho.

¿Morir? Sí, bien está: ¡morir amado
y amando hasta expirar! Mas ver perdida
por siempre a la mujer, porque ha nevado
en nuestra sien, no obstante que, colmado
corre el río potente de la vida,

¡es cruel! Es venganza de una ignota
hada vieja, incapaz de amor, que quiso
pagáramos nosotros su derrota,
y hurtó con aspavientos de devota
a la virilidad el paraíso.

X

PAS MÊME UN FUTURISTE...

Yo no sé nada de literatura,
ni de vocales átonas o tónicas,
ni de ritmos, medidas o cesura,
ni de escuelas (comadres antagónicas),
ni de malabarismos de estructura,
de sístoles o diástoles eufónicas...

O que cela m'attriste,
mais... je ne suis pas même un futuriste!

Abomino de la pedantería,
y el solo título de «Humanidades»
me indigesta el almuerzo...
Poesía,
polo eterno de las idealidades,
¡qué ajena eres a esa algarabía
de necios dómines! Mas no te enfades,
diosa, ¡que aún nos queda la ironía!

O que cela m'attriste,
mais... je ne suis pas même un futuriste!

XI

PRODIGALIDAD

Ciertamente, no tengo la admiración muy fácil;
pero adjetivo bien unas y otros; a ellas
les prodigo lo «chic», lo «lozano», lo «grácil»,
lo «estupendo»; a los hombres los subo a las estrellas.

Por escrito, despacho lo menos diariamente
diez «ilustres», dos «sabios», un «gran», cuatro protestas
de adhesión, tres «insignes», con algún «eminente»,
¡y otras cursilerías por el estilo destas!

Desfloro hasta los libros más malos... ¡Ah! Bien sé
que muchos ni los abren, pero yo soy pulido
y, por si alguna vez el donante los ve,
la plegadera cómplice me ayuda para que[1]
si es ingenuo, se crea que me los he leído.

[1] La *e* de *que* no es tónica —para rimar con *ve*, mi querida Verónica. —N. del A.

Leo poco y muy bueno. Mi vida, de contino
laborar, tiene tanto que aprender todavía...
Luego, la flor, el agua, la estrella, el sol, el trino
del ave, el árbol, piden mi beso de poesía,
diciendo: «Somos todo, ven: ¡lo demás no es sino
tedio y melancolía!».

XII

EL BRAZO DE CONCEPCIÓN

J'ai peur d'un baiser comme
d'une abeille...
VERLAINE

SOY COSA tan pequeñita,
que, con su brazo desnudo,
mi vecina Concepción
me incita...

Ella sonríe; saludo...
¡y me escapo del balcón,
lleno de susto y de cuita,
ante aquella tentación
maldita!

—¡Y por qué! —dirás—. ¿No es bella?
—Es bella y rubia en verdad,
y yo libre y libre ella;
¡mas guardo fidelidad
a la que está en otra estrella!

Y además, estoy enfermo,
y mi alma es un arenal
tan desolado, tan yermo,
que allí no prende un rosal.

¡Nada amo,
nada quiero,
nada busco, nada espero
ni reclamo!,

...pero
soy cosa tan pequeñita
que, en cuanto sale al balcón
mi vecina Concepción,
¡lleno de susto y de cuita,
huyo de la tentación
maldita!

XIII

WHISKY AND SODA

Aun cuando yo no beba (quizá por no poder)
ni el familiar e inocuo vermut, no se incomoda
mi moral con el triste cuyo solo placer
es el topacio líquido de su *whisky* con soda.

Si, como Baudelaire dijo, es fuerza estar ebrios
de algo (virtud, ensueño, vino, amor), yo querría,
más que el tosco excitante de glóbulos y nervios,[1]
vivir borracho de éxtasis, de fe, de poesía...

¡Pero siento no sé qué atracción singular
por aquellos misántropos de soledad beoda
y lírica, que buscan en el fondo del bar
las mentales caricias de su whisky con soda!

---

[1] *Ebrios* y *nervios* están rimados intencionalmente. —N. del A.

XIV

INMOVILIDAD

NO TE AGITES, que la inmovilidad
es la sabiduría de los dioses.
¡Nada logras con ires y venires
ardillescos! ¿Supones
que hallarás algo nuevo? Ya no hay
ninguna novedad bajo los soles
que, como gotas trémulas, salpican
el ropaje talar de nuestras noches.

Bien sabes que lo mismo es todo... todo:
el amor, las mujeres y los hombres,
los negocios, el arte, la política,
las ciudades, el tren, el automóvil,
los hoteles, la turba de lacayos;
estos y los antípodas... ¡No estorbes
el hormigueo imbécil de los otros!
Compra el *Eclesiastés* cuando lo topes,
y no te agites: ¡la inmovilidad
es la sabiduría de los dioses!

XV

CREDO

¿PREGUNTAS en qué creo de fijo? No recato
mi confesión de fe, muy simple y cristalina:
Creo en Dios, y en el noble sulfato de quinina,
y a veces creo en Dios... ¡pero no en el sulfato!

Lo demás es acaso, *puede ser* y *quizá*;
lo demás son dos mil años de discusiones;
es mucha teología, muchas definiciones,
sobre algo indefinible que envuelto en sombra está.

Pero si me preguntas qué es lo que amo, verás:
¡Amo a Cristo Jesús!
—¿Haya o no haya venido?
—¿No amamos tantas cosas que nunca han existido?
¿No amamos tantos seres que no veremos más?

¿Piensas que necesito dioses de carne y hueso
para adorarlos? Yo adoro las ideas
hechas dioses...
—¿Aun cuando nunca esos dioses veas?
—¡Quién sabe si los amo justamente por eso!

XVI

A UN GALÓFOBO

Cuando juzgas a Francia, tu dialéctica es
rabiosa... y, sin embargo, mi querido escritor,
lo único que vale de tu obra es francés.
París ha sido siempre tu colaborador.

Así, a pesar de todo, tu orgullo, tu arrogancia,
tu galofobia cáustica, tu mordaz acritud,
el oro de tus libros es buen oro de Francia,
y lo tuyo... lo tuyo, ¡solo es la ingratitud!

XVII

LO ETERNO

¿Vamos suprimiendo las dedicatorias,
amigos poetas? ¿Vamos suprimiendo
todos esos azúcares tontos,
ese adjetivo

despreciado: los «grandes», «eximios»,
«eminentes», «geniales», «excelsos»...?

Una firma quizá..., eso solo;
y después de la firma, ¡talento!
La tersura serena del libro
y la gracia ondulante del verso.

XVIII

A UN AMIGO PIADOSO, TONTO Y BUENO

SEGÚN el humorismo del ático Anatolio,
Quirón, aquel centauro de Aquiles preceptor,
y Trajano, el honesto purpurado del solio,
hijo de España, «pío, felice y triunfador»,

se salvaron, cumpliendo con la ley natural;
y yo de aquí colijo, razonando a mi modo,
que si Quirón salvóse, siendo medio animal,
te salvarás mejor tú que lo eres del todo...

No discutas los dogmas; los dogmas te complican.
Observa, sí, los ritos, simples, a la española;
reza siempre que doblen; ríe cuando repican,
oye misa el domingo, y tendrás aureola.

¿Quién dice que no vales más que los que pretenden
hallar el mecanismo de los centros motores?
¡Los sabios!... ¡ Si supieras lo poquito que entienden,
y qué obtusos cerebros son los de los doctores!

Yo te quiero, pues siempre me sabes escuchar;
ríes ingenuamente cuando suelo reír,
y callas como piedra cuando quiero callar.
Dios te lo toma en cuenta, y al fin te ha de salvar,
como a Quirón, que supo la ciencia de vivir.

XIX

RESUMEN

RESULTA, pues, que huí del mundo fútil;
que no gocé, que ni amasé riqueza
ni honores...; que fui, en suma, un ser inútil.
(¡Santa inutilidad de la Belleza!)

Y mi amigo, el finchado, que se mofa
de aquello que no entiende, así me humilla:
—¡Menos estimo al que ensambló una estrofa
que al carpintero que ensambló una silla!

Sonrío yo, sin el más leve enfado,
y de mi voz poniendo en el registro
una suave ironía, le respondo:

—Pues por algo llegó usted a ministro
y académico; lo han condecorado
la mar, y es conde... mientras yo me *escondo*.

AMOR

I

¡AMEMOS!

Si nadie sabe ni por qué reímos
ni por qué lloramos;
si nadie sabe ni por qué vinimos
ni por qué nos vamos;

si en un mar de tinieblas nos movemos,
si todo es noche en rededor y arcano,
¡a lo menos, amemos!
¡Quizá no sea en vano!

II

CANTO DE AMOR

I

He rasgado mi capuz,
y te muestro (¿no te asombra?)
el prodigio de una sombra
toda trémula dc luz.

Espinas, gólgota, cruz:
¡no más!, ¡se han desvanecido!

Revientan la flor y el nido
en las ramas de mi huerto...
Amor, yo no estaba muerto:
¡estaba solo dormido!

II

Eres, ¡oh gracia infinita!,
voz de vida y de batalla
que dice a la yema: ¡estalla!
y al corazón: ¡resucita!
¡Eres el numen que grita
con inflexión soberana:
el numen del *Ramayana*,
robusto como un atleta,
en el ánfora discreta
de una rima becqueriana!

III

Tus ojos son mar risueño
o doliente, adonde llega
tenue luz, y en que navega,
cual góndola azul, el sueño...
¡Oh, tu mirar..., qué beleño
da a mi mal! ¡Qué singulares
radiaciones estelares
hay, ¡oh diosa!, en tu mirar,
ya lo empañes con pesar,
ya con sonrisa lo aclares!

IV

Para que mi mente ejerza
su vigor, la galvanizas,
la despiertas, la electrizas
con heroísmos de fuerza.

¿Quién hay que mi rumbo tuerza,
si mi alma no te resiste?
A ti voy, pues que tú hiciste
con tu ternura ideal
una aurora boreal
de mi luna enferma y triste.

V

A ti voy, dejando huella
del fulgor, joven señora.
¡Voy mudo, como la aurora,
pero radiante, cual ella!
La luz que mi ser destella
inundará la creación,
y animará la pasión
en ti, con el centelleo
del fuego de Prometeo,
la estatua de Pigmalión.

VI

Seré Apolo y seré Marte
por ti; vigor o desmayo.
Para protegerte, rayo,
y jazmín para tocarte...
Te vestiré toda de arte
para que tu alma presienta
el prodigio que me alienta,
y la canción que me inspiras
será un acorde de liras
glosado por la tormenta.

VII

Te labraré, sola y fiera,
en marfil de Singapur,

una lis en campo azur:
¡la realeza en la quimera!
Y en lampo de primavera,
con un rayito sutil,
dibujaré tu perfil
—tu perfil de medallón—,
¡que brillará en la extensión
en las mañanas de abril!

VIII

Oye: fuera un arrebol
por volverte nube hermosa;
oye: fuera nebulosa
¡con tal de volverte sol!
¡Oh! Mi alma, girasol
de una estrella soberana,
que vas con angustia vana
demandando sus reflejos:
¿no ves que brilla muy lejos?
—Y el alma dice: «¡Mañana!».

IX

Di, ¿qué virtudes exhalas
que, aunque estoy de ti distante,
hay en mi cielo constante
peregrinación de alas?
¿Por qué en mi espíritu igualas
con tu beldad a la inmensa
visión de Dios?... ¡Cuán intensa
es la fe que te interroga!
Soy el cometa que boga,
y tú la estrella que piensa.

X

¡No! Yo no tengo en mi historia
un cariño al tuyo igual:
quererte es un ideal
y alabarte es una gloria.
¡Que perezca la memoria
de antiguas insensateces!
Solo tú laudo mereces,
y ante tu alteza y mi amor,
he de ser siempre mayor,
puesto que tú me engrandeces.

XI

¡Oh, mi señora! Un profundo
clamor diciéndome está
que eres un ángel que va
de incógnito por el mundo.
Tu poder al infecundo
estro donó la simiente,
y es hoy el estro potente,
hasta unir en sus querellas
al salmo de las estrellas
la rapsodia del torrente.

XII

Pero su fuerza no ignora
tampoco los cantos suaves:
¡Es mar que arrulla las naves
después de azotar la prora!
Para ti, mi emperadora,
pues que te quiero, no temas:
tendrá caricias supremas,
será leve como un tul
inmenso: un piélago azul
pródigo en iris y gemas.

XIII

Y si ayer los embelesos
de tus dieciséis abriles
cantó con versos gentiles
en que temblaban los besos,
hoy ya no más serán esos
tus pregones ideales:
pues que tus gracias son tales,
te labraré con mis brazos
estrofas a martillazos
en granitos inmortales.

III

LOS DOS

Complacencias de mis ojos,
lujo de mi corazón,
galardón
de mis lentos días tristes,
luz que vistes
mis harapos de ilusión.

Tú que te llamas de todos
los modos;
tú que me amas
por la rubia y la morena,
por la fría y por la ardiente:
tú llorosa, sonriente,
mala, buena,
según es la dirección
y el rumbo de mis antojos;
complacencia de mis ojos,
lujo de mi corazón:

¡No te apartes de mi vera!
¡Muere tú cuando yo muera!

Llévete yo, pues te traje...
Fuiste noble compañera
de viaje...

Rimemos nuestros destinos
para todos los caminos
futuros, que a mi entender
habremos de recorrer
en lo inmenso del Arcano;
y vayamos por la muerte de la mano,
como fuimos por la vida: ¡sin temer!

IV

LOS ÚLTIMOS

Dicen que el arte de los versos
está llamado a perecer;
que, pronto, no se oirá una estrofa
ni para mal, ni para bien;
que ni en la faz de las mujeres
habrá poesía (por más que
Bécquer opine lo contrario...).

Tanto mejor, mi rosa-té;
tanto mejor, mi loto místico;
mi lirio cándido, *tant mieux*!

Cuando la musa el vuelo tienda
ya para nunca más volver,
yo, con celeste exaltación
y de rodillas a tus pies,
diré la flor de mis estrofas
a tu belleza de mujer.

Y en los umbrales de ese mundo
lleno de tedio y de aridez,
tú la postrer inspiradora
serás, y yo el cantor postrer.

V

EL SECRETO

Hay en tus ojos azules
un gran secreto escondido,
y hay al mirarte, señora,
una pregunta en los míos...

¿Cuál es la pregunta? ¿Cuál es el secreto?
¡Yo lo sé de sobra, pero no lo digo!
Tú bien que lo sabes, pero te lo callas.

Digámoslo entrambos, si te place, a un mismo
tiempo y de manera que nadie lo escuche:
con los trémulos labios unidos...

VI

DOMINIO

Unos ojos verdes, color de sulfato de cobre;
unos rizos rubios, de pálido sol boreal;
un cuerpo alargado, con ocho cabezas de altura;
un extraño espíritu,
¡complejo, profundo, huraño y audaz!

Una voz que finge venir de muy lejos..., acaso
de un mundo en que todo lo nuestro será aberración,
y un amor tiránico, fatal, exclusivo, imperioso,
¡que ya para siempre,
con timbre de acero mi vida selló!

VII

EL VIEJO PALACIO

Sobre el viejo Palacio de los Reyes de España
vierte, místicamente, su palidez la luna,
impregnándolo todo de un éxtasis y de una
paz que alivian al alma, pensativa y huraña.
Sobre el viejo Palacio de los Reyes de España
vierte, místicamente, su palidez la luna.

Nieblas inmateriales cobijan la campaña,
que va a soñar su sueño bajo la noche bruna,
y el enigma exquisito de la hora oportuna
nos invade, nos cerca, nos satura, nos baña.

Sobre el viejo Palacio de los Reyes de España
vierte, místicamente, su palidez la luna.

Enorme, altivo y prócer, el gris alcázar, cuna
de tanta vieja historia y apolillada hazaña,
se impregna de añoranzas y su misterio aduna
al vaho de misterios que envía la montaña...

Vierte, místicamente, su palidez la luna
sobre el viejo Palacio de los Reyes de España.

—¡Oh, ven tú, la Escogida, la que fue, cual ninguna,
celestial! Ven al seno de mi amor, que no engaña;
y a la noche de plata que nos envuelve, una
su temblorosa noche de seda tu pestaña.

Besa, místicamente, mi faz, bajo la luna,
junto al viejo Palacio de los Reyes de España.

VIII

BIEN HAYA LA VIDA

Entre el amor que se me va
y el amor nuevo que hoy asoma,
mi corazón, suspenso ya,
como el sepulcro de Mahoma,
entre dos imanes está.

Bien haya la Vida,
que si tanto al mar se lleva,
nos da en cambio una fe nueva
por cada fe perdida.

Adiós, rubia, que me ofreciste
lo más precioso que tenías;
y tú, morena, que viniste
esta mañana, ¡buenos días!
Bien haya la Vida,
que si tanto al mar se lleva,
nos da en cambio una fe nueva
por cada fe perdida.

IX

LOOR

¡Loor a la mujer que me ha mirado!
¡Loor a la que me haya sonreído!
Y aquella que me ha amado,
bendita por el éxtasis logrado,
por el supremo bien inmerecido.

¡Tuyo, tuyo, mujer,
hasta el aliento último he de ser!

Todavía, ¡oh deidad! (aun cuando expiren
mis años mozos), quiero que me quieran,

suspiro porque amándome suspiren,
muero porque de amor por mí se mueran,
y me transporta el alma que me miren.

¡Tuyo, tuyo, mujer,
hasta el aliento último he de ser!

De ti vine, a ti voy, y hasta el descanso
rítmico de tu seno, irá la Parca
a cortar de mi vida el hilo manso.
Serán tus ojos postrimer remanso,
limpio, sereno, azul, para mi barca.

¡Tuyo, tuyo, mujer,
hasta el aliento último he de ser!

Mas, ¡ay dolor!, octubre viene aprisa...
Me da miedo pensar que, cuando troven
mis versos con su música imprecisa,
puedan mis canas incitar a risa,
y por eso quisiera morir joven.

¡Tuyo, tuyo, mujer,
hasta el aliento último he de ser!

X

EL BALCÓN VIEJO

Ir por esos pueblos de Castilla, esquivos,
entre húmedas tapias y obscuros casones,
buscando con tristes ojos pensativos
el romanticismo de los callejones...

Tener una novia que, al blando reflejo
vespertino, salga, de negro vestida,
a mirarnos mucho desde el balcón viejo
de una vieja casa semiderruida...

(Desde el balcón vasto, donde con suprema
molicie hila un gato sus ensueños quietos,
y un olor se exhala como de alhucema
y reina un mutismo lleno de secretos.)

Oír las campanas de los monasterios
en la paz unciosa, mientras que derramas,
¡oh divina tarde!, todos tus misterios
en la mansedumbre de los panoramas...

Por la noche, en íntimo rincón apartado
del velón antiguo so la luz escasa,
componer el verso puro y delicado
que leerá la novia del traje enlutado,
en el balcón viejo de la vieja casa...

Y mientras, la Vida sus aguas potentes
va rodando al margen de tu ilusión yerta,
en nobles, fecundas y claras corrientes.
Y tú no la miras, y tú no la sientes...
¡Poeta, despierta, despierta, despierta!

De la Musa pálida deja los hechizos,
no beses sus labios que besan tan quedo,
no alises el oro tenue de sus rizos...
Huye de sus grandes ojos enfermizos...
—Amigo, ¡qué quieres!, ¡no puedo!, ¡no puedo!

XI

UNA ESPAÑOLA

Deseo que me quiera una española
de tez mate, de obscura trenza lisa,
de ojos negros (Pilar, Carmen o Lola,
si gustáis...). Sosegada, fiel, sumisa.

Un poco maternal en su dulzura,
casta al darse, aunque tierna en su abandono,
y que sepa poner en mi ventura
cierto lánguido y tenue medio tono...

Que tenga mucha paz en la alma sana,
mucha luz en los ojos de trigueña,
y un timbre en el reír, de sevillana,
y un ritmo en el andar, de malagueña.

Que en un paraje viva, rodeado
de íntimo huerto, misterioso a veces,
en donde yergan, junto al olmo osado,
el terso tronco pardo los almeces.

Y allí, gozando su beldad morena,
mientras el oro de su voz escucho,
pasar mi vida, mansa, honda, serena,
viendo que ella me mima, que es muy buena,
que reza un poco ¡y que me besa mucho!

XII

SILENCIOSAMENTE...

Silenciosamente miraré tus ojos,
silenciosamente cogeré tus manos,
silenciosamente,
cuando el sol poniente
nos bañe en sus rojos
fuegos soberanos,
posaré mis labios en tu limpia frente,
y nos besaremos como dos hermanos.

Ansío ternuras castas y cordiales,
dulces e indulgentes rostros compasivos,
manos tibias. . . ¡tibias manos fraternales!;
ojos claros... ¡claros ojos pensativos!

Ansío regazos que a entibiar empiecen
mis otoños; almas que con mi alma oren;
labios virginales que conmigo recen;
diáfanas pupilas que conmigo lloren.

XIII

COBARDÍA

Pasó con su madre. ¡Qué rara belleza!
¡Qué rubios cabellos de trigo garzul!
¡Qué ritmo en el paso! ¡Qué innata realeza
de porte! ¡Qué formas bajo el fino tul!...

Pasó con su madre. Volvió la cabeza:
¡me clavó muy hondo su mirada azul!

Quedé como en éxtasis...
Con febril premura,

«¡Síguela!», gritaron cuerpo y alma al par,
pero tuve miedo de amar con locura,
de abrir mis heridas, que suelen sangrar,
¡y no obstante toda mi sed de ternura,
cerrando los ojos, la dejé pasar!

XIV

YO NO NACÍ PARA REÍR

Yo no nací para reír; en vano
el sol baña en sus oros mi cabeza.
Soy gentilhombre del Dolor humano,
y envuelto voy al insondable arcano
en el manto imperial de mi tristeza.

Nunca supe de bien: supe de dolo,
de frío y soledad. Mi ser remeda
la noche pertinaz que cubre al polo.
Dejadme con mi angustia: estoy tan solo...
Si me quitan mi angustia, ¡qué me queda!

Me quieres, bien lo sé. Piadosa y franca
desciendes a mi mal con heroísmo,
y donde todo es negro tú eres blanca:
florecita de nieve en la barranca
y estrellita de paz en el abismo.

Me quieres, bien lo sé; pero me espanta
pensar que mi existencia es tan obscura,
que tu almita de luz, tu almita santa,
negra se volverá con sombra tanta
por querer que amanezca en mi negrura.

Y el cielo prueba nuestro amor: el gozo
se alejó, gorjeando, de la reja
donde el sol alumbró tanto alborozo,
y hoy tú ya no eres más que un gran sollozo,
y yo ya no soy más que una gran queja.

¡Cuántas dichas ayer en nuestra escena!
Pero el ala de Dios cubrió el santuario,
y sin piedad de ti que eres tan buena,
te clavó en el madero de la pena,
te trocó en virgencita del calvario.

Mas ¡qué importa! El dolor es soberano
dispensador de gloria y de nobleza.
¡Mi estrellita, mi flor, dame la mano
y vayamos envueltos al Arcano
en el manto imperial de mi tristeza!

XV

CÓMO EN HERIRNOS LA CRUELDAD SE AFANA

¡Cómo en herirnos la crueldad se afana!
¡Cómo a esquivarnos la piedad empieza!
¡Si parece mentira, mi Damiana,
que siendo tan pequeña el alma humana
pueda en ella caber tanta tristeza!

¡Oh, sombra sin luceros, bien te ensanchas!
¡Oh, hierro, bien escarbas nuestra herida!
¡Mas qué importan, Dolor, tus *avalanchas*
de angustia! ¡Nuestras almas son dos manchas
muy blancas en lo negro de la vida!

¡Valor! Tú eres virtud y yo denuedo.
Antes de herirnos temblará la daga,
y acaso rompa tan mezquino enredo.
No temas: el puñal tiene más miedo
que el noble corazón a quien amaga...

Ama, sufre, ora, aguarda, y no te asombre
si siendo buena tu tormento crece.
¿Qué es la ventura en la existencia? Un nombre.
¿Qué es la vida? Un sollozo. ¿Qué es el hombre?
Un átomo de noche que padece...

Ama y aguarda: la creación entera
amando radia y aguardando enflora.
Mira el nido y la rosa en la pradera:
Todos los nidos te dirán: «¡espera!»;
todas las rosas te dirán: «¡adora!».

Sufre y aguarda: en la existencia vana,
nuestro amor será luz que siempre arde,
y que siempre arderá, triste o ufana.
Si ayer fue como el sol en la mañana,

hoy será como Vésper en la tarde.
Ora y aguarda: la fortuna inquieta
romper no puede nuestros firmes lazos.
Cuando llegues conmigo hasta la meta,
¡con cuánta fe te cantará el poeta!
¡Con cuánto amor te arrullará en sus brazos!

XVI

DIVINIZACIÓN

Te divinizaré como si fuera
yo poderoso emperador romano,
y una vez vuelta diosa,
tendrás tu ofrenda a diario.

La ofrenda de mis besos, que son otra
deificación; la ofrenda de mis brazos,
que ceñirán tu talle, respetuosos
y ardorosos al propio tiempo, y ávidos
como sierpes de fuego;
la ofrenda de mi espasmo...

Diosa mía, mi diosa, paraíso
único de mis años;
he de pintar tus santas formas vírgenes,
y a tus pies ha de abrir el gran milagro
de su azul y enjoyada suficiencia
el olímpico pavo,
soberbio y voluptuoso como yo,
y como tú maravilloso y vano.

AD ASTRA...

I

PÁJARO MILAGROSO[1]

PÁJARO MILAGROSO, colosal ave blanca
que realizas el sueño de las generaciones:
tú que reconquistaste para el ángel caído
las alas que perdiera luchando con los dioses;
pájaro milagroso, colosal ave blanca,
jamás mis ojos, hartos de avizorar el orbe,
se abrieron más que ahora para abarcar tu vuelo,
mojados por el llanto de las consolaciones.

¡Por fin!, ¡por fin!, clamaba mi espíritu imperioso;
¡por fin!, ¡por fin!, decía mi corazón indócil;
¡por fin!, cantaba el ritmo de la sangre en mis venas;
¡por fin tenemos alas los hijos de los hombres!

Padre, que ansiabas esto, que moriste sin verlo;
poetas que por siglos soñasteis tales dones,
Ícaros lamentables que despertabais risas,
¡hoy, sobre vuestras tumbas, vuela zumbando, enorme,
el milagroso pájaro de las alas nevadas,
que cristaliza el sueño de las generaciones!
¡Y se abren para verle más aún vuestras cuencas,
y vuestros huesos áridos se coronan de flores!

¡Oh Dios!, yo que, cansado del trajín triste y frívolo
del mundo, muchas veces ansié la eterna noche,

[1] Después de un concurso de aviación. Septiembre de 1910.

hoy te digo: ¡más vida, Señor, quiero más vida
para poder cernerme como un águila sobre
todas las vanidades y todas las bellezas,
proyectando sobre ellas mi vasto vuelo prócer!
¡Ya tenemos de nuevo pegaso los poetas!
¡Y qué pegaso, amigos, nos restituye Jove!

Exaltación divina llene nuestros espíritus,
un *Tedeum Laudamus* de nuestros labios brote,
y mueran sofocadas por las manos viriles
viejas melancolías, vagas preocupaciones.

¡A vivir! ¡A volar! ¡Borremos las fronteras!
¡Gobiernos, vanamente queréis hacer un óbice
de lo que es un gran signo de paz entre los pueblos!
¡No mancilléis al pájaro celeste con misiones
de guerra: él las rechaza; nació para el mensaje
cordial, y siembra besos de paz entre los hombres!

II

SI ME DAN A ESCOGER...

Si me dan a escoger una tarde,
quiero aquella que, augusta y tranquila,
se despide; la que sin alarde
muere en calma sobre un fondo lila...

Si me dan a escoger una bella,
quiero aquella, nada más aquella
que, del alma mitad, la completa
(un lucero en su frente destella).

¡Si me dan a escoger una estrella,
quiero ir a una estrella violeta!

III

IMÁN

Hay en la misteriosa geometría
de las constelaciones
un imán tan potente de mis ojos
(girasoles obscuros de las noches),
que tal vez cuando muera, mi dos ávidas
pupilas se transformen
en dos destellos ágiles
que vayan a fundirse con los vértices
ígneos de Aldebarán, Sirio, Capella,
Rigel, Arturo y sus septentriones,
o con la dulce Vega de la Lira,
en pos de cuyo azul, remoto acorde,
marcha el sol con su coro de planetas
describiendo espirales por los orbes...

Sí, mis ojos irán a las estrellas,
siendo en su luz dos mínimos fulgores,
dos gotas en su mar de oro convulso,
dos chispas en su hoguera multiforme,
dos puntos más en esa geometría
misteriosa de las constelaciones...

IV

LOS COMETAS

La luna en creciente, con
su *terminador* dentado,
finge en la azul extensión
un peine de luz, forjado
para peinar cabelleras
de cometas errabundos,
que en la noche sin riberas
van derramando fecundos
gérmenes de venideras
especies sobre los mundos.

De ellos habrán de salir
los Cristos del Porvenir,
los Sócrates de mañana,
la potente raza humana
que ignore lo que es morir.
Ríes... «¡Sueño de poetas!»,
dices. ¡Bueno! Yo te adoro
porque ese sueño completas:
tienes, como los cometas,
la cabellera de oro...

V

EL VIAJE

VIÉNDOME adviertes las huellas
de una ruta portentosa:
la espiral vertiginosa
que conduce a las estrellas.

Piensas que a Sirio llegué
(y envidias tamaño lauro)
o que el Alpha del Centauro
con mis ojos *desdoblé*...

Te engañas: más lejos fui
que la estrella más lejana.
(Noche: misteriosa hermana,
tú lo sabes, tú lo di...)

Al Vértice omnirradiante
de donde todo dimana
tal vez llegué, tal vez ante
Aquel en cuyo semblante
hay más luz que en la mañana.

(Tú lo sabes, expectante
noche, misteriosa hermana...)

VI

EL COLOR DE LA LUNA

¡Quién pudiera decirnos el color de la luna!
Los pintores jamás tuvieron la fortuna
de sorprenderlo. Nunca lo definió el poeta.
No tiene nombre en la habla ni tono en la paleta...

¡Hace miles de años que los tristes la miran.
Hace miles de años que los novios suspiran
de pena o de placer a su luz oportuna,
y nadie sabe aún el color de la luna!

De fijo que no es oro, de fijo que no es plata,
ni nácar ni alabastro, esa claridad grata,
para la dicha, cómplice; para el dolor, discreta;
farol de los ausentes y de la serenata,
sudario misterioso de un ya muerto planeta.

Los que hemos contemplado tras los reveladores
vidrios de un objetivo esos *terminadores*
que fingen filigranas tenues, inmateriales
casi; los que, asomados a los limpios cristales
del ocular, miramos amanecer en esas
montañas que destacan de las sombras espesas
cada cúspide cual estrella diminuta,
mientras yacen sus moles en tiniebla absoluta;

los que vemos, ¡oh luna!, esa *luz cenicienta*
que en tu hemisferio obscuro tímida nos orienta
y que proviene acaso de nuestro fulgor mismo,
del *claro de la tierra*, que a través del abismo
va a alumbrarte en las noches, apreciamos mejor
el raro y delicioso matiz de tu fulgor...

Mas, a pesar de todo, comprendemos también
que no existen palabras que lo concreten bien;
y que hay en ese beso divino que nos das
el prestigio celeste de que nunca jamás
podremos definirlo con expresión completa:
¡no tiene nombre en la habla ni tono en la paleta!

¿Quién logrará en futuras edades la fortuna
de acertar a decirnos el color de la luna?

VII

EL CONVENTO

¡Oh soñado convento
donde no hubiera dogmas,
sino mucho silencio!...
Una gran biblioteca,
un vastísimo huerto
con recodos de sombra,
de quietud y misterio,
y en él un telescopio
para asomarse al cielo,
¡para mirar siquiera
la Patria desde lejos,
mientras llega el instante
de volver a lo eterno!

VIII

VOCES

DIOS

Mi Verbo va creando en todos
los instantes formas y modos.

SIRIO Y CORO DE ESTRELLAS

—Bogamos
alumbrando los mundos; brillamos,
ardemos...

LOS VIENTOS

—Cantamos, rugimos,
y mil impalpables gérmenes sembramos
en nuestro perenne volar.

LOS MARES

—Latimos, latimos,
al compás del viento;
nuestras ondas arrullan la Vida.

LA TIERRA

—Germino, transformo, sustento,
prodigando mi savia escondida...
(Enmudecen, y se oye un lamento.)

EL HOMBRE

—¡Ay, ay, ay!

PIEDAD

I

SUPREMO ARRULLO

Cuando en el ponto sonoro,
el sol, milagro de oro,
diaria transfiguración,
derrama en la onda sumisa,
como una sonrisa,
sus rayos que hacían cantar a Memnón,
las viejas sirenas repasan en coro
una nueva canción.

Tiene la canción divino
ritmo, lento, cristalino
(que recuerda un responso latino),
y hecha está para arrullar
a las víctimas de cada submarino
que rotos los flancos, en un torbellino
de espumas, al fondo desciende del mar.

II

HOSPITALIDAD

Cristo, la ciencia moderna
te arroja sin compasión
de todas partes; ¡no tienes
donde residir, Señor!

Las teorías positivas
y la experimentación
materialista no dejan
sitio en los orbes a Dios.
En cuanto al alma del hombre,
a piedra y cal se cerró
hace tiempo a todo ensueño.
En el umbral, la Visión
muerta de angustia, de frío
y de soledad quedó…

En las moradas humanas
ya tan solo caben hoy
la vanidad, el deseo
voluptuoso y la ambición.

¡Ya no tienes casa, Cristo!
¿Mas cómo has de irte por
esos caminos si apenas
has sonado el aldabón
de una puerta, te la cierran
con estruenda y ronca voz?

El pájaro tiene nido,
cubil el raposo halló,
y tú, en cambio, vas expuesto
a la intemperie, al horror
de las noches congeladas,
a tanto abandono...
Yo
no valgo dos cuartos, Cristo:
mi corazón (tú mejor
que nadie lo sabe) tiene
poco espacio y poco sol;
pero qué le hemos de hacer
si en esta comarca no
hay otro... ¡Ven, y permite
que confuso, con temblor
de vergüenza, yo te hospede
en mi propio corazón!

III

SALMO

¡Oh Señor, *no te enojes con la brizna de yerba!*
Mi nada no merece la indignación acerba
de un Dios... ¿Es ley que emplees la flamígera espada
de tu resplandeciente Miguel contra mi nada?
Piedad para la oruga, Rey manso de Judea:
Tú, que jamás rompiste *la caña ya cascada*,
Tú, que nunca apagaste *la mecha que aún humea.*

IV

CONFIANZA

Dios es mejor de lo que opina el cura.
Hay más piedad de la que espera él mismo
en las entrañas de la esfinge obscura.
Hay más luz de la que él mira, en la hondura;
más amor del que él piensa, en el abismo.

¡Alma, no tengas miedo! Ya en la meta
recobrarás al ángel que se fue;
y encontrarás perdón. Vive quieta
y di lo que al morir dijo el poeta:[1]
Dieu me pardonnera; c'est son métier!

[1] Heine.

V

SÍ, POBRE VIEJECITA...

¡SÍ, POBRE VIEJECITA, ya ninguno te escucha!
Los fastidias a todos con tu buena memoria.
Tu lentitud es grande; su frivolidad, mucha...,
y te huyen porque siempre narras la misma historia.

Pero yo soy paciente, y sentado a tu puerta,
escucharé. No temas; puedes hablar tranquila,
mientras menea el viento las ramas de la huerta
y se muere a lo lejos un crepúsculo lila.

Déjalos que se vayan, en su atolondramiento,
a decir ellos y ellas palabras mentirosas,
y cuéntame, abuelita, tu mismo viejo cuento,
al compás de tus manos largas y sarmentosas.

PENUMBRA

I

ESO NO MÁS

Página primordial de la vida,
trémulos parpadeos del alba,
límpido borbotar de la fuente,
prístino verberar de las alas,
¡no conturbéis mi espíritu
con vuestras añoranzas!

Nébulas del ensueño naciente
(¡nítidas, risueñas, ingrávidas!),
férvido regocijo de amores,
éxtasis de las hondas miradas,
¡no conturbéis mi espíritu
con vuestras añoranzas!

Místico fulgurar de la gloria,
hálitos de soberbia y pujanza,
júbilos infantiles del verso,
vítores y laureles y hosannas,
¡no conturbéis mi espíritu
con vuestras añoranzas!

¡Plácido tu callar es, memoria!
¡Déjame para siempre, fantasma!
Mística desnudez de deseos,
búdico reposar de nirvana,
¡eso no más quieren
mi cuerpo y mi alma!

II

SUAVIDAD

Ha tantos lustros ya que estoy penando,
que al fin con mi penar marcho tranquilo.
Mi perenne dolor es como un filo
que, a fuerza de cortar, se va gastando.

Bronca al principio, mas hoy casi leda,
pasa mi angustia por los eriales
del mundo, y el cilicio de mis males,
en un tiempo de crín, hoy es de seda.

Mi tristeza de ayer, hosca, importuna,
hoy se esconde y esquiva los alardes:
es ya crepuscular, como las tardes,
y mansa como el claro de la luna...

Siempre más tenue, siempre más suave,
el estribillo ingenuo de mi queja
parece una romanza ya muy vieja,
arrancada al marfil de un viejo clave...

Por igual en mis rimas se deslíen
aljófares y lágrimas radiantes,
¡y al mirarlos caer como diamantes
nadie sabe si lloran o si ríen!

III

EL MENTOR MUERTO

Aún vibra en mi oído tu acento sonoro,
aún miro en mis sueños tu faz monacal,
tu lejano aspecto de leyenda de oro,
tus largos cabellos, tu barba fluvial.

Aún veo tus manos exangües y largas,
pródigas de dones y de bendición,
subrayar las prédicas unciosas o amargas
que me conducían a la perfección.

¡Oh padre!, ¡oh custodio!, ¿por qué te me fuiste?
Bien ves que me faltas, bien ves que me pierdo
en los laberintos de la vida triste
y que ansiosamente, desde que partiste,
vivo asomado a tu recuerdo...

IV

DE TODO MI PASADO

De todo mi pasado,
de todas mis tristezas, de todos mis contentos,
de lo mucho perdido,
de lo poco ganado,
de lo que he sonreído
y de lo que he llorado,
¿qué me queda? Una cosa no más: ¡remordimiento!

¿Por qué no fui mejor
con los que me quisieron?
¿Por qué no pude darles tanto amor, tanto amor
como el que ellos me dieron?

¿Por qué me causó escándalo
vivir mal comprendido?
¿Por qué ante la injusticia no fui yo como el sándalo,
«que llena de perfumes el hacha que lo ha herido»?

¿Por qué, sintiendo siempre el celeste apetito
de lo eterno, a la tierra demasiado miré?
¿Por qué no pudo mi alma cernerse en lo infinito,
desdeñando miserias mundanales, por qué?

¡Oh Señor! ¿No me es dado vivir una vez más
para llenar de nuevo mis ánforas vacías
del vino generoso que Tú al nacer nos das?
Ennoblece a lo menos mis postrimeros días,
y si hubo muchos yerros... ¡ya los perdonarás!,
teniendo en cuentas las
tan raras alegrías.

V

MIEDO

Dicen que un muerto es un ser elevado
al Misterio absoluto...[1]
Tú, pues, amigo diáfano, que amabas
la claridad socrática; tú, el justo,
ingenuo y candoroso, eres ahora
el misterio por excelencia, el único,
el más abrumador de los misterios...

Nada en ese tu simple vivir hubo
de inextricable, nada de enigmático,
de arcano ni de obscuro.
¡Eras la propia limpidez del aire!
Y hoy todos los secretos en ti juntos
florecen, y tu sombra es cual la sombra
del ala de la esfinge. En vano busco
la santa nitidez de tus pupilas:
ya todo tú eres negro, ya el sañudo
prestigio de la eternidad te envuelve;
ya ves la cuarta dimensión, en cuyo
contrasentido abismase la lógica.

[1] Novalis.

¡Tengo miedo de ti!, y en mi convulso
sueño angustioso, yo, que ansiaba verte
y hablarte siempre, pávido formulo
esta orden mental: —Vete, fantasma;
¡no te materialices! Vuelve al húmedo
agujero en que estás; si eres la ansiada
revelación del más allá, renuncio
a ella, torna allí donde te pudres;
¡no quiero saber nada de otros mundos!

VI

¡QUIÉN SABE!

Les morts font des longs voyages

Esa indefinible devoción lejana
que vibra en tus cartas, está bien, hermana.

Ese amor vestido de melancolía
tiene una sutil y honda poesía.

Me place que digas que me conociste
quizá en otros mundos, que por mí estás triste;
que en vano me llamas... Me place. Me place.

¡Oh espíritu ausente! ¿Cuánto tiempo hace
que los dos vivimos?
Tal vez tú recuerdas en dónde vivimos...

Eso de existencias anteriores, gusta
a muchos. A mí me gusta... ¡y me asusta
por la inenarrable, por la atroz fatiga
de ir viviendo vidas sin cesar, amiga!

¡Qué horror en el dogma brahmánico cabe!
Mas, después de todo, quién sabe..., quién sabe...

Y si el karma quiso, si hoy ya no lo quiere,
es cruel que a mi alma tu pobre alma espere
junto a un mar de sombras, viendo con afán
las olas que vienen, las olas que van...

¡Qué horror en el dogma brahmánico cabe!
Mas, después de todo, ¡quién sabe!, ¡quién sabe!

VII

TEDIO

Magna me cibi satietas

Tengo el peor de todos los cansancios:
¡el terrible cansancio de mí mismo!
¿Dónde ir que a mí propio no me lleve,
con el necio gritar de mis sentidos
y el vano abejear de mis deseos
y el tedio insoportable de lo visto
y el gran desabrimiento de los labios
después del amargor de lo bebido?

¡Oh, qué hambre de paz y de penumbra
y de quietud y de silencio altivo
y de serenidad!... ¡Dormir, dormir!
¡Toda una eternidad estar dormido!

VIII

ARCANIDAD

Cuando me asomo a mí como a un cristal
diáfano, sí, mas insondable, siento
en redor un sutil vaho de enigma,
un glacial calosfrío de misterio...

¿Soy acaso uno solo o bien soy muchos?
¿Quién tiene autoridad en el colegio
discordante y al par disciplinado
de mis células, quién dice: «yo quiero»?
¿Quién lucha cual Jacob con ese ángel
que anida en mí dentro?
¿Quién clama: «¡no!», mientras que clama: «¡sí!»
un instintivo *yo*... que yo detesto?

¡Qué necedad la de los que imaginan
escudriñar las cosas… si no vemos
jamás lo que en sí son las cosas!
Tontos
que edificáis sobre apariencias, necios
que investigáis el documento humano
(el más obscuro de los documentos):
¡y con cinco sentidos, siempre erróneos,
pretendéis calibrar el universo!

IX

INMORTALIDAD

Nosotros, que no más somos fantasmas,
queremos perdurar en la memoria
de otro fantasma: la posteridad,
que ha de surgir mañana de la sombra
en que nosotros nos desvanecemos,
y se irá sin remedio algunas horas
después, arrebatada por el viento...
¡Y a perdurar así llamamos gloria!

Pedimos un esfuerzo a los humanos
para que nos recuerden, cuando locas
sus míseras cabezas se derrumban
a cada instante en las tinieblas lóbregas...

Fijar ansiamos en el torbellino
en que giran los seres y las cosas
por un momento nuestra estrella pálida...
En la balumba inextricable y pródiga
de gritos de dolor, hacer queremos
que los demás escuchen nuestra historia,
que repitan siquiera nuestro nombre
una vez, entre aullidos de congoja...
¡Y es esta, amigos, la celebridad!
¡Esta es, *inmortales*, vuestra gloria!

X

¿Y POR QUÉ NO?

PREGUNTA el hombre, triste y serio:
—¿Vive quizá el que murió?
¿Es un engaño el cementerio?
—¡Quién sabe! —dícele el Misterio—.
¿Y por qué no?

Pregunta el hombre: —¿Y el consuelo
íntimo y dulce, que solió
prometerme un futuro vuelo,
es por ventura voz del cielo?
Dice el Misterio: —¿Y por qué no?

—¿Debe esperar, pues, refrigerio
para su mal el que penó
en este obscuro cautiverio?
—¡Quién sabe! —dícele el Misterio—,
¿Y por qué no?

Y así marchamos por la vida,
con la ilusión bien encendida
para alumbrar lo que soñó
nuestra pobre alma entelerida.
Así marchamos por la vida
entre un «¡quién sabe!» y un «¡por qué no!».

XI

NO ES CULPA MÍA...

Si alteran la fe y la duda
como la noche y el día
en mi alma yerma y desnuda,
¡no es culpa mía!

Culpa es del siglo, que forja
sistemas a discreción,
y que no trae en su alforja
ni una afirmación.

Culpa es de la obscuridad,
de la esquiva lobreguez,
del no dar con la verdad
ni una vez;

del duro insomnio, que acecha,
en la esquiva cerrazón,
el relámpago, la brecha
de luz de mi convicción;

Del silencio que responde
a nuestro ansioso por qué;
del vano preguntar: *¡dónde!*
para que digan: *¡no sé!*

. . . .

Si, pues, alternan fe y duda
como la noche y el día
en mi alma yerma y desnuda,
¡no es culpa mía!
Sin embargo, allá en el fondo
del obscuro laberinto,
muy hondo, mucho, muy hondo,
habla un instinto.

Es como un sí que confirma
mi raro sí de creyente
y que, cuando niego, afirma
tímidamente.

Es... yo no sé qué simpática
insinuación oportuna
y discreta; es como una
voz enigmática...

Como vago cuchicheo
que surge apenas de los
abismos de mi deseo
y que murmura: «¡Yo creo
en Dios!...».

XII

CANSANCIO

Está cansada ya de gritar mi laringe,
interrogando a cada mundo del firmamento;
está cansado ya mi pobre pensamiento
de proponer enigmas a la inmutable Esfinge...

¡A qué pensar, a qué lanzar nuestro reproche
a lo Desconocido!
¡Comamos y bebamos!
¡Quizás es preferible que nunca comprendamos
el enorme secreto que palpita en la noche!

XIII

LA PREGUNTA

¿Y QUÉ QUIERES TÚ? —dijo el Destino.
Respondí: —Yo, ser santo;
y repuso el Destino:

—Habrá que contentarse
con menos...
Pesaroso,
aguardé en mi rincón una pregunta
nueva:

—¿Qué quieres ser? —dijo el Destino
otra vez: —Yo, ser genio, respondíle;
y él irónico: —Habrá que contentarse
con menos...
Mudo y triste
en mi rincón de sombra, ya no espero
la pregunta postrer, a la que solo
responderá mi trágico silencio...

ELEVACIÓN

I

PRÍMERA PÁGINA

¡Oh, arcano,
para subir a ti, dame la mano!
Dame, noche encendida,
luz; y tú dame vida
(pues el viaje es muy largo, el tiempo breve),
más tiempo aún para escalar la nieve
perpetua, donde el sol no tiene velos
ni hay ya la «azul mentira» de los cielos,
sino el glacial vacío, el astro hirsuto,
con sus lenguas de hidrógeno inflamado,
lamiendo la negrura del abismo.
Y después, el vapor de lo absoluto,
donde está el increado,
en silencio, mirándose en sí mismo.

II

JACULATORIA A LA NIEVE

¡Qué milagrosa es la Naturaleza!
Pues, ¿no da luz la nieve?
Inmaculada
y misteriosa, trémula y callada,
paréceme que mudamente reza
al caer...
¡Oh nevada,
tu ingrávida y glacial eucaristía,
hoy del pecado de vivir me absuelva
y haga que, como tú, mi alma se vuelva
fúlgida, blanca, silenciosa y fría!

Enero 17 de 1914

III

NOCHE

¡Madre misteriosa de todos los génesis, madre
portentosa, muda y fiel de las almas excelsas;
nido inmensurable de todos los soles y mundos;
piélago en que tiemblan los fíat de todas las causas!
¡Oh camino enorme que llevas derecho al enigma;
reino de los tristes, regazo de nuestra esperanza;
taciturno amparo de males de amor sin remedio;
madrina enlutada de bellas adivinaciones;
ámbito en que vuelan las alas de azur de los sueños:
sean mis pupilas espejo que copie tus orbes;
sea tu silencio sutil comunión de mi vida;
sean tus arcanos divino aguijón de mi mente;
sea tu remota verdad, tras la tumba, mi herencia!

Febrero 15 de 1914

IV

RESOLUCIÓN

Alma, tienes por fuerza que alcanzar en la vida
el Ideal sublime que a seguir te convida
por entre breñas ásperas.
Alma, en vano recelas
del Dolor: mis propósitos son como dos espuelas
que te harán sangre... Fuerza será, cuando te pares,
que sientas, despiadada, clavarse en tus ijares
mi voluntad de acero; fuerza será subir...
¡Contempla, allá, muy lejos, la cima de zafir,
adonde has de llegar antes que la jornada
termine!
¡Alma, no esperes de mí piedad ni nada
que no sea espolazo, aguijón y castigo!

Hoy has de sonreír al cruel enemigo
que ayer te hincó su dardo...
Bien sé que anhelarías
quebrantar su soberbia; que sin duda podrías
hundir su obscura frente en la tierra que pisa;
mas solo habrás de darle la flor de tu sonrisa,
y por cada punzante, por cada dolorosa
espina que te clave, ¡devolverle una rosa!

Abril 18 de 1914

V

LUGAR COMÚN...

LUGAR COMÚN, seas
loado por tu límpida prosapia,
y nunca más desdéñente los hombres.
Expresión dicha ya por cien millones
de bocas, está así santificada.
Cien millones de bocas
han clamado: «Dios mío», y cien millones
de veces el Eterno
encarnó en ese grito.

Cien millones de bocas
dijeron: «Yo te amo»,
y al decirlo engendraron cien millones
de veces al amor, padre del mundo.

Hay todavía locos que pretenden
decirnos algo nuevo, porque ignoran
los libros esenciales
en que está dicho todo.[1]

---

[1] Se necesita ser un tonto o un ignorante para imaginar que se tiene una idea que ningún hombre ha tenido antes.—GOETHE: *Fausto*.

Buscan las frases bárbaras,
las torcidas sintaxis,
los híbridos vocablos nunca juntos
antes, y gritan: «Soy un genio, ¡eureka!»
Mas los sabios escuchan y sonríen.

¡Oh tú, Naturaleza, madre santa!
¡Oh tú, la siempre igual y siempre nueva,
monótona, uniforme, simple, como
la eternidad: bendita seas siempre!

Bendito seas, mar, cantor perpetuo
de la misma canción... Bendito seas,
viento, que hieres las perennes cuerdas
de los árboles quietos y sumisos.

Benditos seáis, moldes
de donde surge el mundo cada día
semejante a sí propio;
bendita la unidad de las estrellas;
bendita la energía
de donde todo viene, y que es idéntica
bajo diversas fases ilusorias.
Hablemos cual los dioses,
que siempre hablan lo mismo.
Digamos las palabras
sagradas que dijeron los abuelos
al reír y al llorar,
al amar y al morir...

Mas al decir: «amor», «dolores», «muerte»,
digámoslo en verdad,
con amor, con dolores y con muerte.

Mayo 14 de 1914

VI

HOY HE NACIDO

CADA DÍA QUE PASE has de decirte:
«¡Hoy he nacido!
El mundo es nuevo para mí; la luz
esta que miro
hiere, sin duda, por la vez primera
mis ojos límpidos;
la lluvia que hoy desfleca sus cristales
es mi bautismo.

»Vamos, pues, a vivir un vivir puro,
un vivir nítido.
Ayer, ya se perdió: ¿fui malo?, ¿bueno?
Venga el olvido,
y quede solo, de ese ayer, la esencia,
el oro íntimo
de lo que amé y sufrí mientras marchaba
por el camino.

»Hoy, cada instante, al bien y a la alegría
será propicio,
y la esencial razón de mi existencia,
mi decidido
afán, volcar la dicha sobre el mundo,
verter el vino
de la bondad sobre las bocas ávidas
en redor mío.

»Será mi sola paz la de los otros;
su regocijo
mi regocijo, su soñar mi ensueño;
mi cristalino
llanto, el que tiemble en los ajenos párpados;
y mis latidos,
los latidos de cuantos corazones

palpiten en los orbes infinitos».
Cada día que pase has de decirte:
«¡Hoy he nacido!»

Julio 12 de 1914

VII

¡OH SANTA POBREZA!

¡Oh santa pobreza,
dulce compañía,
timbre de nobleza,
cuna de hidalguía:
ven, entra en mi pieza,
tiempo ha no te vía!

Pero te aguardaba,
y austero pasaba
la existencia mía.

¡Oh santa pobreza,
crisol de amistades,
orto de verdades,
venero de alteza
y aguijón de vida:
ven, entra en mi pieza,
seas bien venida!

Callado y sereno
me hallarás, y lleno
del alto Ideal
que en los rubios días
de mis lozanías,
y ahora en mi ocaso,

aviva mi paso
por el erial.
¡Oh santa pobreza,
dulce compañía:
ven, entra en mi pieza,
tiempo ha no te vía!

Noviembre 23 de 1914

VIII

¡RENOMBRE!

¡RENOMBRE, renombre!, ¿qué quieres de mí?
¡Déjame en mi sombra, tu vuelo detén,
calla de tus trompas el son baladí...!
¡Si hicieses ruido se iría de aquí
Dios, único bien!

(Celoso es el numen, de veras celoso.
Muy más que el *virtuoso,*
que al interpretar
las obras sublimes de su repertorio
impone silencio tal a su auditorio
que se ofende casi de su respirar...).

¡Renombre, renombre, vete! Muchos quieren
que halagues su oído;
muchos que se mueren
de hambre y sed de elogios... Olvídame a mí,
con un gran olvido:
como si jamás hubiera existido.
Y no hagas ruido,
que estoy bien así.

Enero 15 de 1915

IX

EL DON

¡Oh vida! ¿Me reservas por ventura algún don?
(Atardece. En la torre suena ya la oración.)
¡Oh vida! ¿Me reservas por ventura algún don?

Plañe en las ramas secas el viento lastimero;
se desangra el crepúsculo en un vivo reguero...
¡Oh vida, dime cuál será ese don postrero!

¿Será un amor muy grande tu regalo mejor?
(¡Unos ojos azules, unos labios en flor!)
¡Oh, qué dicha, qué dicha si fuese un gran amor!

¿O será una gran paz: esa que necesita
mi pobre alma, tras tanto peregrinar con cuita?
¡Sí, tal vez una paz..., una paz infinita!

¿O más bien el enigma del camino en pos
se aclarará, encendiéndose como una estrella en los
hondos cielos, y entonces, ¡por fin!, hallaré a Dios?

¡Oh vida, que devanas aún esta porción
de mis días obscuros! Suena ya la oración;
cae la tarde... ¡Apresúrate a traerme tu don!

Febrero 2 de 1915

X

TODO YO

Todo yo soy un acto de fe.
Todo yo soy un fuego de amor.
En mi frente espaciosa lee,
mira bien en mis ojos de azor:

¡hallarás las dos letras de FE
y las cuatro, radiantes, de AMOR!

Si vacilas, si deja un porqué
en tu boca su acerbo amargor,
¡ven a mí, yo convenzo, yo *sé!*

Mi vida es mi argumento mejor.
Todo yo soy un acto de FE.
Todo yo soy un fuego de AMOR.

Febrero 9 de 1915

XI

LA GALERA SOMBRÍA

SI DESEAS QUE PRONTO de tus mares se aleje
la galera sombría que te trae las penas,
ten paciencia y aguarda: la paciencia es el eje
moral y el gran secreto de las almas serenas.

La paciencia hizo el mundo, lo rige la paciencia;
el arte es una larga paciencia (¿y el amor?).
La santidad más alta, la más profunda ciencia,
de una maravillosa paciencia son la flor.

Sé paciente y aguarda que fulgure tu día.
¿Sabes tú si las perlas de la santa alegría
con que sueñas anidan en las heces del vino?
Bebe, pues, todo el cáliz... No hay bonanza tardía,
ni existencia que acabe sin cumplir su destino.

Febrero 14 de 1915

XII

¡ENSÉÑAME EL CAMINO!

¡Qué tiempo tienes tú para estar triste,
si toda tu existencia es de los otros?
Jamás bajaste al fondo de ti misma,
e ignoras el océano
de claridad que llevas.
Espejo es tu alma, que, apacible, copia
la santidad remota de los astros.
Pero tú no lo sabes.
Tú, en un ardor de caridad perpetua
te derramas; tus penas
son las penas del mundo; en tus entrañas
de mujer llora y ríe
la Humanidad entera.
Cuando te extingas para siempre, acaso
ni siquiera sabrás la luz que diste.
«¡El cielo!»... ¡Y para qué, si tú lo llevas
dentro de ti! ¡Qué goce puede darse
a quien realiza en todos los minutos
la suprema ventura!
¡Qué visión beatífica
vais a ofrecer a quien es uno mismo
con Dios...!
¡Oh, mi hermanita, mi hermanita,
déjame contemplar tus tocas blancas,
que irradian un fulgor de nieve pura
entre la sombra de la estancia, donde
agoniza el enfermo a quien asistes,
y por quien amorosa te desvelas!
Déjame contemplar tus nobles canas,
tus arrugas, que son como celestes
surcos en donde el Sembrador divino
su simiente inmortal sembró...
Permite
que me mire en tus claros ojos dulces,
inocentes y castos, en que brilla

la promesa de transfiguraciones
cercanas... ¡Santifíqueme tu influjo!

Enséñame, hermanita,
enséñame el camino
para llegar a Dios....
¡Por la infinita
soledad yo le busco de continuo,
con un alma viril..., pero marchita,
que su riego divino
sobre todas las cosas necesita!

Enséñame, hermanita,
enséñame el camino.

Febrero 24 de 1915

XIII

FIDES

No te resignes antes de perder
definitiva, irrevocablemente,
la batalla que libras. Lucha erguido
y sin contar las enemigas huestes.
¡Mientras veas resquicios de esperanza,
no te rindas! La suerte
gusta de acumular los imposibles
para vencerlos en conjunto, siempre,
con el fatal y misterioso golpe
de su maza de Hércules.
¿Sabes tú si el instante
en que, ya fatigado, desesperes,
es justo aquel que a la definitiva
realización de tu ideal precede?
Quien alienta una fe tenaz el hado
más torvo compromete
en su favor. *El sino* a la fe solo

es vulnerable y resistir no puede.
La fe otorga el divino privilegio
de la *casualidad* a quien la tiene
en grado heroico.
Cuando las tinieblas
y los espectros y los trasgos lleguen
a inspirarte pavor, ¡cierra los ojos,
embraza tu fe toda, y arremete!
¡Verás cómo los monstruos más horribles,
al embestirlos tú, se desvanecen!
Cuanto se opone a los designios puros
del hombre, es irreal; tan solo tiene
la imaginaria vida
que le dan nuestro miedo y nuestra fiebre.
Dios quiso en su bondad que los obstáculos
para aguzar las armas nos sirviesen;
quiso que el imposible
estuviera no más para vencerle,
como está la barrera en los hipódromos,
a fin de que la salten los corceles.
Búrlate, pues, de cuanto en el camino
tu altivo impulso detener pretende.
¡No cedas ni a los hombres ni a los ángeles!
(Con un ángel luchó Jacob, inerme,
por el espacio entero de una noche,
y el ángel le bendijo, complaciéndose
en la suprema audacia del mancebo,
a quien llamó Israel, porque era *fuerte*
contra Dios...).
¡Ama mucho: el que ama embota
hasta los aguijones de la muerte!
¡Que tu fe trace un círculo de fuego
entre tu alma y los monstruos que la cerquen,
y si es mucho el horror de los fantasmas
que ves, cierra los ojos, y arremete!

Marzo 3 de 1915

XIV

AMABLE Y SILENCIOSO

Amable y silencioso ve por la vida, hijo.
Amable y silencioso como rayo de luna...
En tu faz, como flores inmateriales, deben
florecer las sonrisas.

Haz caridad a todos de esas sonrisas, hijo.
Un rostro siempre adusto es un día nublado,
es un paisaje lleno de hosquedad, es un libro
en idioma extranjero.

Amable y silencioso ve por la vida, hijo.
Escucha cuanto quieran decirte, y tu sonrisa
sea elogio, respuesta, objeción, comentario,
advertencia y misterio...

Marzo 5 de 1915

XV

EL MILAGRO

¡Señor, yo te bendigo, porque tengo esperanza!
Muy pronto mis tinieblas se enjoyarán de luz...
Hay un presentimiento de sol en lontananza;
¡me punzan mucho menos los clavos de mi cruz!

Mi frente, ayer marchita y obscura, se levanta
hoy, aguardando el místico beso del Ideal.
Mi corazón es nido celeste, donde canta
el ruiseñor de Alfeo su canción de cristal.

Dudé —¿por qué negarlo?—, y en las olas me hundía,
como Pedro, a medida que más hondo dudé.

Pero tú me tendiste la diestra, y sonreía
tu boca murmurando: «¡Hombre de poca fe!»

¡Qué mengua! Desconfiaba de ti, como si fuese
algo imposible el alma que espera en el Señor;
como si quien demanda luz y amor, no pudiese
recibirlos del Padre: fuente de luz y amor.

Mas hoy, Señor, me humillo, y en sus crisoles fragua
una fe de diamante mi excelsa voluntad.
La arena me dio flores, la roca me dio agua,
me dio el simún frescura, y el tiempo eternidad.

Marzo 10 de 1915

XVI

LA HONDURA INTERIOR

Desde que sé las cosas bellas,
los mil incógnitos veneros
de luz, las fuerzas misteriosas
que el hombre lleva en su interior,
¡ya no me importan las estrellas
ni los cometas agoreros
ni las arcanas nebulosas,
con su fosfóreo resplandor!

Ya no me importa del planeta
la claridad prestada y quieta;
ya no contemplo al taciturno
y melancólico Saturno,
con sus anillos y el cortejo
de diez satélites, errar
por la extensión como un dios triste
bajo la pompa que lo viste...

Ya no me encanta el oro viejo
de nuestra luna familiar.

¡Qué vale en suma todo eso!
(Materias cósmicas, exceso
de vano gas en combustión...)
¡Qué vale en suma, ante el abismo
vertiginoso de uno mismo
que nos espanta la razón!

¡A qué mirar constelaciones
en el profundo azul turquí!
¡A qué escrutar las extensiones!
¿Qué nos diréis, astros distantes,
inmensos orbes rutilantes?
¡El gran misterio no está allí!

En el silencio de mi pieza,
en tantas noches de tristeza,
en que la copa del vivir
hay que apurar hasta las heces,
¡oh, cuántas veces, cuántas veces
cerré los ojos sin dormir!

Y vi, sin ver, luces tan puras,
tanto fulgor, arquitecturas
de una tan vasta concepción,
enigma tal, tales honduras,
que ya no miro las alturas,
y está cerrado mi balcón.

¡Descansa en paz, anteojo mío,
en tu gran caja de nogal!
¡Ya no te asomes al vacío
con tu pupila de cristal!
¡Descansa en paz, anteojo mío,
en tu gran caja de nogal!

Marzo 8 de 1915

XVII

SE VA UNA TARDE MÁS...

Se va una tarde más... ¿Viviremos mañana?
¿Volveremos a veros, crepúsculos de gana?
¿Tornaremos a oírte, plañidera campana?

Se va una tarde más. Suena en la *Encarnación*,
incomparablemente mística, la oración.

Se bañan ya de sombra los muros del convento,
mientras que de la esquila solloza el ritmo lento.

Quizás en este instante, muchas monjas extáticas
con el divino Esposo mantienen dulces pláticas,
y gozan de sublimes caricias interiores...

En tanto que tú, presa de continuos dolores,
con tus anhelos libras la más porfiada lucha,
e inútilmente pides la paz al escondido
Señor que mora en tu alma; pero que no te escucha,
porque no lo mereces... ¡o porque está dormido!

¡Recuérdalo! Quién sabe si su *corazón vela*
para que no zozobre tu barca en la procela...
Sacúdelo con fuerza si prosigue durmiendo:
clama en su oreja misma con desusado brío.
Verás cómo a la postre despierta sonriendo,
te ampara entre sus brazos y murmura: «¡Hijo mío!».

Marzo 16 de 1915

XVIII

EN PAZ

Artifex vitae, artifex sui.

Muy cerca de mi ocaso, yo te bendigo, Vida,
porque nunca me diste ni esperanza fallida
ni trabajos injustos, ni pena inmerecida;

porque veo al final de mi rudo camino
que yo fui el arquitecto de mi propio destino;
que si extraje las mieles o la hiel de las cosas,
fue porque en ellas puse hiel o mieles sabrosas:
cuando planté rosales coseché siempre rosas.

...cierto, a mis lozanías va a seguir el invierno:
¡mas tú no me dijiste que mayo fuese eterno!

Hallé sin duda largas las noches de mis penas;
mas no me prometiste tú solo noches buenas;
y en cambio tuve algunas santamente serenas...

Amé, fui amado, el sol acarició mi faz.
¡Vida, nada me debes! ¡Vida, estamos en paz!

Marzo 20 de 1915

XIX

LA INJUSTICIA

¿Qué tienes? ¿Por qué tiemblas, tú que nunca
has sabido temblar? ¿Por qué te agitas,
tú, el de serenidad incomparable,
el de alma diamantina?

¿Por ventura se vuelca el océano
sobre los continentes? ¿Se desquicia
por ventura el planeta? ¿Por ventura
se extingue ya en la bóveda infinita
la majestad de las constelaciones?

—¡Más grave es la razón, amiga mía,
de mi miedo: hace apenas una hora
iba yo a cometer una injusticia...
y no hay conflagración ni cataclismo
que deba dar más pánico en la vida!

Mayo 3 de 1915

XX

EXPECTACIÓN

Siento que algo solemne va a llegar en mi vida.
¿Es acaso la muerte? ¿Por ventura el amor?
Palidece mi rostro; mi alma está conmovida,
y sacude mis miembros un sagrado temblor.

Siento que algo sublime va a encarnar en mi barro,
en el mísero barro de mi pobre existir.
Una chispa celeste brotará del guijarro,
y la púrpura augusta va el harapo a teñir.

Siento que algo solemne se aproxima, y me hallo
todo trémulo; mi alma de pavor llena está.
Que se cumpla el destino, que Dios dicte su fallo.
Mientras, yo, de rodillas, oro, espero y me callo,
para oír la palabra que el *abismo* dirá.

Mayo 6 de 1915

XXI

TANTO AMOR

HAY TANTO AMOR en mi alma que no queda
ni el rincón más estrecho para el odio.
¿Dónde quieres que ponga los rencores
que tus vilezas engendrar podrían?
Impasible no soy: todo lo siento,
lo sufro todo... Pero como el niño
a quien hacen llorar, en cuanto mira
un juguete delante de sus ojos
se consuela, sonríe,
y las ávidas manos
tiende hacia él sin recordar la pena,
así yo, ante el divino panorama
de mi ideal, ante lo inenarrable
de mi amor infinito,
no siento ni el maligno alfilerazo
ni la cruel y afilada
ironía, ni escucho la sarcástica
risa. Todo lo olvido,
porque soy solo corazón, soy ojos
no más, para asomarme a la ventana
y ver pasar el inefable Ensueño,
vestido de violeta,
y con toda la luz de la mañana,
de sus ojos divinos en la quieta
limpidez de fontana...

Mayo 16 de 1915

XXII

TÚ

Señor, Señor, Tú antes, Tú después, Tú en la inmensa
hondura del vacío y en la hondura interior:
Tú en la aurora que canta y en la noche que piensa;
Tú en la flor de los cardos y en los cardos sin flor.

Tú en el cenit a un tiempo y en el nadir; Tú en todas
las transfiguraciones y en todo el padecer;
Tú en la capilla fúnebre y en la noche de bodas;
Tú en el beso primero y en el beso postrer.

Tú en los ojos azules y en los ojos obscuros;
Tú en la frivolidad quinceañera, y también
en las graves ternezas de los años maduros;
Tú en la más negra sima, Tú en el más alto edén.

Si la ciencia engreída no te ve, yo te veo;
si sus labios te niegan, yo te proclamaré.
Por cada hombre que duda, mi alma grita: «Yo cree».
¡Y con cada fe muerta se agiganta mi fe!

Junio 8 de 1915

XXIII

EL CASTAÑO NO SABE

El castaño no sabe que se llama castaño;
mas al aproximarse la madurez del año
nos da su noble fruto de perfume otoñal;
y Canopo no sabe que Canopo se llama;
pero su orbe coloso nos envía su llama,
y es de los universos el eje sideral.

Nadie mira la rosa que nació en el desierto;
mas ella, ufana, erguida, muestra el cáliz abierto,
cual si mandara un ósculo perenne a la extensión.
Nadie sembró la espiga del borde del camino,
ni nadie la recoge; mas ella, con divino
silencio, dará granos al hambriento gorrión.

¡Cuántos versos, oh cuántos, pensé que nunca he escrito,
llenos de ansias celestes y de amor infinito,
que carecen de nombre, que ninguno leerá;
pero que, como el árbol, la espiga, el sol, la rosa,
cumplieron ya, prestando su expresión armoniosa
a la *inefable esencia*, que es, ha sido y será!

Junio 23 de 1915

XXIV

SUBSTITUCIÓN

¡Cómo han envejecido
tus manos!
¡Tus afiladas manos
de palidez ascética!

Tu rostro es todavía
joven, y tu cabeza
altiva aún no se ciñe
su corona de plata.

Tus ojos claros saben
penetrar en la hondura
del alma que se esquiva;
como dos estiletes
luminosos de acero,
penetran en las carnes.

Tu frente muestra arrugas;
pero son como surcos
que aró tu pensamiento,
para sembrar las flores
de la meditación.

Solo tus pobres manos,
sarmentosas y exangües,
dicen toda la lucha
de tu vivir potente;
hablan de los combates
continuos en que, al cabo,
venciste al enemigo
cruel que hay en nosotros:
al ansia sibarítica,
que pide siempre goces,
a la ley del pecado
que anida en las entrañas.

Tu rostro nunca supo
gesticular... Inmóvil
y claro como espejo,
devolvía a la vida
sus imágenes vanas,
imperturbable siempre.

Leíase en tus ojos
la paz de la conciencia,
conquistada por fin;
el perfecto equilibrio
entre tu alma y el mundo...

¡Pero tus pobres manos
sabían la verdad!
Ellas gesticulaban
en lugar de tu rostro,

porque no se amenguase
la majestad augusta
de tu expresión serena...

No hay un dolor que en ellas
no haya quedado impreso.
Son libros de diez páginas,
rugosas y amarillas,
cada una de las cuales
narra muchas historias,
cuenta muchos martirios.

¡Oh bien nutridas hojas!
¡Oh poema conciso,
lleno de intimidades
misteriosas y excelsas!
¡Pobres manos sagradas,
fáciles al augurio,
claras al quiromante!

¡Nobles manos verídicas,
llenas de ingenuidad,
que revelan tu diáfana
y pródiga faena!

¡Quiero besar tus manos!
Quiero poner tu diestra
sobre mi corazón.
Quiero apoyar su palma
fría sobre mi frente:
quizá me reconforte
con su influjo potente;
quizá por siempre corte
la fiebre de mi alma.

Junio 1915

XXV

TÚ FILOSOFA...

Alii disputent, ego mirabor
San Agustín

Tú filosofa, mientras yo sueño,
cerebro mío... Filosofa mientras.
Yo, con mi adoración, donde no entras
entraré: más que el tuyo es fiel mi empeño.

Con el farol de tu filosofía
no hallarás nunca a Dios, ¡oh mente esclava!,
sino con el amor: ¡quien más le amaba
—San Francisco de Asís— más le veía!

Cinco mil años hace, por lo menos,
que los doctos, metafisiqueando,
la explicación del ser andan buscando:
¡magines vacuos, de palabras llenos!

Y mientras van, cómicamente serios,
devanando su enredo silogístico,
un éxtasis le basta a cualquier místico
para sondar los más altos misterios.

El filósofo de hoy, inconsecuente,
ríe de los de ayer: ¡él solo sabe!
Y dentro de muy poco, en cuanto acabe
el divagar inútil de su mente.

Otro reirá también de sus premisas
y de sus conclusiones; y así estamos
perdiendo el oro del vivir, y vamos
de las risas de ayer a nuevas risas.

Mientras que el «despreciable» iluminado
no pierde el tiempo en discutir, ni duda:

¡ve cara a cara la Verdad desnuda,
y se funde con Dios porque le ha hallado!

Julio 8 de 1915

XXVI

DOS SIRENAS

Dos sirenas que cantan: el Amor y el Dinero.
Mas tú sé como Ulises, previsor y sagaz:
tapa bien las orejas a piloto y remero,
y que te aten al mástil de tu barco ligero;
que, si salvas la sirte, ¡tu gran premio es la paz!

Es engaño el Dinero y el Amor es engaño:
cuando juzgas tenerlos, una transmutación
al Amor trueca en tedio; trueca al oro en estaño...
El Amor es bostezo y el placer hace daño.
(Esto ya lo sabías, ¡oh buen rey Salomón!)

Pero el hombre insensato por el oro delira,
y de Amor vanamente sigue el vuelo fugaz...
Solo el sabio, el asceta, con desprecio los mira.
Es mentira el Dinero y el Amor es mentira:
si los vences, conquistas el bien sumo: ¡la Paz!

Julio 9 de 1915

XXVII

DICE EL CARITATIVO

Dice el caritativo: «Que aumenten mis denarios,
¡oh, Padre! Quiero irlos derramando al pasar.

La mies de pena es mucha; *pocos los operarios*,
y el corazón del hombre muy duro para dar...

»En vez de ser el rico del pobre tesorero
—como Tú lo querías—, ajeno a la piedad,
con anodinos próceres reparte su dinero,
da de comer al harto... ¡Ceba la vanidad!

»¡Enciende, ¡oh Padre!, tantos corazones de hielo,
y enseña al opulento que Tú en el pobre estás;
que es dar la dicha máxima; la caridad un vuelo
sublime, y que las rosas extáticas del cielo
florecen en ¡las almas que se difunden más!»

Julio 24 de 1915

XXVIII

SI UNA ESPINA ME HIERE...

Si una espina me hiere, me aparto de la espina,
pero no la aborrezco.

Cuando la mezquindad
envidiosa en mí clava los dardos de su inquina,
esquívase en silencio mi planta, y se encamina
hacia más puro ambiente de amor y caridad.

¿Rencores? ¡De qué sirven! ¡Qué logran los rencores!
Ni restañan heridas, ni corrigen el mal.
Mi rosal tiene apenas tiempo para dar flores,
y no prodiga savias en pinchos punzadores:
si pasa mi enemigo cerca de mi rosal,

se llevará las rosas de más sutil esencia;
y si notare en ellas algún rojo vivaz,
¡será el de aquella sangre que su malevolencia

de ayer vertió, al herirme con encono y violencia,
y que el rosal devuelve, trocada en flor de paz!

Julio 13 de 1915

XXIX

SÉ COMO LA MONTAÑA

Sé como la montaña, que mira al sol primero
que el valle. ¿Por ventura con la Poesía, el don
no se te dio más alto, más noble y verdadero,
la ventana escondida por donde el prisionero
yo se asoma al arcano del mundo: la Intuición?

Sé también como torre, que platea la luna
antes que el caserío, y sé como fanal
que atalaya el océano más que mirada alguna.
Empina bien tu ensueño, para que a su oportuna
luz divises más pronto tu lejano Ideal.

Julio 26 de 1915

XXX

ÉXTASIS

Cada rosa gentil ayer nacida,
cada aurora que apunta entre sonrojos,
dejan mi alma en el éxtasis sumida...
¡Nunca se cansan de mirar mis ojos
el perpetuo milagro de la vida!

Años ha que contemplo las estrellas
en las diáfanas noches españolas
y las encuentro cada vez más bellas.

¡Años ha que en el mar, conmigo a solas,
de las olas escucho las querellas,
y aún me pasma el prodigio de las olas!

Cada vez hallo a la Naturaleza
más sobrenatural, más pura y santa.
Para mí, en rededor, todo es belleza;
y con la misma plenitud me encanta
la boca de la madre cuando reza
que la boca del niño cuando canta.

Quiero ser inmortal, con sed intensa,
porque es maravilloso el panorama
con que nos brinda la creación inmensa;
porque cada lucero me reclama,
diciéndome al brillar: «¡Aquí se piensa
también, aquí se lucha, aquí se ama!».

Agosto 9 de 1915

XXXI

COMO EL VENERO

Recibe el don del cielo, y nunca pidas
nada a los hombres; pero da si puedes;
da sonriendo y con amor; no midas
jamás la magnitud de tus mercedes.

Nada te debe aquel a quien le diste;
por eso tú su gratitud esquiva.
Él fue quien te hizo el bien, ya que pudiste
ejercer la mejor prerrogativa,
que es el dar, y que a pocos Dios depara.

Da, pues, como el venero cristalino,
que siempre brinda más del agua clara
que le pide el sediento peregrino.

Agosto 16 de 1915

XXXII

MI FILOSOFÍA

Yo te destilo mi filosofía,
porque así la comprendas, niña mía,
con ella tus anhelos atemperes,
y, contemplando en paz la lejanía
de tu seguro edén, ames y esperes.

Cada vez que te quejas de impotencia,
cada vez que resurge tu impaciencia
por no asir el ensueño, aún lejano,
yo te predico amor, que la existencia
nunca a los buenos les promete en vano.

Que las flores que ansías para ahora
secretan ya su miel embriagadora,
y a su tiempo han de abrir el rojo broche;
que el bien que no llegó para la aurora,
sin duda llegará para la noche.

Por el imán de tu querer traído,
y siempre será bien, y bien venido;
pues con una opulencia milagrosa,
ha de pagarte todo lo sufrido.
La rosa que más tarde ha florecido,
dice Aubigné que es la más bella rosa...

Agosto 21 de 1915

XXXIII

CONTIGO

Espíritu que no hallas tu camino,
que hender quieres el cielo cristalino
y no sabes qué rumbo
has de seguir, y vas de tumbo en tumbo,
llevado por la fuerza del destino:

¡Detente! Pliega el ala voladora:
¡buscas la luz, y en ti llevas la aurora;
recorres un abismo y otro abismo
para encontrar al Dios que te enamora,
y a ese Dios tú lo llevas en ti mismo!

¡Y el agitado corazón, latiendo,
en cada golpe te lo está diciendo,
y un misterioso instinto,
de tu alma en el obscuro laberinto,
te lo va noche a noche repitiendo!

¡Mas tú sigues buscando lo que tienes!
Dios en ti, de tus ansias es testigo,
y, mientras pesaroso vas y vienes,
como el duende del cuento, Él va contigo.

Septiembre 7 de 1915

XXXIV

CORAZÓN

Corazón, sé una puerta cerrada para el odio:
de par en par abierta siempre para el amor.
Sé lámpara de ensueños celestes, y custodio
de cuanto noble germen nos prometa una flor.

Corazón, ama a todos, late por todo anhelo
santo, tiembla con todo divino presentir;
da sangre a cuanto impulso pretenda alzar el vuelo;
calor a todo intento de pensar y vivir.

Sé crátera de vino generoso, que mueva
a los grandes propósitos. Sé vaso de elección,
en donde toda boca sedienta la fe beba.
Sé roja eucaristía de toda comunión,
corazón.

Septiembre 8 de 1915

XXXV

CALLEMOS...

¡Cuánto, cuánto se habla
sin ton ni son; qué declamar perpetuo
de retóricas nulas!
¿No es mejor por ventura el silencio?

Que el *espíritu* selle nuestra boca
con sus siete sellos,
y florezcan en paz nuestros enigmas...
¡Callemos, callemos!

¡Oh la estéril balumba...! ¡Y ser la *vida*
tan honda como es! ¡Ser el misterio
tan insondable!
Triste afán de ruido que mancilla lo *eterno*
que palpita en nosotros...
¡Callemos, callemos!

Los ángeles vendrán a reposarse
en las ramas del árbol mudo y quieto,
como divinos pájaros de nieve.
¡Hay tantas cosas que callar con ellos!

Debe callarse todo lo sublime,
todo lo excelso.
Hasta los nombres que a las cosas damos
empañan el espejo
del *ser*, en que se mira
el *arquetipo*, trémulo
de *luz*, de santidad y de pureza,
¡Callemos, callemos!

En el callar hay posibilidades
sin límite, hay portentos
celestes, hay estrellas, más estrellas
que en todo el firmamento.

El alma y Dios se besan, se confunden,
y son una sola alma en el inmenso
mar del éxtasis, manso, inalterable...
¡Callemos, callemos!

Octubre 10 de 1915

XXXVI

ARMONÍA

Nous ne voyons jamais
qu'un seul côté des choses.
V. H.

Así como nos muestra solo una faz la luna,
de la propia manera no vemos más que una
sola faz de las cosas, como pensó el poeta.
La otra está en la sombra... Y por ser incompleta
la visión, ve asperezas en donde hay armonía,
y noche en el nublado que disimula el día.

San Agustín nos dijo que el mundo es un dechado
visto al revés: encima, Dios borda; al otro lado,
multicolores hebras con su red caprichosa
despistan nuestros juicios... ¡Oh labor misteriosa
del bordador divino: ya todos te veremos,
cuando en nuestra ascensión milenaria lleguemos
al vértice del ángulo final, de cuyo punto
se abarca la sublime plenitud del conjunto!

Entretanto, poeta, no murmures. Tu verso
sea uncioso, cual salmo de amor al universo.
Quien trazó el plan del Cosmos, no puede a la razón
naciente de los hombres dar una explicación
que convenza: su lógica no es la tuya de hormiga.

No juzgues, pues: adórale y deja que prosiga
sus intentos arcanos, su labor portentosa.
Que rice en espirales de luz la nebulosa;
que prenda sus translúcidas caudas a los cometas;
que plasme entre sus manos de titán los planetas;
que encienda las divinas antorchas estelares;
que empine las montañas y que ahonde los mares...

Octubre 19 de 1915

XXXVII

NO TODOS...

No todos los muertos contemplan a Dios.
¿Tú piensas que basta morir para ver
ese gran misterio del que vas en pos?
¿Que el velo de Isis habrás de romper?
¡Iluso creer!
¡No todos los muertos contemplan a Dios!

En cambio, las almas austeras y grandes,
en vida —si saben «subir»— le verán,
como ven el alba florecer los Andes,
¡cuando aún los llanos en la noche están!

Octubre 27 de 1915

XXXVIII

¡OH DOLOR!

¡Oh dolor, buen amigo, buen maestro de escuela,
gran artífice de almas, incomparable espuela
para el corcel rebelde..., hiere, hiere hasta el fin!
¡A ver si de este modo,
con un poco de lodo,
forjas un serafín!

Noviembre 6 de 1915

XXXIX

¡OH MUERTE!

Morir es un verdadero acto filosófico.

Novalis

¡Oh muerte! Tú eres madre de la filosofía.
Tú ennobleces la vida con un ¡*quién sabe*! y das
sabor a nuestras horas con tu melancolía.
En todo lo que es grande —dolor, amor— tú estás.

Arco triunfal de mármol negro, por donde pasa,
dignificada, el alma que sin cesar luchó,
cual héroe taciturno; regalo, abrigo, casa,
de quien desnudo y solo la dura tierra holló…

Tú avaloras las vidas más vacuas y vulgares:
Sancho Panza agoniza, y hay en él majestad.
Tú perfilas los rostros con líneas singulares,
¡mirífica escultora de la Serenidad!

Es tuyo todo el oro del silencio. (La plata
de la elocuencia dejas para el necio vivir.)
Más dice tu mutismo que nuestra catarata
verbal de milenarios, en su vano fluir.

La puerta de la estancia cierra tu mano pálida,
y ya no vemos nada, ya no sabemos más.
¿Se metamorfosea detrás de una crisálida?
¿Qué alquimia portentosa se realiza detrás?

¡Oh muerte!, creadora del misterio: tú hiciste
que la inquietud volase por vez primera en pos
del Ideal. Mirando tu faz augusta y triste,
el hombre alzó los ojos y se encontró con Dios.

Noviembre 1915

XL

EL VASO

Pobre amigo, ya pronto se vaciará tu vaso.
No pienses que fue un vaso más grande que los otros.
Hay en el mundo tanto dolor, que toca mucho
a cada alma; la tuya recibió su porción
bien servida...; mas, ¡ay!, cuántas almas mejores
padecieron la dura preferencia de Cristo,
que solo a los más grandes concede el privilegio
de los grandes dolores.

Pero vacío el cáliz, ya no es dulce ni amargo.
El paladar no tiene memoria de sabores,
y al salir del letargo,

¡quién piensa en lo bebido!
—¿Morir es por ventura como no haber vivido?
—¡Morir es un olvido
de todas las espinas..., recordando las flores!

Noviembre 25 de 1915

XLI

SICUT NAVES...

Ships that pass in the night...

Longfellow

Los hombres son *cual naves que pasan en la noche...*
¡Adónde van, adónde!
¡Qué negro está en redor
el mar! Chocan las olas con el casco, y producen
un plañido monótono... Hace frío. Los astros
se recatan; el viento su látigo implacable
chasquea entre las sombras.
El pobre nauta tiembla de miedo. Las heladas
garras de un gran enigma su corazón oprimen;
sus esperanzas gimen
solas y abandonadas,
uniendo a los plañidos del agua su reproche.
En redor, ¡cuántas cosas hostiles e ignoradas!
Los hombres son *cual naves que pasan en la noche...*

Pero de pronto el nauta mira al cielo: ¿es de un astro
ese rayito pálido que desgarró la nube?
¡Fue la visión tan breve!... Mas un sutil instinto,
un no sé qué, en lo hondo del conturbado espíritu,
le dice: «No estás solo. La noche es un engaño.
Dios hizo las tinieblas para obligar al triste
a que cierre los ojos y mire en su interior
la verdad escondida.

Si los ojos abiertos son para ver la vida,
con los ojos cerrados es como ve el amor.

La rosa del arcano tiene invisible broche,
pero tenaz perfume, que denuncia el camino.
Los hombres son *cual naves que pasan en la noche:*
¡mas en el alma llevan un timonel divino!».

Diciembre 17 de 1915

XLII

YA NO TENGO IMPACIENCIA...

Ya no tengo impaciencia, porque no aguardo nada...
Ven, Fortuna, o no vengas; que tu máquina alada
llegue al toque del alba, llegue al toque de queda;
con el brote abrileño, con la hoja que rueda...
Ya no tengo impaciencia, porque no aguardo nada.

Al fulgor de las tardes, del balcón anchuroso
de mi estancia tranquila, con un libro en la mano,
yo contemplo el paisaje, siempre austero y hermoso;
y mi espíritu plácido, con fervor religioso,
tiende amante las alas de oro en pos del Arcano.

Nadie turba las aguas deste lago dormido
de mi ser, deste lago de caudal puro y terso.
No hay afán que me inquiete; nada quiero ni pido,
¡y del cáliz de mi alma, cual aroma elegido,
brota cándido, undoso y apacible, mi verso!

Diciembre 1915

XLIII

ME MARCHARÉ...

Me marcharé, Señor, alegre o triste;
mas resignado, cuando al fin me hieras.
Si vine al mundo porque tú quisiste,
¿no he de partir sumiso cuando quieras?

Un torcedor tan solo me acongoja,
y es haber preguntado el pensamiento
sus porqués a la Vida... ¡Mas la hoja
quiere saber dónde la lleva el viento!

Hoy, empero, ya no pregunto nada:
cerré los ojos, y mientras el plazo
llega en que se termine la jornada,
mi inquietud se adormece en la almohada
de la resignación, en tu regazo.

Diciembre 22 de 1915

XLIV

¡OH CRISTO!

Ya no hay dolor humano que no sea mi dolor;
ya ningunos ojos lloran, ya ningún alma se angustia
sin que yo me angustie y llore;
ya mi corazón es lámpara fiel de todas las vigilias,
¡oh Cristo!

En vano busco en los hondos escondrijos de mi ser
para encontrar algún odio: nadie puede herirme ya
sino de piedad y amor. Todos son yo, yo soy todos,
¡oh Cristo!

¡Qué importan males o bienes! Para mí todos son bienes.
El rosal no tiene espinas: para mí solo da rosas.
¿Rosas de Pasión? ¡Qué importa! Rosas de celeste esencia,
purpúreas como la sangre que vertiste por nosotros,
¡oh Cristo!

Enero 6 1916

XLV

PECAR...

En la armonía eterna, pecar es disonancia;
pecar proyecta sombras en la blancura astral.
El justo es una música y un verso, una fragancia
y un cristal.

En la madeja santa de luz de los destinos,
pecar es negro nudo, tosco nudo aislador.
Pecar es una piedra tirada en los caminos
del amor...

Pecar es red de acero para el plumaje ingrávido;
membrana en la pupila que quiere contemplar
el ideal; parálisis en el ensueño, ávido
de volar.

¡Oh mi alma, ya no empañes tu pura esencia ignota;
no te rezagues de la bandada, que veloz
traza una gran V trémula en la extensión remota!
¡Oh mi alma, une al gran coro de los mundos la nota
de tu voz!...

Enero 15 de 1916

XLVI

SI TÚ ME DICES «¡VEN!»

SI TÚ ME DICES: «¡Ven!», lo dejo todo...
No volveré siquiera la mirada
para mirar a la mujer amada...
Pero dímelo fuerte, de tal modo
que tu voz, como toque de llamada,
vibre hasta en el más íntimo recodo
del ser, levante el alma de su lodo
y hiera el corazón como una espada.

Si tú me dices: «¡Ven!», todo lo dejo.
Llegaré a tu santuario casi viejo,
y al fulgor de la luz crepuscular;
mas he de compensarte mi retardo,
difundiéndome, ¡oh Cristo!, ¡como un nardo
de perfume sutil, ante tu altar!

Enero 20 de 1916

XLVII

LA MEJOR POESÍA

Silence is deep as Eternity,
speech is shallow as Time.
CARLYLE

NO ESCRIBIRÉ más versos, ¡oh misteriosos númenes!
no imprimiré más vanos y sonoros volúmenes
—el poeta decía—.
De hoy más, sea el silencio mi mejor poesía.
De hoy más, el ritmo noble de mis actos diversos
sea, celestes númenes, el ritmo de mis versos.
De hoy más, estos mis ojos, de mirar claro y puro,
cerca de cuya lumbre todo verso es obscuro,

traduzcan lo inefable de mis ansias supremas
mejor que las estrofas de los hondos poemas...

Y lo que su silencio no supiere expresar,
leedlo en las estrellas, las montañas, el mar;
en la voz temblorosa de una amante mujer
(siempre y cuando su enigma sutil sepáis leer);
en las brisas discretas, en el trueno salvaje,
y en la nube andariega que siempre va de viaje.

¡Oh diáfano hilo de agua: lo que yo callo di!
¡Oh rosa milagrosa: haz tú versos por mí!

Febrero 4 de 1916

XLVIII

MÚSICA

Dijo el poeta al numen: «Ya que inspirarme quieres,
inspírame algo nuevo
que jamás por los hombres haya sido pensado...
»Ancho es el Cosmos, numen; tan ancho, tan profundo,
que ni siquiera logra la razón asignarle
un límite... Y en este semillero de soles,
de mundos, de cometas, de nebulosas tenues
como mantos de hadas,
como la tela misma del ensueño, ¿no puedes
tú, invisible potencia, mente sutil y pura,
cosechar el gran lirio
de un pensamiento nunca por los hombres pensado?

»Tiende las alas, numen,
las alas impalpables.
Boga como un gran soplo sobre el mar de las causas.
Contempla los jardines místicos que florecen
en lejanos planetas;
escucha al ave de oro que derrama sus trinos

en los bosques de Venus,
al borde de los anchos canales del rojizo
Marte o en los milagrosos anillos de Saturno.
Salva nuestro sistema, y al *alfa* del *centauro*,
sol duplo y el más próximo
de nuestro sol, acércate.
Llega a Sirio si puedes: ígneo coloso azul,
cuyo «punto de vista» preocupaba a Renan...
Escucha a los filósofos
que en algún manso valle de algún remoto mundo
departen de las cosas arcanas y esenciales.

»Y cuando vuelvas, todo salpicado del trémulo
y diamantino polvo de las constelaciones,
numen, dime al oído tu hallazgo prodigioso,
a fin de que, expresándolo, me torne yo inmortal».

Y el numen le responde: «¡La idea que codicias
existe, y yo te diera sus divinas primicias;
pero tú no eres músico, y ella es toda orquestal!
»Solo las claves, solo las pautas y las notas
revelarán al mundo sus bellezas ignotas.
Platón oyó a los orbes su concierto ideal,
y Beethoven, a veces, lo escuchó en el mutismo
nocturno. Todo es música: los astros, el abismo,
las almas... ¡y Dios mismo
es un Dios musical!».

Febrero 16 de 1916

XLIX

SI ERES BUENO

SI ERES BUENO, sabrás todas las cosas,
sin libros; y no habrá para tu espíritu
nada ilógico, nada injusto, nada
negro, en la vastedad del universo.

El problema insoluble de los fines
y las causas primeras,
que ha fatigado a la Filosofía,
será para ti diáfano y sencillo.

El mundo adquirirá para tu mente
una divina transparencia, un claro
sentido, y todo tú serás envuelto
en una inmensa paz...

Marzo 6 de 1916

L

DIOS TE LIBRE, POETA

DIOS TE LIBRE, poeta,
de verter en el cáliz de tu hermano
la más pequeña gota de amargura.
Dios te libre, poeta,
de interceptar siquiera con tu mano
la luz que el sol regale a una criatura.

Dios te libre, poeta,
de escribir una estrofa que contriste;
de turbar con tu ceño
y tu lógica triste
la lógica divina de un ensueño;
de obstruir el sendero, la vereda
que recorra la más humilde planta;
de quebrantar la pobre hoja que rueda;
de entorpecer, ni con el más suave
de los pesos, el ímpetu de un ave
o de un bello ideal que se levanta.

Ten para todo júbilo la santa
sonrisa acogedora que lo aprueba;

pon una nota nueva
en toda voz que canta,
y resta, por lo menos,
un mínimo aguijón a cada prueba
que torture a los malos y a los buenos.

Marzo de 1916

LI

UNA Y OTRA

¡Tan misteriosa es la vida
como la muerte del poeta!
Esta inmersión del espíritu
en la materia
(o en lo que así llamamos), estos grillos,
esta ceguera;
este gran desfilar de las cosas,
y la inconsistencia
de todo lo que amamos;
este adiós sin remedio que nos da cuanto alienta,
¿no son acaso un enigma,
y un gran enigma, poeta?

Este rodar de los años,
este arder de las estrellas,
esta ley inexorable del número y el espacio
que al cosmos liga y sujeta,
¿no son más inexplicables,
si bien se piensa,
que el persistir de tu yo,
que la simple vida etérea
y sutil de nuestras almas,
su vibración que no cesa,
en los planos invisibles
de la *realidad eterna*?

¡Tan misteriosa es la vida
como la muerte, poeta!

Marzo 5 de 1916

LII

EL DOLOR VENCIDO

Dolor, pues no me puedes
quitar a Dios, ¡qué resta a tu eficacia!
¡Dónde está tu aguijón!
Huyen las horas,
y entre sus alas lleva cada una
cierta porción de tu energía negra.

¡Oh dolor, tú también eres esclavo
del tiempo; tu potencia
se va con los instantes desgranando:
mientras que el Dios que en mi interior anida,
más y más agigántase, a medida
que más le voy amando!

Marzo 15 de 1916

LIII

BENEDICTUS

Dios os bendiga a todos
los que me hicisteis bien.

Dios os bendiga a todos
los que me hicisteis mal, y que a vosotros,
los que me hicisteis mal, Dios os bendiga

más y mejor que a los que bien me hicieron;
porque estos, ciertamente,
no han menester de bendición ninguna,
ya que su bien en sí mismo llevaba
toda la plenitud y todo el premio.

¡Vosotros, sí, los de mi mal autores,
necesitáis la bendición del Padre
que hace nacer el Sol para que alumbre
por igual a los malos y a los buenos!
Que se derrame, pues, en vuestras almas
la más potente de las bendiciones
divinas, y os dé el don por excelencia:
el don de comprender...

Marzo 28 de 1916

LIV

SOLEDAD

Soledad, yo he sorbido todos tus éxtasis
y toda la rudeza del cáliz tuyo,
que los fuertes tan solo beber osaron.

El hombre a quien tu piedra de toque prueba,
o siente que zozobran en la locura
sus débiles potencias, o que su espíritu
adquiere la suprema prerrogativa
de estar en paz, ajeno por siempre a todo
tedio, a toda tristeza y a todo beso
mordente y despiadado de neurastenias.

Soledad, yo conozco tus amarguras
también: ¡tus amarguras, en cuyo fondo
hay siempre inesperadas gotas de miel!

Soledad, yo he bebido todos tus goces.
Soledad muda y sabia, tú a Dios conoces:
¡llévame a Él!

Abril 9 de 1916

LV

HASTA LA MÉDULA

¡Te amo hasta la médula de mis huesos, Dios mío!
¿Por qué tu faz me ocultas con persistente y honda
lobreguez? No permitas, Señor, que se me esconda;
¡sin ella mi pobre alma se me muere de hastío!

Te amo hasta la médula de mis huesos, y fío
al poderoso instinto con que ese amor ahonda
en la noche, tu encuentro; y a fin de que responda
tu voz, con mis clamores voy poblando el vacío.

Tengo la enfermedad sutil de lo absoluto:
por eso ni la fama, ni el amor que conquisto,
colman mis danaidescas ansias; y tal escruto

los abismos recónditos, que habré de hallarte...
Mientras,
pregunto a cada estrella fugaz dónde te encuentras;
y a cada errante y pálido cometa, si te ha visto.

Abril 18 de 1916

LVI

DE TI PODRÁ DECIRSE...

De ti podrá decirse:
Tuvo un incandescente
anhelo, una gran ansia
de santidad. Quería
llegar a la excelencia
cristiana *ser perfecto*
como el Padre Celeste
es perfecto; soñaba
con devolver caricias
a quien clavó el colmillo
de sus malevolencias
en él, hasta cebarse.
Amaba a Dios, acaso
como pocos le aman
(Dios, que lo ve, lo sabe).
Mas fue tal su miseria,
su endeblez para el vuelo
divino, que las pobres
alas lo traicionaron.
Y se quedó en el fondo
de su charca... Miraba
pasar aves y nubes,
con blando volar quedo,
y le decían: «¿Subes?»,
y él gemía: «¡No puedo!».

Abril 23 de 1916

LVII

INACCESIBLE

Dios es inaccesible al instrumento
científico, al crisol, a la retorta...
Pero es siempre accesible para el alma.

Nunca despejarán su inmenso enigma
la suficiencia y el orgullo humanos,
cual si fuese ecuación. El telescopio
no habrá de sorprenderle entre los orbes,
ni la lente del ultramicroscopio
le encontrará en las células.

Él dio su ley al universo, y calla,
recatando su faz en lo absoluto.
Pero que el triste y conturbado espíritu
le busque como el sumum de los bienes,
y allá en lo más profundo de sí mismo,
la voz maravillosa del *abismo*
le dirá con amor: *¡Aquí me tienes!*

Mayo 7 de 1916

LVIII

LA LECCIÓN

Ya te acercas al final;
tu lección está aprendida
y tu gema fue pulida
y dio rosas tu rosal.
Una esfera de cristal
es, por su unidad, tu vida.

Ya pasó la turbulencia
de tu atolondrado día.
Hay una melancolía
mansa y grave en tu existencia,
y cobra una transparencia
celeste tu poesía.

Goza, pues, tu atardecer,
con sosiego, sin temor.

Dile a tu amigo el dolor:
«¡Anda en paz, sombra de ayer!»
Y vuelve a Dios el amor
que pusiste en la mujer.

En Él está el embeleso
de la rubia y la morena;
en Él está la urna llena
de los deleites del beso;
Él es la fuente serena
e inmortal de todo eso...

De todo eso que encanta
nuestra peregrinación;
de cuanta noble ilusión
nos reconforta, de cuanta
mental transfiguración
al éxtasis nos levanta.

Este mundo Él lo pensó.
Él, saliendo de sí mismo,
la identidad del *abismo*
con formas diferenció.
Él la gran malla tejió
del espacio y del guarismo.

Y aunque es el *Dios escondido*
tras persistente capuz,
hay dos escalas de luz
que Él al alma le ha tendido:
la oración... y aquel gemido
intercesor de la *cruz*.

No hay grito al que no responda
ni angustia que le hable en vano.
Echa, espíritu, la sonda
de tu amor en este arcano
del *divino amor*: ¡cuán honda
su vastedad de océano!

¡Cuán bella su plenitud,
que ningún alma es capaz
de medir! ¡Cuán eficaz
contra el dolor su virtud!
¡Cuán inmensa su quietud!
¡Cuán misteriosa su paz!

Ya te acercas al final;
tu lección está aprendida
y tu gema fue pulida
y dio rosas tu rosal.
Una esfera de cristal
es, por su unidad, tu vida.

Mayo 31 de 1916

LIX

¿QUÉ ESTÁS HACIENDO, ROSA?...

¿QUÉ ESTÁS HACIENDO, ROSA?
—Estoy en éxtasis.
—Agua, ¿qué estás haciendo?
—Aparta, aparta:
no perturbes mi espejo con tu imagen...
Estoy copiando un ala.
Estoy copiando un ala peregrina,
¡blanca, muy blanca!

—Inmóviles follajes de los olmos,
¿por qué están silenciosas vuestras arpas?
Se dijera que, en vez de dar conciertos,
los escucháis.
—¡Por Dios, aguarda, aguarda!
Que estamos aprendiendo melodías
misteriosas, que pasan
en la inquietud augusta de estas noches

estivales; son almas
que revuelan cantando...
¡Si tú escuchar pudieras lo que cantan,
ya no más a las músicas terrestres
les pedirías nada!

Junio 15 de 1916

LX

EL PUENTE

Dime, ¿has estado en éxtasis alguna vez? ¿Sentiste
uno de esos instantes en que el pensar no existe
porque —lo dijo Wordsworth— «expiró en la alegría»,
en que mueren las dudas, en que se explica todo:
la excelencia del astro, la ignominia del lodo,
y el mundo es como un símbolo de sutil poesía?

¡Qué blanduras entonces nos ofrece el camino!
Tienen seres y cosas un sentido divino,
amoldándose a una misteriosa justicia.
El dolor para siempre nos parece proscrito,
y se anegan las almas en un mar infinito
de suprema delicia.

Para tales momentos fue creado el poeta:
es el solo que puede traducir la secreta
concordancia del hombre con su Dios siempre ignoto.
Es el mágico puente de fulgor dulce y tenue,
arrojado en el piélago de la noche perenne
como el trémulo rayo de un lucero remoto...

Julio 1 de 1916

LXI

ESPACIO Y TIEMPO

Esta cárcel, estos hierros
en que el alma está metida.
SANTA TERESA

ESPACIO Y TIEMPO, barrotes
de la jaula
en que el ánima, princesa
encantada,
está hilando, hilando cerca
de las ventanas
de los ojos (las únicas
aberturas por donde
suele asomarse, lánguida).

Espacio y tiempo, barrotes
de la jaula:
ya os romperéis, y acaso
muy pronto, porque cada
mes, hora, instante, os mellan
¡y el pájaro de oro
acecha una rendija para tender las alas!

La princesa, ladina,
finge hilar; pero aguarda
que se rompa una reja...
En tanto, a las lejanas
estrellas dice: «Amigas,
tendedme vuestra escala
de luz sobre el abismo».

Y las estrellas pálidas
le responden: «Espera,
espera, hermana,

y prevén tus esfuerzos:
ya tendemos la escala!».

Agosto 15 de 1916

LXII

EN LAS HELADAS CUMBRES...

En las heladas cumbres
del propio vencimiento,
del dominio absoluto
de sí mismo, radía
un sol perenne, sol
que lo ilumina todo
sin calentarlo, sol
que te torna visibles
y palpables las cosas
más obscuras y arcanas.

¡Duro ascender!
Cual Sísifo,
cuando llevas la roca
de tu anhelo más alto,
miras que se despeña,
y hay que empezar de nuevo...
¡Oh! Las blancas sirenas
de este mar de la vida,
¡cómo cantan!
Unánimes
te buscan... ¡ Qué promesas
hay en sus verdes ojos!

A veces, tú no puedes
ya más, y de la altura
te arrojas a sus brazos.
Pero la voz aquella

implacable, que dice:
«¡arriba!», y el azote
que tortura tus lomos,
te fuerzan... ¡ Es preciso
recomenzar! La ruta
serpentea a lo largo
de la montaña.
Sube,
pues, ¡desdeña el momento
ilusorio y fugaz!
¡Salva el zarzal hirsuto!

Más allá de la nube
que opaca el firmamento,
te aguarda lo *absoluto*
con su divina paz.

Septiembre 5 de 1916

LXIII

COLABORACIÓN

AYUDA con tus obras al intento divino
de mejorar el mundo: sé colaborador
de Dios, ve despejando de zarzas el camino
de su divino
amor.

Siendo quien es el PADRE: Fuerza y Gracia infinita;
siendo quien es el PADRE: todo Eficacia y
Potencia, tu alma libre su voluntad limita:
Dios necesita
de ti.

¡Ayúdale! ¡Si vieras qué bello es el programa
celeste! ¡Qué estupendos y prodigiosos los
trazos del arquitecto! ¡Qué inmenso el panorama!...

¡Labora y ama
con Dios!

Septiembre 15 de 1916

LXIV

SIMPLICITAS

¡Es tan llano entenderlo todo,
cuando lo oímos con humildad!
¡Es tan fácil mirarlo todo
cuando se marcha en la soledad,
dispuesta y ágil la conciencia
para escuchar la confidencia
de cuanto nos rodea;
y, a través de la transparencia
de la ingenua y simple natura
—que como niña se delata—,
contemplar toda la hermosura
que ella jamás recata!

Pero nos complicamos
con palabras, con clasificaciones;
y así sucede que ignoramos
todo, menos las expresiones
con que al fenómeno llamamos.

Viene el orgullo a complicar
luego el magín, y a poco andar
sale un mirífico señor,
profundo en eso de ignorar
(por lo cual llámanle doctor...).

Pónese a disparatar
sin tregua, y, como el calamar,
nos va empañando en rededor
la claridad de nuestro mar
¡con su negror!

¡Cómo castigas con cegar
a quien no quiere verte, AMOR!

Octubre 1916

LXV

SECURITAS

Murieron los *quién sabe*,
callaron los *quizá*:
el corazón es copa de amor, en donde cabe
todo el divino vino que la esperanza da.

No ignora ya la nave
qué rumbo seguirá,
ni desconoce el ave
dónde su nido está.

Murieron los *quién sabe*,
callaron los *quizá*.

¡Oh misterioso y suave
amanecer! No habrá
sombra que menoscabe
tus esplendores ya.

Cuando una luz acabe,
otra se encenderá
dentro del alma grave.

Murieron los *quién sabe*,
callaron los *quizá*.

Noviembre 3 de 1916

LXVI

AMÉN

Lector: Este libro sin retórica, «sin procedimiento», sin técnica, sin literatura, solo quiso una cosa: elevar tu espíritu. ¡Dichoso yo si lo ha logrado!

Diciembre de 1916

LA ÚLTIMA LUNA
(Abril-mayo 1919)

I

BIENVENIDA

Bienvenida: Dios te manda.
Mostrándote mi guarida
obscura, te dijo: "Anda.
Su corazón te demanda..."
Bienvenida, bienvenida.

Bienvenida, estrella, rosa,
dulce promesa cumplida,
que me brindas, ruborosa,
cierta amistad amorosa
para mí desconocida...
Bienvenida, estrella rosa,
¡Bienvenida, bienvenida!

Bienvenida; de improviso
Dios contigo, me convida
a gustar del paraíso...
¡Bendigamos, pues lo quiso,
sus bondades, bienvenida!

Bienvenida: ¡Qué batallas
las batallas de mi vida!
¡Qué malherido me hallas!
Bienvenida... ¡No te vayas!
¡No me dejes, bienvenida!

Abril 9 de 1919

II

LA SEÑAL

Si eres tú la que estoy esperando,
la que vive conmigo soñando,
la que veo en mi alma al trasluz,
Dios, que quiso abreviar tu camino
y juntar a mi sino tu sino,
en tu frente de albor matutino
pondrá un trémulo signo de luz.

Abril 19 de 1919

III

DA...

Da rosas, si eres rosal;
refleja, si eres cristal,
de la mañana el fulgor;
brinda miel, si eres panal;
si eres mujer..., ¡dame amor!

IV

DOS PUNTOS

Sean nuestras almas, desde hoy, como dos puntos
con cuya ortografía se anuncia algo divino.
Dejemos una huella no más en el camino,
y si ascendemos, suban nuestros dos vuelos juntos...

Abril 24 de 1919

V

LOS CINCO ANHELOS

Un ensueño que lograr:
que tú me llegues a amar.

Un enigma que entender:
el de tu alma de mujer.

Una música que oír:
la de tu voz.
Un vivir
más completo y más humano:
tú en mí, tu mano en mi mano.

Un bien eterno: los dos
un alma, y esa alma en Dios.

Abril 26 de 1919

VI

«INCIPIT VITA NOVA»

Dante

Si aparece Beatriz en la espesura
solo un momento.., ya no hay *selva obscura.*

Cada árbol luce como antorcha, y cada
zarza es cual llama del Horeb sagrada.

Cada humilde luciérnaga, una estrella;
y tierra que aquel pie divino huella,

apenas la presión dulce ha advertido,
se convierte en rosal, colmena o nido...

Selva de mi Dolor, *áspera y fuerte*:
tu silenciosa expectación me advierte

que se acerca Beatriz, que no he sufrido
en vano, y mi ideal otro sentido

cobrará; que agoté por fin mi prueba,
y mi vida desde hoy... ¡es *vida nueva!*

Abril 29 de 1919

VII

EL VIAJE

Largo fue el viaje, larga fue la espera;
bogué mucho, entre lluvias y neblina.
Mas qué importa, si te hallo en la ribera
desta segunda patria, la Argentina,
y eres tal vez el alma compañera

que en tus límpidos ojos adivina,
temblando de delicia, mi alma entera.

VIII

TU OBRA

Tú soltaste la brida:
¡Quién detiene al caballo que vuela en la llanura,
la crin como una flámula al pampero tendida!
Con tu maravillosa voz llena de ternura,
tú despertaste un alma en sí propia escondida...
¡Y salió de mañana
por besarte... y no quiere
ya cerrar la ventana!

Consuma, pues, tu obra divina, bien amada:
ábreme al fin los brazos como inmensa morada
en donde en paz repose mi fiel corazón triste,
¡y que Dios te bendiga por el don que me hiciste!

IX

DIOS LA BENDIGA

Cada vez que en ti pienso, dulce bien, noble amiga,
temblorosos, mis labios dicen: "Dios la bendiga";
dice: "Dios la bendiga" todo mi corazón...
Quizá sientas de noche que un murmullo te siga:
es el eco lejano de mi fiel oración.

X

CON TODOS LOS AMORES...

Yo te amaré con todos los amores:
el de amigo, el de esposo y el de hermano,
y en mi beso habrá todos los sabores,
y todos los apoyos en mi mano.

XI

TRES PENSAMIENTOS

Quien no ama, no comprende
toda la inmensa dicha de estar solo.

*

Solo Dios y un cariño son compañía.

*

No pudiendo besarla, puesto que es invisible,
yo acaricio tu alma mirándote en los ojos.

XII

LOS SIETE CENTINELAS

Más de siete años de dolor
te llamaban...

Siete años, como siete centinelas,
miraban el camino
por donde al fin llegaste: siete rosas
magníficas pondrán en tu corpiño;
con siete estrellas ceñirán tu frente,
y en tus manos ducales, siete lirios
te dejarán los siete caballeros
ansiosos, para quienes has venido.

Siete años, como siete centinelas,
miraban el camino
por donde al fin llegaste...
por donde al fin llegaste, ¡dueño mío!

XIII

TU MIRADA

No me recates tu mirada clara
en que tiemblan mil cosas inefables.
Mirarte es regocijo de mi espíritu:
¡dame el don de mirarte.., y remirarte!

XIV

ALEGRÍA

¿No sientes mucha alegría
de la alegría que das?

Eras mujer nada más,
y de hoy en siempre serás
todo sol y poesía.

XV

TRES LETRAS

Tres letras que acaso un día
me atreva yo a pronunciar,
y que hoy ni aún osar
deletrearlas podría...
Tres letras en las que habría
más luces que en un altar,
más radiación estelar
que en cien noches tropicales,
más rosas que en mil rosales;
son estas tres letras: *mía*.

XVI

POR MIRARTE

Por mirarte salí de mi castillo
para darte la mano, hice el rastrillo
bajar; solo por ti...
Si me desdeñas,
me volveré a mis torres berroqueñas,
y sobre la planicie desolada
ya nunca más la luz de mi mirada
volará, atalayando los caminos...
¡O juntos han de ir nuestros destinos
por el sendero del amor..., o *nada!*

XVII

POBRES PÁGINAS...

Pobres páginas, que ansiaron
con la mayor de las ansias
decir tan intensas cosas,
¡y al fin no dijeron nada!

PLENITUD

Esta es mi riqueza:
toda para ti.

Semper gaudere.
(¡Estad siempre gozosos!)

San Pablo
1.ª Tesal. 5-16.

I

DENTRO DE TI ESTÁ EL SECRETO

Busca dentro de ti la solución de todos los problemas, hasta de aquellos que creas más exteriores y materiales.

Dentro de ti está siempre el secreto: dentro de ti están todos los secretos.

Aun para abrirte camino en la selva virgen, aun para levantar un muro, aun para tender un puente, has de buscar antes, en ti, el secreto.

Dentro de ti hay tendidos ya todos los puentes.

Están cortadas dentro de ti las malezas y lianas que cierran los caminos.

Todas las arquitecturas están ya levantadas dentro de ti.

Pregunta al arquitecto escondido: él te dará sus fórmulas.

Antes de ir a buscar el hacha de más filo, la piqueta más dura, la pala más resistente, entra en tu interior y pregunta...

Y sabrás lo esencial de todos los problemas y se te enseñará la mejor de todas las fórmulas, y se te dará la más sólida de todas las herramientas.

Y acertarás constantemente, pues que dentro de ti llevas la luz misteriosa de todos los secretos.

II

LLÉNALO DE AMOR

Siempre que haya un hueco en tu vida, llénalo de amor.

Adolescente, joven, viejo: siempre que haya un hueco en tu vida, llénalo de amor.

En cuanto sepas que tienes delante de ti un tiempo baldío, ve a buscar al amor.

No pienses: "sufriré".

No pienses: "me engañarán".

No pienses: "dudaré".

Ve, simplemente, diáfanamente, regocijadamente en busca del amor.

¿Qué índole de amor? No importa: todo amor está lleno de excelencia y de nobleza.

Ama como puedas, ama a quien puedas, ama todo lo que puedas. . . pero ama siempre.

No te preocupes de la finalidad de tu amor.

El lleva en sí mismo su finalidad.

No te juzgues incompleto porque no responden a tus ternuras: el amor lleva en sí su propia plenitud.

Siempre que haya un hueco en tu vida, llénalo de amor.

III

LA MUJER

EL proverbio persa dijo: "no hieras a la mujer ni con el pétalo de una rosa".

Yo te digo: "no la hieras ni con el pensamiento".

Joven o vieja, fea o bella, frívola o austera, mala o buena, la mujer sabe siempre el secreto de Dios.

Si el Universo tiene un fin claro, evidente, innegable, que está al margen de las filosofías, ese fin es la Vida, la Vida: única doctora que explicará el Misterio; y la perpetuación de la Vida fue confiada por el Ser de los Seres a la mujer.

La mujer es la sola colaboradora efectiva de Dios.

Su carne no es como nuestra carne.

En la más vil de las mujeres hay algo divino.

Dios mismo ha encendido las estrellas de sus ojos irresistibles.

El Destino encarna en su voluntad, y si el Amor de Dios se parece a algo en este mundo, es, sin duda, semejante al amor de las madres...

IV

ENCIENDE TU LÁMPARA

En cuanto caiga la noche, enciende tu lámpara.

No permanezcas en la obscuridad.

Enciende cuidadosamente tu lámpara.

El viajero que pase, dirá: "cuánto reposo debe haber cerca de esa luz, y cuánta paz".

La mujer solitaria que la distinga de lejos, pensará: "allí debe anidar el amor; dos que se quieren son bañados por el mismo fulgor blando...".

El niño que la contemple, exclamará: "tal vez hay niños en redor de la mesa, y leen bellos cuentos y miran maravillosas estampas".

El ladrón furtivo murmurará con recelo: "allí vive un hombre prevenido a quien no se puede atacar a mansalva".

Muchos, al internarse en la selva, se sentirán confortados por tu luz.

En verdad te digo que es misericordioso, a las primeras sombras, encender nuestra lámpara: la buena lámpara de que el Padre ha provisto a los caminantes de la vida.

V

EL SIGNO

No hables a todos de las cosas bellas y esenciales.

No arrojes margaritas a los cerdos.

Desciende al nivel de tu interlocutor, para no humillarle o desorientarle.

Sé frívolo con los frívolos...; pero de vez en cuando, como sin querer, como sin pensarlo, deja caer en su copa, sobre la espuma de su frivolidad, el pétalo de rosa del Ensueño.

Si no reparan en él, recógelo y vete de su lado, sonriente siempre: es que para ellos aún no llega la hora.

Mas, si alguien coge el pétalo, como a hurtadillas, y lo acaricia, y aspira su blando aroma, hazle enseguida un discreto signo de inteligencia...

Llévale después aparte; muéstrale alguna o algunas de las flores milagrosas de tu jardín; háblale de la Divinidad invisible que nos rodea,.. y dale la palabra del conjuro, el *¡Sésamo, ábrete!*, de la verdadera Libertad.

VI

DAR

Todo hombre que te busca, va a pedirte algo.

El rico aburrido, la amenidad de tu conversación; el pobre, tu dinero; el triste, un consuelo; el débil, un estímulo; el que lucha, una ayuda moral.

Todo hombre que te busca, de seguro va a pedirte algo.

¡Y tú osas impacientarte! ¡Y tú osas pensar: "qué fastidio"!

¡Infeliz! La LEY escondida que reparte misteriosamente las excelencias, se ha dignado otorgarte el privilegio de los privilegios, el bien de los bienes, la prerrogativa de las prerrogativas: ¡DAR!; ¡tú puedes DAR!

¡En cuantas horas tiene el día, tú das, aunque sea una sonrisa, aunque sea un apretón de manos, aunque sea una palabra de aliento!

¡En cuantas horas tiene el día, te pareces a ÉL, que no es sino dación perpetua, difusión perpetua y regalo perpetuo!

Debieras caer de rodillas ante el Padre y decirle: "¡Gracias porque puedo dar, Padre mío!; ¡nunca más pasará por mi semblante la sombra de una impaciencia!".

* * *

"¡En verdad os digo que vale más dar que recibir!"

VII

PIDE LO QUE QUIERAS

Si en este momento se presentase ante ti un Ser milagroso, vestido de blanco, resplandeciente de luz magnífica, y te dijese: "¡pide lo que quieras!, te será concedido", tú, sin duda, te apresurarías a pedir las cosas mejores.

Pues bien, ese Ser milagroso existe dentro de ti, y tiene el poder de darte cuanto le pidas.

Solo que, antes, debes saber qué es lo que quieres... conocimiento al parecer fácil, mas que se realiza en muy pocos hombres.

Y después que lo sepas, debes pedir al dios interior, con seguridad tal, cual si lo pidieras al hombre milagroso vestido de blanco, que sedujese tu fe con el prestigio de su presencia externa.

Piensas en que eres desgraciado porque ignoras lo que puedes.

Todo es tuyo y te estás muriendo de anhelos...

Las estrellas te pertenecen y no tienes lumbre en tu hogar.

La naturaleza entera quiere entregársete como a su dueño y señor, ¡y tú lloras desdenes de una mujer!

Pide lo que quieras, que todo te será concedido.

VIII

AYUDA A LOS OTROS A LIBERTARSE

SOÑAMOS que mil ligaduras nos impiden todo movimiento.

("Yo sueño que estoy aquí
destas prisiones cargado...")

Soñamos que hemos perdido las alas.

Ayuda tú a tus hermanos a encontrar dentro de ellos lo que juzgan que han perdido.

¿Quieres contribuir a la liberación del mundo?

Pues comienza por libertar a cada hombre de su preocupación, de su aprehensión, de su prejuicio.

No hay dos seres humanos que lleven igual cadena.

Nosotros mismos nos vamos forjando a diario, perseverantemente, nuestros grillos.

Si bien lo pensamos, nada puede esclavizarnos, ni este cuerpo mismo; porque este cuerpo no es prisión: es arma, es instrumento, es agente.

El hombre, dice William Crookes, es un cerebro que se ha creado órganos.

¿Piensas tú que un cerebro se crearía órganos solo para aprisionarse?

¡De qué ave has sabido que teja sus propias redes!

(Sabemos, en cambio, de orugas que, si se fabrican una prisión, es, justamente, para tener alas).

¿Y quién ha podido hacerte creer que el alma no vuela porque está encarnada?

El alma no está encarnada...

Es como si dijeras que la electricidad está presa en el carrete de Ruhmkorff y encerrada en el flexible metálico.

Aprende, pues, a saber que eres libre y enseña a los otros que lo son.

IX

TODOS TENEMOS HAMBRE

BIEN sabes que todos tenemos hambre: hambre de pan, hambre de amor, hambre de conocimiento, hambre de paz...

Este mundo es un mundo de hambrientos.

El hambre de pan, melodramática, soflamera, ostentosa, es la que más nos conmueve, pero no es la más digna de conmovernos.

¿Qué me dices del hambre de amor? ¿Qué me dices de aquel que quiere que le quieran y pasa por la vida viendo en todas partes mujeres hermosas, sin que ninguna le dé una migaja de cariño?

¿Pues y el hambre de conocimiento?

¿El hambre del pobre espíritu que ansía saber y choca brutalmente contra el zócalo de granito de la Esfinge?

¿Y el hambre de paz que atormenta al peregrino inquieto, obligado a desgarrarse los pies y el corazón en los caminos?

Todos tenemos hambre, sí, y todos, por lo tanto, podemos hacer caridad.

Aprende a conocer el hambre del que te habla… en el concepto de que, fuera del hambre de pan, todas se esconden. Cuanto más inmensas, más escondidas...

X

ALMAS RECATADAS

Si recatas demasiado tu alma, solo tú cosecharás la experiencia de tu vida. Ni abreviarás la faena de los otros, ni aumentarás con tu aceite la luz de su lámpara. Más bien será como si escondieses tu candil bajo el celemín.

El orgullo no dejará de cuchichearte: "tu secreto es una aristocracia. Los otros no tienen el derecho de saberlo".

Pero tú combatirás este sentimiento huraño y exclusivo, porque aspiras a más: aspiras a que tu experiencia sea mano que guía, brújula que conduce, timonel que salva de las sirtes.

Date todo a todos, que cada uno, según su tamaño, tomará de ti lo que le convenga, como cada raíz busca en la misma tierra morena sus jugos y encuentra la divina substancia para sus flores.

¿Tú crees que el agua, el aire, el sol, se vulgarizan porque se dan con esa copiosa y opulenta liberalidad?

¿Pierde, por fortuna, su aristocracia la piadosa estrella?

XI

LAS MÁSCARAS

Cada año pone en tu faz una nueva máscara.

Este, alegre; aquel, indiferente; el otro, triste; el venidero, acaso gesticulante y ridículo.

Cada año pone en tu faz una nueva máscara, y se va…

Pero tu *yo* impasible, cuya fisonomía solo conocen los dioses, sabe que él no es la máscara; que él ni sonríe, ni llora, ni gesticula.

Tu *yo*, al verse en el espejo a través de las ventanas cada vez menos luminosas de los ojos, se dice a sí mismo:

"He aquí el antifaz nuevo que me ha puesto la vida".

... Y sigue pensando en otra cosa.

Muchas de tus máscaras han quedado por largo tiempo en las fotografías. Durarán más de lo que merecen. Pero ninguna ha sido en ningún momento la expresión exacta de tu *yo*.

Que esto te enseñe a buscar en los hombres la fisonomía interior, la fisonomía escondida. Alguna vez podrás decir: "aquí hubo un ángel y yo no lo sabía".

XII

LA DULCE TIRANÍA

Te dices: "yo, filósofo maduro, si fuera solo, podría conquistar el bien más preciado de la tierra: la libertad".

"Tendría una modesta y limpia casita, llena de claridad; con grandes ventanas que, como ojos jubilosos, se abriesen al sol y al campo. La rodearían un pequeño jardín, un huerto minúsculo. (POR MI MANO PLANTADO TENGO UN HUERTO...)".

"Me acompañarían en mi rincón muchos libros (*in angello cum libello...*), un gran perro cordial, un gato elegante y enigmático".

"Y envejecería en paz, en medio de la silenciosa y hospitalaria amistad de mis árboles y de mis autores favoritos".

"Pero los que amo carecerían de ciertos goces y de esas cosas superfluas y deliciosas, ¡que son para tantos seres delicados lo más esencial de la vida!"

"En mi casita sería libre mi EGOÍSMO. En este triste, vacuo y frívolo ir y venir mundano, es esclava mi TERNURA".

"¡Prefiero la esclavitud!"

Y susurra una voz displicente:

"Los que amas ignoran tu sacrificio y no te lo agradecerán jamás".

Y tú respondes: "no sabía que mi sacrificio fuese aún más precioso merced a tal ignorancia... ¡Ahora sí que no tendré veleidades de libertad!".

XIII

LA CORTESÍA

La vida, por breve que sea, nos deja siempre tiempo para la cortesía, o como dijo Emerson: LIFE IS NOT SO SHORT BUT THAT THERE IS

ALWAYS TIME POR COURTESY.

Huye de las gentes que te dicen: "Yo no tengo tiempo para gastarlo en etiquetas". Su trato te rebajaría. Estas gentes están más cerca de la animalidad que las otras. ¡Qué digo! La animalidad se ofendería... El perro jamás te dejará entrar a tu casa sin hacerte fiestas con ese meneo de cola "tan honrado", como ha dicho Schopenhauer. El gato mimoso y elástico, en cuanto te vea, irá a frotarse contra ti. El pájaro parecerá escuchar con un gracioso movimiento de cabeza lo que le dices, y si percibe en el metal de tu voz la cariñosa inflexión que él conoce, romperá a cantar.

Dante en la VIDA NUEVA, llama a Dios SEÑOR DE LA CORTESÍA.

La Cortesía es el más exquisito perfume de la vida, y tiene tal nobleza y generosidad que todos la podemos dar; hasta a aquellos que nada poseen en el mundo, EL SEÑOR DE LA CORTESÍA les concede el gracioso privilegio de otorgarla.

El hombre feliz, que no tenía camisa, sí tuvo cortesía para recibir a los emisarios del Sultán enfermo.

¿En qué abismo de pobreza, de desnudez, no puede caber la amable divinidad de una sonrisa, de una palabra suave, de un apretón de manos?

La Caridad, opulenta o humilde, lleva siempre el ropaje de la cortesía, y la santidad más alta no podemos ni imaginárnosla sino infinitamente cortés.

¿Os acordáis de San Francisco de Asís?

XIV

LOS ENIGMAS

¿Por qué te inquietas y preocupas de los enigmas del Universo, si pronto vas a morir y te dará la muerte contestación a todos ellos?

¿Cuántos años te separan aún del fin?

¿Diez, veinte, medio siglo? Qué corto es, de todas suertes, el plazo.

Día a día marchas hacia el inmenso misterio, que, como gran estatua negra, te aguarda inmóvil al final del camino, con los brazos cruzados y los grandes ojos llameantes de respuestas.

¿Por qué, pues, tanta impaciencia?

Deja tus dilemas dormir, con sus aceradas trenzas, que rematan en puntas crueles.

Te dices: "Tiene que ser esto, o tiene que ser aquello; pero esto es absurdo, y aquello… también".

Deja tus dilemas dormir, como tenazas de alacranes ponzoñosos.

Él, que todo lo sabe, está, con los enormes brazos cruzados, en medio de cada dilema.

Entre el Sí y el No, están sus inmensas pupilas radiantes.

Se alza como un coloso antiguo en los límites de la Noche y el Día.

Cada hora volandera, en sus brazos impalpables, te lleva hacia Él.

Y cuando llegues a lo que aquellos que te sobrevivan llamarán el Silencio absoluto, su gran boca se abrirá para decir las cosas definitivas.

Quién sabe si entonces verás que esa gran boca (¡oh, dulce milagro!...) sonríe.

XV

YO NO TE DIGO...

Yo no te digo que la Esfinge no se levante en la desembocadura de todos los caminos: lo que te digo es que, aunque aparentemente torva, la Esfinge tiene piedad de nosotros.

Yo no te digo que no haya más dolores que alegrías: lo que te digo es que los dolores nos hacen crecer de tal manera y nos dan un concepto tan alto del Universo, que después de sufridos no los cambiaríamos por todas las alegrías de la tierra.

Yo no te digo que no haya hombres malos y mezquinos: lo que te digo es que son hombres inferiores, hombres que no comprenden todavía, almas subalternas a quienes debemos elevar, seres obscuros que no saben dónde está la luz y con los cuales una caridad lúcida, paciente, blanda, todo lo puede.

Yo no te digo que la riqueza sea un mal: lo que te digo es que quien vive, simplemente, en divorcio total de las vanidades, siente que le nacen alas.

Yo no te digo que el amor no haga daño: lo que te digo es que estoy resuelto a amar mientras viva, a amar siempre, siempre... siempre.

XVI

EL FIEL

No pienses nunca: "Fulano tiene más de lo que merece".

Jamás exclames: "¡Injusticia de la suerte!".

En verdad te afirmo que no hay fiel, que no hay balanza de precisión más delicados y perfectos que los de la Justicia distributiva.

Dios no tiene por qué intervenir en las sanciones de los actos.

Cada acto lleva en su germen mismo el premio y el castigo, como en cada bellota están la encina o el roble con todas sus posibilidades, su majestuosa sombra futura y hasta los pájaros que anidarán en sus ramas.

La invisible fuerza que distribuye los bienes y los males es una

Ley; y así como es imposible que se equivoque la Ley de la atracción universal, así lo es que yerre esta ley portentosa.

Cuando Newton formulaba ya *in mente* su famoso principio, parecíale que determinados movimientos de los cuerpos celestes no se ajustaban a él. ¿Estaba el error en la Ley? ¿Estaba en los cuerpos rebeldes?

El error estaba en las observaciones, en los cálculos de las distancias, en ciertas medidas terrestres inexactas.

Cuando se pudieron rectificar, merced a nuevas medidas y cálculos, los anteriores, se vio que la Ley era infalible.

De María Antonieta decíase que en todo era graciosa, pero que no bailaba a compás.

Y un cortesano, lleno de ingenio, la defendió con aquella célebre frase: "Dicen que no baila a compás; pero, en este caso, la culpa será del compás". *"C'est la mesure qui a tort..."*.

Pues así es la Justicia distributiva: tu mirada, tu observación, tu juicio, tu *compás*, se equivocan; Ella, nunca.

Lo que te acontezca es lo único que debe acontecerte, y el universo entero no aplastará sin razón a la más pequeña hormiga.

XVII

EL ORGULLO DE LA IMPOTENCIA

Tu cerebro canaliza, configura, por decirlo así, condiciona, una energía consciente de la cual apenas puede presentir la magnificencia.

Cuanto más inteligente eres, más encauzas, y, por lo tanto, limitas más ese espíritu, esa conciencia desmesurada que es la totalidad de tu yo.

¿Por qué enorgullecerte, pues, de tu inteligencia? ¿Te imaginas un estanque, una alberca, que, recibiendo un poco de agua del océano, dijese:

"Yo vuelvo al mar ovalado; yo le doy una profundidad de diez metros; yo le quito su flujo y reflujo. Gracias a mí, sus aguas reflejan los árboles del paseo cercano".

Pues análogamente pensaría un cerebro orgulloso, y su vanidad sería tan absurda como la de la alberca.

"La inteligencia, dice un sabio, no aparece sino como un PEOR ES NADA, como un instrumento que traiciona la inadaptación del organismo al medio que lo rodea, como una técnica que revela un estado de impotencia".

Enorgullecernos de nuestro talento es, pues, en suma, enorgullecernos de una impotencia, de una limitación.

XVIII

LA FE

No temas nunca, en los casos angustiosos, decir una palabra optimista. No receles que el destino te contradiga; el destino jamás contradice a los hombres que esperan en él, y siempre cumple las promesas que en su nombre hacen los fuertes.

Tu buen deseo ayuda, por otra parte, a manifestarse a todas las bellas posibilidades de la existencia.

Las hadas propicias, con los cofres invisibles llenos de mercedes, están siempre esperando la voz segura y tierna que las solícita en favor de una vida cara, de un ser querido y precioso.

Pero es indispensable que esa voz, al llamarlas, no tiemble desconfiada...

¿Cómo quieres que la buena fortuna se detenga a tus puertas si no crees en ella?

Tu fe abre los caminos de tu morada.

La duda es un malezal inextricable por entre el cual no pueden pasar los genios del bien.

Coge tu hacha y corta enérgicamente las malezas; hablo del hacha de tu fe. Verás cuán espaciosa se vuelve la ruta y cómo convida a recorrerla a todas las venturas.

XIX

LAS POSIBILIDADES

(Continuación del anterior)

La vida es como un arca inmensa llena de posibilidades. Es más bien como un enorme río lleno de posibilidades.

No es aventurado esperarlo todo. No le cuesta más trabajo a esa corriente formidable, en que están las causas y los efectos, llenar una ánfora grande que una ánfora pequeña.

La aventura más extraordinaria puede, lo mismo que la más insignificante, venir en esas crespas olas que brotan de la fuente misteriosa del Ser y a ella vuelven fecundando el infinito universo.

Revela, por tanto, gran desconocimiento de la magnitud de la vida y gran mezquindad de espíritu la desconfianza de que llegue una cosa, simplemente porque es muy bella. La cantidad de cosas bellas que diariamente se otorgan al mundo, y en las cuales el mundo suele no fijar la atención, distraído y atormentado por ansiedades vanas y egoísmos tristes, es incontable, es formidable, es pasmosa.

"Las cosas —dice un pensador—, nos parecen imposibles hasta el día en que se realizan".

No creas, pues, jamás que la excelencia de un bien es condición negativa para su advenimiento.

Abre con tu confianza todas las capacidades de tu espíritu, ante la posibilidad de recibirlo. No sea que, cerradas por las llaves de tu escepticismo tus puertas interiores, cuando llegue la felicidad suma que te tocaba en suerte, no pueda entrar… y se aleje para siempre.

XX

LA SORPRESA

Por lo demás, es acaso oportuno nada pedir, pero esperarlo todo.

Si a diario te levantas con el propósito de no reclamar mercedes a la Vida, no habrá jornada sin bella sorpresa, porque la Vida te otorgará siempre algún don.

Tú te dirás: "Hoy aceptaré todos los dolores, todas las fatigas y dificultades del día con ánimo igual".

No pensarás en ningún placer. Verás solo el surco que debes abrir bajo el chorro de fuego del sol.

Ningún espejismo engañará tu camino.

Estarás de antemano resignado a todos los golpes.

No atisbarás ni atalayarás el horizonte para ver si se acerca alguna dicha.

Y así pasarán los días, monótonos, con pocas satisfacciones y muchos deberes.

Como nada pides y todo lo aceptas, tú estarás ensimismado y distraído en tu labor.

... Mas de pronto, la Vida, que te preparaba su sorpresa, te mandará su enviado: el esclavo nubio de las ajorcas de oro llevará sobre sus manos de ébano la bandeja de malaquita, y sobre ella brillará el presente mágico, el presente inesperado, y por inesperado maravilloso.

XXI

ORO SOBRE ACERO

Oro sobre acero (Eibar y Toledo) han de ser tus amores.

Oro sobre acero tu voluntad.

Oro sobre acero tus actos.

Sobre el acero del mejor temple de tus resoluciones, brillará el oro puro y aristocrático de tu cortesía.

Sobre el acero de tus pensamientos ha de lucir el arabesco de oro de la forma pura y ágil.

Tu don de gentes será capa de oro fino que ha de recubrir el acero de tus propósitos.

Serán tus sonrisas como minúsculas estrellas áureas incrustadas en el acero de tus intentos.

Tu amor, firme, tendrá el oro de tu ternura sobre su acero imperioso.

Sobre el acero de tu aspereza, la placidez con que sabes aguardar será también oro. El áncora de la diosa estará damasquinada por ese oro de tu apacibilidad expectante.

Oro y acero —Eibar y Toledo— será tu Vida, serán tus propósitos, serán tus actos…

XXII

LA LLAVE

¡Qué admirable es la llave de oro que cierra cuidadosamente la puerta del castillo donde viven los fantasmas!...

Si sabes usarla, si tienes cuidado de que esta puerta, en determinados momentos no se abra, por más que desde adentro el tumulto de las tristezas, de los temores, de las preocupaciones, de la pasión de ánimo, quiera forzarla, ¡cuánta será tu paz y cuán permanente tu alegría!

Al principio es muy difícil cerrar esta puerta: los fantasmas negros tiran de las hojas con toda su fuerza; logran mantenerlas entreabiertas, y se van colando por allí e invaden el campo de tu alma, y arrancan de él las santas flores de la alegría.

Pero la gimnasia vase haciendo cada vez más fácil y segura.

Adquiérese una gran agilidad; sorprendes en seguida los movimientos astutos de la turba negra, y acabas por confinarla definitivamente en el castillo de la Pena, de las Imaginaciones dolorosas, de los Miedos sin razón, de las Angustias sin objeto...

Lo esencial es ser rápido en los movimientos. En cuanto notes que se quiere colar algún fantasma, examina la cerradura, da dos vueltas a la llave y vuelve la espalda.

El fantasma será insinuante, expresivo.

Pretenderá decirte muchas cosas. No hagas caso de sus invitaciones, de sus solicitudes, de sus argucias, de su llanto: lo que él quiere es envenenarte el día.

Dirás acaso que con tener condenada la puerta del castillo escaparías para siempre. . . Mas debo advertirte que en ese castillo moran también las imaginaciones alegres, los pensamientos joviales que nos hacen llevadero el camino, y la ciencia está en dejar a estos libre la puerta y en impedir a los otros la salida...

¡Qué admirable es la llave de oro que cierra cuidadosamente y a su tiempo la puerta del castillo donde viven los fantasmas!...

XXIII

NADA ESTÁ LEJOS DE TI

NADA está lejos de ti.

¡Las distancias!

¿Qué importan las distancias?

Bien sabes que las distancias solo son para tu cuerpo.

Tu alma se halla cerca de todas las cosas.

Más aún: tu alma está en la esencia misma de todas las cosas.

Sin tu cuerpo, ni la luz, con sus trescientos mil kilómetros por segundo de velocidad, igualaría el vuelo de tu pensamiento.

Si bien se mira, todo se encuentra a tu alcance.

No hay estrella a la que no puedas llamar tuya.

Mueve tu pensamiento con libertad absoluta. Acostúmbralo a los altos vuelos progresivos. Intenta el *record* de altura...

Déjale ir y venir a través del universo.

Cada día te darás así más cuenta de la apariencia y la mentira de tu jaula.

Con la noción de tu libertad inmensa, aumentará tu apetito de posesiones eternas.

Y hay, por cierto, una posesión que se te ofrece a cada instante y que no tiene límites: la posesión de Dios.

Acéptala.

XXIV

¿LE BUSCAS? ES QUE LE TIENES

OIRÁS decir frecuentemente a muchos que no encuentran a Dios.

Pregúntales si le buscan y hasta dónde llega su anhelo de hallarle.

Si le buscan con mucho ahínco, tranquilízalos, porque ya le han encontrado...

Dios dice a Pascal en las Meditaciones:

—*"Console toi, tu ne me chercherais pas si tu ne m'avais trouvé"*.

Pensamiento admirable, capaz de inundar de consuelo al espíritu más árido y desolado.

Pensamiento, por otra parte, de una sorprendente exactitud.

El que busca, en efecto, a Dios con ahínco, es porque le ama, y el que le ama, ya le posee.

Amar a Dios y poseerle, es todo uno.

Por eso el autor de estas líneas ha dicho en unos versos, glosando la frase del divino pensador francés:

"Alma, sigue hasta el final — en pos del Bien de los Bienes — y consuélate en tu mal — pensando como Pascal: — "¿Le buscas?

Es que le tienes...".

XXV

SI AMAS A DIOS

Si amas a Dios, en ninguna parte has de sentirte extranjero, porque

ÉL estará en todas las regiones, en lo más dulce de todos los países, en el límite indeciso de todos los horizontes.

Si amas a Dios, en ninguna parte estarás triste, porque, a pesar de la diaria tragedia, Él llena de júbilo el universo.

Si amas a Dios, no tendrás miedo de nada ni de nadie, porque nada puedes perder y todas las fuerzas del cosmos serían impotentes para quitarte tu heredad.

Si amas a Dios, ya tienes alta ocupación para todos los instantes, porque no habrá acto que no ejecutes en su nombre, ni el más humilde ni el más elevado.

Si amas a Dios, ya no querrás investigar los enigmas, porque le llevas a ÉL, que es la clave y resolución de todos.

Si amas a Dios, ya no podrás establecer con angustia una diferencia entre la vida y la muerte, porque en ÉL estás y ÉL permanece incólume a través de todos los cambios.

XXVI

EL SUPREMO TRIUNFO

Si vuelves los ojos a casi todos los que te rodean; si sabes contemplarlos y considerarlos, verás que han obtenido algunos bienes, algunos aparentes favores de la vida; pero que ninguno ha logrado el bien por excelencia, a saber, la conquista de sí mismo.

Este anhela, el otro se encoleriza; el de más allá es víctima de un vicio.

Yo, aquí donde me ves, no he realizado tampoco esta conquista.

Si tú acertaras a realizarla, si tú fueses el señor absoluto de ti mismo, ya nada te sería difícil.

Donde pusieses tu aliento, cuajaría la realización.

Donde sembrases tu voluntad, fructificaría el milagro.

Querrías ser rey, y lo serías; querrías ser millonario, y lo serías; querrías ser dueño del mundo, y lo serías.

... ¡Pero, seguramente, una vez que hubieses logrado la plena conquista de ti mismo, ya no querrías nada y tendrías un desprecio inmenso por todas las cosas!

XXVII

¿CÓMO ES?

¿Es Dios personal?
¿Es impersonal?
¿Tiene forma?
¿No tiene forma?
¿Es esencia?
¿Es substancia?
¿Es uno?
¿Es múltiple?
¿Es la conciencia del Universo?
¿Es Voluntad sin conciencia y sin fin?
¿Es todo lo que existe?
¿Es distinto de todo lo que existe?
¿Es como el alma de la naturaleza?
¿Es una LEY?
¿Es, simplemente, la harmonía de las fuerzas?
¿Está en nosotros mismos?
¿Es nosotros mismos?
¿Está fuera de nosotros?
Alma mía, hace tiempo que tú ya no te preguntas estas cosas.
Tiempo ha que estas cosas ya no te interesan.
Lo único que tú sabes es que Le amas.

XXVIII

EL BIEN QUE PODEMOS HACER

Los males que no puedes remediar son infinitos.

Pero los que puedes remediar son tantos que, si en conjunto estudias el bien que has hecho en el año, por ejemplo, la labor resulta enorme para tus fuerzas y te parece un sueño haberla realizado.

También en esto un grano produce una espiga.

La capacidad de bien que hay en el alma humana es desconcertante por *su* grandeza.

El poder que para el bien nos fue concedido es de una enormidad que pasma.

Así vemos hombres destituidos de todo recurso, que realizan milagros de caridad, que cambian la organización de las sociedades, que sacan de quicio al mundo y lo renuevan.

Asombra pensar lo que sería nuestro planeta si todos los humanos estuviesen educados para el amor en vez de estar educados para el egoísmo y aun para el odio.

El eje moral del mundo sería, como si dijéramos, perpendicular al plano de la elíptica del Deber, y una divina primavera reinaría en las moradas de los hombres...

XXIX

NO DISMINUYAS LA LIBERTAD DE LOS OTROS

DICHOSO aquel que puede decir al fin de su existencia lo que el español Séneca dijo en sus altas máximas morales: "Saldré de la vida protestando que amé la buena conciencia y las buenas ocupaciones, y que NO DISMINUÍ LA LIBERTAD DE NADIE, y ninguno disminuyó la mía".

Siendo tan relativa como lo es, tan condicionada por los hombres y los sucesos, la libertad constituye, sin embargo, el sumo bien de la tierra.

Schopenhauer afirmó que la Salud, la Juventud y la Libertad eran los tres bienes humanos por excelencia.

Pero la Salud muchos no la tienen; pasa la Juventud como la verdura del verano, y si la Libertad no nos resta cual postrera novia, nuestra indigencia moral es infinita.

Hay amigos de un egoísmo feroz: los llamados amigos íntimos, los que se dicen "afectuosos".

—"¡Se está tan bien con usted!" —exclaman, y os abruman con sus visitas.

Jamás en su conciencia menguada se preguntaron si tú estás bien con ellos, y te esclavizan con las propias cadenas de tu cortesía, tu generosidad y tu paciencia.

Piensa, en cambio, tú, cuán preciosa es la libertad de los otros.

Deja más bien a todos con deseos de verte de nuevo.

Sean tus visitas parvas y tu cordialidad espaciosa.

Ve donde te necesiten. No busques mucho las compañías que te diviertan, pensando que tú no las diviertes a ellas, y ten un sagrado respeto por el pobre y mermado bien que, al quitarnos la salud y la mocedad, nos dejan, compasivos, los dioses.

XXX

TODO NOS HACE MAL

Todo nos hace mal, dices desconsolado. El calor nos tuesta, el frío nos hiela, el viento y el polvo nos importunan.

Si buscamos la sombra hospitalaria de los árboles, los insectos se encarnizan en nosotros. Si recorremos los sitios agrestes, en demanda de salud y de paz, las malezas nos estorban el paso, las espinas nos pinchan.

La mayor parte de los hombres está aún en los limbos de la animalidad y es cruel con nosotros.

La descortesía de los grandes nos azota el espíritu.

La necedad de los pequeños nos produce náuseas.

La incomprensión de los que amamos nos entristece...

Muy bien, no prosigas y escúchame:

Todo en el mundo te hace mal; pero tú, en cambio, a todo y a todos haces bien. Al levantarte llevas ya en tu voluntad afectuosa el santo designio escondido: "Haré a todos bien; por lo menos, procuraré serles grato…".

"Y ante aquellas cosas, aquellos seres y aquellos fenómenos con los cuales no quepa el beneficio, seré paciente. Seré paciente si el frío me hiela y el calor me tuesta; si el polvo me importuna, y si los insectos se encarnizan en mi piel y los espinos me pinchan".

En un mundo que parece conjurarse contra mí, yo seré una sonrisa, una dádiva, una bondad siempre dispuesta, una acción siempre afectuosa.

Si todo es negro, yo seré blanco.

¡Qué merced mayor puede hacerme el destino!

Y hasta sería posible que Aquel que, a pesar de todos los pesimismos que no saben verle, es el Padre, me escogiese por instrumento de su amor, y el bien que yo represento no fuese más que el bien que Él derrama por mis manos, como lo derrama y seguirá derramándolo siempre por sus manos infinitas.

XXXI

"BUENO, ¡Y QUÉ!"

Me dices que a pesar de toda tu filosofía y de tu resolución de permanecer serena, muchas cosas te conturban y entristecen; estás inquieta y tienes aprensiones continuas.

Voy a darte una pequeña receta, vulgar e ingenua, para que te tranquilices de todo temor, de toda inquietud:

En cuanto un recelo, un miedo, una aprensión quieran turbar los cristales de tu alma, repite dentro de ti estas palabras: "BUENO, ¡Y QUÉ!"

—"Vas a agravarte de tus dolencias".

—"BUENO, ¡Y QUÉ!"

—"Vas a morirte".

—"BUENO, ¡Y QUÉ!"

—"Tu fortuna está minada, y si viene un posible pánico de bolsa, te arruinará".

—"BUENO, ¡Y QUÉ!"

—"Tu amiga Fulana no te quiere: es una solapada enemiga que te causará grandes males".

—"BUENO, ¡Y QUÉ!"

Si incrustas esta frase en tu alma, te inundará una gran paz. Si penetras en el fondo de ese "Y QUÉ", verás que es infinitamente tranquilizador.

En lo más hondo de todas las catástrofes, por espantosas que las supongas, quedará siempre tu *yo*, inmortal, inaccesible, al cual nada ni nadie puede hacer mal.

XXXII

IRÁS POR EL CAMINO

IRÁS por el camino buscando a Dios; pero atento a las necesidades de tus hermanos.

En cualquier momento, en cualquier lugar, entre cualquier compañía, te formularás la admirable pregunta de Franklin:

—"¿Qué bien puedo hacer yo aquí?".

Y siempre encontrarás una respuesta en lo hondo de tu corazón.

Apareja el oído, los ojos y las manos para que ninguna necesidad, ninguna angustia, ningún desamparo, pasen de largo.

Y cuando a nadie veas en la carretera llena de huellas, que relumbra al sol, cuando el camino esté ya solitario, vuélvete inmediatamente hacia tu Dios escondido.

Si Él te pregunta dentro de ti mismo:

— ¿Cómo es que no me buscabas, hijo mío?

Le dirás:

—Te buscaba, Señor, pero en los otros.

— ¿Y me habías encontrado?

—Sí, Señor; estabas en la angustia, en la necesidad, en el desvalimiento de los otros.

Y Él, por toda respuesta, sonreirá dulcemente.

XXXIII

CUENTA LO QUE POSEES

No enumeres jamás en tu imaginación lo que te falta.

Cuenta, por el contrario, todo lo que posees: detállalo si es preciso hasta con nimiedad, y verás que, en suma, la Vida ha sido espléndida contigo.

Las cosas bellas se adueñan tan suavemente de nosotros, y nosotros con tal blandura entramos en su paraíso, que casi no advertimos su presencia.

De allí que nunca les hagamos la justicia que merecen.

La menor espina, en cambio, como araña, nos sacude la atención con un dolor y nos deja la firma de este dolor en la cicatriz.

De allí que seamos tan parciales al contar las espinas.

Pero la vida es liberal en sumo grado; haz inventario estricto de sus dones y te convencerás.

Imaginemos, por ejemplo, que un hombre joven, inteligente, simpático a todos, tuviese una enfermedad crónica. No debería decir:

"Tengo este mal, o aquel, o me duele siempre esto o aquello, o no puedo gustar de este manjar o de aquel…".

Debería decir: "Soy joven, mi cerebro es lúcido, me aman; poseo esto, aquello, lo de más allá; gozo con tales y cuales espectáculos, tengo una comprensión honda y deliciosa de la naturaleza… etc".

Vería entonces el enfermo aquel que lo que le daña se diluiría como una gota de tinta en el mar...

XXXIV

ESTE PENSAMIENTO TE CONSOLARÁ

En los momentos de mayor desamparo, de mayor abandono APARENTE de lo invisible; en esos momentos que hicieron gritar al propio Cristo, sí, gritar de dolor, diciendo:

¿Deus meus, Deus meus ut quid dereliquisti me? — Cuando te parezca que estás solo en un infinito hostil y no tienes ni asidero ni refugio, piensa este pensamiento capital:

"Por mucho que yo me ame a mí mismo, Dios me ama infinitamente más..."

"Yo no me amo a mí mismo, sino desde la edad de la razón;

Dios, en cambio, ya me amaba antes de nacer. ¡Qué digo!, en Sí mismo me amaba ya desde toda la eternidad, desde todas las eternidades.

"Yo he estado siempre en Él (sea Él lo que fuere, personal o impersonal, esencia, substancia o ley), y Él, al amarse con un amor infinito, con el propio amor me amaba a mí, pues no podía amarse totalmente sin amarme.

"¿Por qué, pues, imaginar ni un solo momento que estoy desamparado, que nadie me quiere, que algo malo ha de acontecerme? ¿Puede, por ventura, acontecerle algo malo a Dios, en quien VIVIMOS, NOS MOVEMOS Y SOMOS?

"Él me ama infinitamente; lo que me acontezca, pues, por áspero e inexplicable que sea en apariencia, tiene por fuerza que acontecerme para mi bien…".

Este pensamiento te consolará.

XXXV

ORGANIZADO PARA CREER

El hombre es un ser organizado especialmente para creer. Cuando no puede creer en Dios (por indigestión de ciencia), cree en cualquier otra cosa: en un TABÚ, en un número, en un augurio, en la espuma del café.

Después de la erupción del volcán, volverá a edificar en la falda.

Después de la infidelidad de una mujer, pondrá en manos de otra su honor y su fortuna. Después de la suspensión de pagos de un Banco, reincidirá en confiarle sus caudales. Después de la infidencia de un amigo, tornará a invitarle a su casa y a su mesa.

La naturaleza en esto es, como en todo, muy sabia. El escéptico pirrónico sería un monstruo: no podría subsistir.

La fe en algo es tan necesaria como la respiración. Es el punto de apoyo de la vida.

No os fiéis de quienes dicen que no creen en nada: o son unos pobres de espíritu, o seres incapaces de una sola noble acción.

Cree, pues, sin rubor, amigo. Si te engañan, cuando menos tuviste la dicha de haber creído.

Y si crees muy firmemente, será tu fe una coraza tal que no habrá quien pueda burlarla.

XXXVI

AMOR VEDADO

La riqueza no te está vedada, pero la desdeñas.

El poder no te está vedado, pero no lo buscas.

En cambio, te está vedado ya el Amor.

Las puertas del amor se cerraron para ti hace muchos años. Y en vano llamas y llamas. El aldabón resuena misteriosamente en la noche.

Pegas el oído a la cerradura y oyes tumulto alegre, risas de oro y de plata; convulso chasquear de besos.

Miras por el ojo de la gran cerradura, y ves pasar túnicas blancas, rosadas, azules, que mal encubren formas estatuarias. Todo allí es promesa o realización, bajo la luz azulosa de la luna o los blandos clarores de los crepúsculos.

Pasa la rubia, pasa la morena, y se llevan prendidos tus anhelos.

Te miran los ojos azules, los ojos verdes, los ojos negros, los ojos castaños, y tú imploras lo que parecen ofrecer esas miradas…

Pero un fallo enigmático de tu destino mantiene lejos de ti —el enamorado del amor— toda posibilidad de realizar lo que los hados parecían ofrecerte al elegir tu nombre.

Y comprendes que tus ansias son imposibles y anhelas el término de ellas.

Empero, por resuelto que esté tu Dios a impedir que te amen, no puede impedir que ames tú a todos los seres y todas las cosas.

¡Qué más! No puede impedir que le ames a Él.

Cabe, pues, que repitas con el poeta francés:

"Mon Dieu, tout puissant que vous êtes, vous ne pouvez pas empêcher que je vous aime!".

XXXVII

LA PREGUNTA

En los días de mayores agitaciones dolorosas, en que hayas sufrido más choques de tus semejantes, más rozamientos penosos; en que hayas tratado más negocios difíciles y ásperos; en que hayas, en suma, sufrido más contrariedades y disgustos; en que, a pesar de tu esfuerzo y de tu voluntad de dominio sobre ti mismo, hayas sentido en tu interior el aguijón de la impaciencia, aun cuando nada dejases ver en tu rostro; en esos días en que toda la cosecha de espinas de la jornada parece haber sido para ti solo, pregúntate simplemente en el silencio del atardecer y después de inventar tus dolores:

"¿He hecho, por desgracia, mal a alguien?".

Y si por ventura no lo has hecho, si la sola víctima has sido tú, si los únicos desgarramientos producidos por las malezas han sido los de tu carne, regocíjate cuando puedas; pon en tu cara la más luminosa de tus sonrisas, y vete a dormir con el corazón sereno y reposado.

... Pero si no solamente no has hecho ningún mal, sino que en medio de la tormenta has acertado a hacer algún bien, que tu regocijo no tenga límites y tu alma esté más luminosa que el crepúsculo.

XXXVIII

FACILITA LA VIDA DE LOS OTROS

Bella tarea es aquella que facilita la vida de los otros.

Gentil acto es aquel que facilita la vida de los otros.

Noble y gracioso movimiento el del pie o de la mano que remueven el obstáculo puesto por la Naturaleza o por los hombres en medio del camino: desde la corteza de fruta en que se resbala, hasta la rama de espino que desgarra las carnes; desde el guijarro puntiagudo hasta las lianas que cierran los senderos y que a través de ellos parecen serpientes.

¡Qué alegre, qué ágil marcha el que va apartando de los caminos y las veredas todo lo que es impedimento y obstáculo para la marcha de los otros!

Cantando va el peregrino.

Sin sentir recorre las rutas, y al atardecer se da cuenta, con jubilosa sorpresa, de que al apartar y remover los obstáculos que entorpecían los caminos de los otros, él despejó maravillosamente su propio camino.

XXXIX

TU HEREDAD

El mundo, dices vase estrechando cada día más ante mi paso: ¡qué pequeño es el mundo! ¡Y como si no lo fuera bastante, lo empequeñecen aún más los prejuicios y la miseria de los hombres!

"Ya no puedes viajar, añades, y además, ¡para qué! Todo es lo mismo. La uniformidad tediosa ha invadido el planeta, y no hay forma de encontrar ni un rincón inédito, ni un silencio no mancillado por el vacuo y gárrulo turismo".

Mas yo te digo: ¿qué te importa esto si te queda la noche? ¡La noche con todos sus milagros, la noche con todos sus soles y mundos!

En cuanto sales a tu balcón se te ofrece ella en su inmensidad divina.

¡Qué pequeñas son las distancias que separan sus orbes para el poder de tus alas!

¡Cómo vas y vienes, ave silenciosa del alma, por entre el enjambre de oro!

Cada uno de tus anhelos de belleza puede escoger un mundo para realizarse.

Y cuando el sueño sella tus párpados, tus ojos y tu corazón están llenos de maravillas.

XL

LA INCONSCIENCIA

¿Por qué te asusta la inconsciencia? ¿Por ventura debes gran cosa a tus pensamientos?

La belleza de tus pensamientos, la magia de tus imaginaciones, ha sido para los demás.

A ti cada pensamiento y cada imaginación te han servido de espinas.

Has llevado una corona de espinas, solo que interior e invisible.

Mira cuán hermoso, reposado y sereno es todo lo inconsciente.

Mira lo que el viento hace con las hojas de los árboles y con las olas, sin causarles dolor.

Mira la rosa cómo sin dolor desabrocha su justillo, florece y muere.

Contempla el agua que, vuelta catarata, se despeña, y sin dolor es espuma al saltar al abismo y al estrellarse en los dientes de la roca.

Advierte el avatar perpetuo de las viajeras nubes.

Y tú mismo, ¿qué eras en la infancia y qué fuiste más hacia atrás?

¿No reposabas por ventura en el seno de una maternal inconsciencia?

¿Te quejabas acaso?

Pues y el sueño, tu amigo predilecto, ¿qué es en suma?

¡Ah, no, no temas pisar la isla de los Lotófagos!...

Deja que tus libros, llenos de amor para todos, sean la muda y generosa conciencia que te sobreviva; y tú, cuando menos por algunos siglos, duerme, duerme...

Bien lo necesitas.

XLI

"AQUÍ ESTOY"

¿Por qué aguardas con impaciencia las cosas?

Si son inútiles para tu vida, inútil es también aguardarlas.

Si son necesarias, ellas vendrán y vendrán a tiempo.

¿Crees tú que el Destino se equivoca?

¿Piensas que el manzano dará una manzana menos de las que debe dar en la estación?

¿Imaginas que va a olvidar el rosal alguna rosa?

La espuela de tu deseo sería como el afán de esos industriales que maduran la fruta a destiempo, para más pronto enviarla a los mercados.

Sería como el ansia del niño que bebe la limonada antes de que acabe de disolverse el azúcar.

"Yo no puedo vivir sin esto" —dices.

Di más bien: —"No puedo vivir con este deseo".

Si escondes tu ansiedad en lo hondo de tu corazón y solo dejas que asome una quieta, dulce y suspiradora esperanza, más pronto de lo que imaginas lo soñado llegará sonriendo y te dirá: "AQUÍ ESTOY".

XLII

LOS PASOS

MUCHAS veces, en los breves intervalos en que se apacigua tu tráfago interior, te acontece oír unos pasos: unos pasos furtivos a lo largo de tu puerta.

Como los de un amante que ronda la casa de la amada.

Son los pasos de la Dicha.

Son los pasos de una dicha modesta, tímida, discreta, que desearía entrar.

Hay muchas dichas así.

Son como novicias temerosas.

Son como corzas, como graciosas corzas blancas. Todo las amedrenta.

Si escuchas estos pasos, abre, inmediatamente tu puerta de par en par.

Abre también tu rostro con la más acogedora de tus sonrisas... y aguarda.

Verás cómo entonces los pasos tímidos se acercan; verás cómo la pequeña dicha entra con los ojos bajos, ruborosa, sonriente, y te perfuma la casa y te encanta un día de la vida, y se va... mas para volver.

Desgraciadamente, muy a menudo, tus descontentos, tus deseos y aun alguna alegría efímera y soflamera, hacen tanto ruido, que la corza blanca se asusta, y los leves pasos se alejan para siempre jamás.

XLIII

NO ES QUE HAYAN MUERTO; SE FUERON ANTES...

LLORAS a tus muertos con un desconsuelo tal, que no parece sino que tú eres eterno.

NOT DEAD, BUT GONE BEFORE, dice bellamente el proloquio inglés.

NO ES QUE HAYAN MUERTO; SE FUERON ANTES.

Tu impaciencia se agita como loba hambrienta, ansiosa de devorar enigmas.

¿Pues no has de morir tú un poco después y no has de saber por fuerza la clave de todos los problemas, que acaso es de una diáfana y deslumbradora sencillez?

SE FUERON ANTES... ¿A qué pretender interrogarlos con insistencia nerviosa?

Déjalos siquiera que restañen en el regazo del Padre las heridas de los pies andariegos...

Déjalos siquiera que apacienten sus ojos en los verdes prados de la paz...

El tren aguarda. ¿Por qué no preparar tu equipaje?

Esta sería más práctica y eficaz tarea.

El ver a tus muertos es de tal manera cercano e inevitable, que no debes alterar con la menor festinación las pocas horas de tu reposo.

Ellos, con un concepto cabal del tiempo, cuyas barreras traspusieron de un solo ímpetu, también te aguardarán tranquilos.

Tomaron únicamente uno de los trenes anteriores...

NOT DEAD, BUT GONE BEFORE...

XLIV

VÍA LIBRE

NUNCA en la vida encontrarás vía libre.

El obstáculo, en todas sus formas, en todas sus magnitudes, ha de salirte al paso.

Como el mecánico que hace girar entre sus manos el volante, sin cesar, tus dedos nerviosos han de mover la rueda con movimientos suaves o bruscos. Mas, en cambio, tu vista irá ganando en perspicacia, tu pulso en firmeza.

Cuando te sientas dueño de la máquina que te lleva, te reputarás dichoso de vencer a cada instante y de encontrar a través de la madeja de los seres y de las cosas tu seguro camino.

La vía libre, la carretera amplia y luciente que brilla al sol, defraudaría ya tu amor a la lucha y tu jubiloso deseo de probar la eficacia de tus músculos y de tu mirada avizora.

Hay un placer activo y viril en sortear la piedra, el hoyo, la bestia, el hombre, que nos cortan el paso...

A veces se frena del todo la máquina, que palpita como un gran corazón, que resuella como un gran pecho... y se espera; mas sin impaciencia, con un reposo elástico, presto siempre al impulso.

XLV

ESTE ES MI DESTINO

No digas nunca con tristeza ante tus males: "este es mi destino".

Di "este es mi destino" con alegría.

Piensa que entre los millones de millones de hombres que han existido, existen y existirán, entre los millones de millones de seres que pueblan todo el Universo, NO HAY UN SOLO DESTINO IGUAL AL TUYO.

Esto que sufres, esto que no puedes evitar, fue escogido para ti de entre las infinitas posibilidades.

Tus males y tus bienes traen el marchamo de Dios. Puso en ellos su gran sello invisible aquel que quiso manifestarse en los fenómenos por los siglos de los siglos.

Si las cosas todas sucediesen conforme a tu voluntad, como tu voluntad de mañana sería quizá opuesta a la de hoy, correrías el riesgo de encontrarte con fatalidades ineluctables creadas por ti mismo.

Los monstruos de ti nacidos te devorarían.

Lo ajeno a tu deseo, lo extraño a tus ansias, lo frío y fatal que parece haber en tu destino, es lo mejor de este destino, y hay, en suma, nobleza mayor en decir cuando algo nos acaece: "lo quisieron los dioses", y no: "lo ha querido mi triste veleidad de un minuto...".

XLVI

LEVÁNTATE A CONQUISTAR

La conquista de almas es la conquista por excelencia. Diariamente debes levantarte con el propósito de conquistar a todos aquellos de tus hermanos con quienes el destino te ponga en contacto.

A unos los conquistarás con tus palabras amables, a otros con tus miradas afectuosas, a los de más allá con tus servicios.

Sé un don Juan de las almas. Deja en cada una de las que encuentres una huella de luz.

Además de la íntima alegría de estas conquistas, podrás, merced a los que te quieren, hacer mucho bien.

El hombre que tiene amigos es todopoderoso para la caridad.

Lo que él no puede dar, por amor a él lo darán con placer los otros; lo que él no puede hacer, por amor a él otros lo harán sonriendo.

Multiplicará insensiblemente los dulces recursos y las fuerzas eficaces que le son necesarios, y podrá amar doblemente a los tristes y a los pobres: con su amor y con el amor de todos los corazones conquistados.

XLVII

DIOS PADECE EN ELLOS

Cuando se subleve toda la piedad que llevas en tu alma, ante los padecimientos de tus hermanos superiores e inferiores, de los hombres y de las bestias, piensa que Dios padece en ellos. Dios llora en cada lágrima de hombre o de mujer, sonríe en cada sonrisa, canta en cada canción.

Dios tiene piedad en tu corazón y en todos los corazones humanos.

La naturaleza no es cruel como dicen, puesto que tú eres una parte de ella, la mejor parte, y sientes compasión.

La naturaleza no es insensible, puesto que la Especie entera, que es su joyel, tiene sensibilidades infinitas.

La naturaleza es inmensamente misericordiosa y tierna: suma, si lo dudas, toda misericordia y la ternura que hay en los cientos de millones de madres que pueblan el planeta, y piensa también en las bestias, cuyo amor maternal las lleva hasta morir por sus crías. En verdad, ellas no saben que aman con amor tan heroico, pero lo sabe Dios, que de esta suerte ama y sufre en ellas…

XLVIII

VALE MÁS ERRAR CREYENDO

VALE más errar creyendo que errar dudando.

Si dudas de todo, en todo hallarás el aguijón de la pena, porque muchas cosas te acaecerán conforme a tu duda, y lo bueno que te acaezca, a pesar de ella, estará amargado por tu escepticismo anterior.

En cambio, si en todo tienes fe, tus propios desengaños te serán gratos, recordando que hasta que no llegaron esperaste... Y tus dichas florecerán como rosas plenas después de una estación entera de rosas.

La Belleza muchas veces solo necesita, para realizarse, como condición última, tu fe en ella.

El amor que vacilaba al nacer, rompe resueltamente su capullo si lo atrae la primavera de la fe, llama eficaz que todo lo hace germinar.

Si crees, habrá, además, en tus ojos, algo imperioso y dulce al propio tiempo, que sojuzgará y avasallará las almas.

Tus pies se posarán en la tierra con seguridad de dominio, y tendrá tu andar un ritmo viril, a cuyo compás gustará de ajustarse la buena fortuna.

En tus palabras habrá un sortilegio invencible, y el ademán de tus brazos llegará a ser tan augusto y definitivo como un signo de la fatalidad.

XLIX

TODO ESTÁ HACIÉNDOSE

TODO está IN FIERI, todo está haciéndose. No ves nunca nada en su totalidad.

Cuando temes un suceso, en realidad tu temor no se refiere al suceso que no puedes conocer ni en su integridad ni en su intensidad; se refiere a lo que alcanzas de su visión lejana.

Es, por tanto, absurdo temer algo que todavía no sucede, que ignoras si sucederá y cómo sucederá.

Y es igualmente absurdo juzgar la vida, el mundo, el pasado y el presente, por lo que ves desde tu pequeño, desde tu estrecho balcón.

Nada hay ilógico en la existencia; pero has de advertir que la lógica de un hecho no aparece sino cuando este se realiza del todo y puedes aislarlo *in mente* de los demás hechos...

La serenidad ante los sucesos es, por lo tanto, la más natural, la más congruente, la más humana actitud del hombre.

La naturaleza, por su parte, nos prepara a sufrir el suceso cuando este llega, no antes. Por eso tenemos miedo de lo que no ha sucedido aún, y sabemos siempre soportar lo que está sucediendo, aun cuando sea la muerte misma.

L

LAS PREGUNTAS

Si antes de emprender el viaje, el Ángel, complaciente, preguntase a tu espíritu:

—¿Quieres quedarte un poco más para exprimir a los libros toda su sabiduría?

Habrías tú de responderle:

—No; ya he leído bastantes libros para saber que en ellos la sabiduría no se encuentra. Si el entendimiento fuese capaz de comprender las evidencias supremas, ya las habría comprendido en las eternidades que nos precedieron. Si fuese capaz de expresarlas en libros, ya las habría expresado, en esta forma o en otra cualquiera, en lo infinito de los tiempos.

—¿Querrías entonces quedarte un poco más para saborear los deleites del poder, de la riqueza?

—No; ya sé lo que el poder y la riqueza hacen de los hombres.

Conozco demasiados poderosos y demasiados ricos, y conociéndoles he llegado a sentir mis mayores desconsuelos por la humanidad.

—¿De qué desearías, pues, un poco más antes de marcharte? —insistiría el Ángel.

Y tú responderías con timidez:

—Tal vez no he amado aún lo bastante…

LI

TU CUERPO

¿Por qué has de menospreciar tu cuerpo?

Es, en primer lugar, el templo maravilloso de un dios escondido.

Es, asimismo, una obra de arte del ignoto Escultor.

Estúdialo desde todos los puntos de vista. Mira su exterior armonioso; analiza su anatomía; entra hondo hasta el torturador misterio de sus células: todo en él es belleza, es fuerza, es gracia, es enigma.

Dios mismo ha modelado su forma.

Con los pacientes útiles de la evolución, en el inmeso taller del mundo, ha ido forjando cada órgano.

Hay en él hasta divinas rectificaciones: los órganos hoy atrofiados, que sirvieron en lejanas épocas.

¿Por qué has de menospreciar tu cuerpo?

¿No te da él las ventanas de los cinco sentidos para asomarte al Universo?

Es sagrado tu cuerpo; sus deseos son sagrados también, cuando no nacen de la vida ficticia con que torturas la vida natural que se te otorgó.

Dale todo con amor y sin exceso, como la madre da a su hijo cuanto pide, siempre que no le haga daño a él ni haga daño a los otros.

No lo mancilles jamás con bajezas. La estatua es de barro, mas no pongas lodo en ella...

LII

LIBERTAD

La riqueza es abundancia, fuerza, ufanía; pero no es libertad.

El amor es delicia, tormento, delicia tormentosa, tormento delicioso, imán de imanes; pero no es libertad.

La juventud es deslumbramiento, frondosidad de ensueños, embriaguez de embriagueces; pero no es libertad.

La gloria es transfiguración, divinización, orgullo exaltado y beatífico; pero no es libertad.

El poder es sirena de viejos y jóvenes, prodigalidad de honores, vanidad de culminación, sentimiento interior de eficacia y de fuerza; pero no es libertad.

El despego de las cosas ilusorias; el convencimiento de su nulo valer; la facultad de suplirlas en el alma con un ideal inaccesible, pero más real que ellas mismas; la certidumbre de que nada, si no lo queremos, puede esclavizarnos, es ya el comienzo de la libertad.

La muerte es la LIBERTAD absoluta.

LIII

A MIS SOLEDADES VOY

Sal cuando te llamen; haz, si puedes, el bien que te pidan, y vuélvete a casa.

De mis soledades vengo
y a mis soledades voy.

¿Que Juan necesita dinero, y tú estás en condiciones de proporcionárselo? Pues abre tu bolsa… y después, un saludo, y a tu hogar.

¿Que Pedro ha menester de una ayuda moral? No tardes ni un momento en impartírsela; y en seguida, a desandar tu camino...

Al que tras del dinero quiera quitarte ese bien precioso e insustituible que se llama Tiempo, y que, según el refrán, *los propios* ángeles lloran, cuando perdido, respóndele:

MI DINERO ES DE TODOS; PERO MI TIEMPO, NO.

A quien después de la claridad espiritual quiera el palique porque le divierte, córtale amablemente la conversación en el primer punto y coma (sin negar que para algunos verbosos la puntuación suele venir muy espaciada...).

No dejes que la conversación siente sus reales, porque en seguida, por el camino, la senda, la vereda o el vericueto (según), vendrá el epigrama lleno de malignidad, *la petite histoire pour rire*, el cuento verde… la chaquira toda y toda la bazofia de la miseria humana.

LIV

INCOMPRENSIÓN

No te quejes nunca de la incomprensión de los demás.

Nadie comprende a nadie totalmente en este mundo; si tal comprensión fuese posible, la identidad se manifestaría en seguida, y cesaría el fenómeno de la separatividad.

Las almas están muy lejos unas de otras.

Entre las almas se encuentra siempre el universo fenomenal.

Como no pueden hablarse directamente; como se ven forzadas a recurrir a la palabra, que es un símbolo y que no acierta a expresar la esencia de las cosas, parécense a dos hombres que separados por el océano, conversasen por ministerio de signos, apenas análogos, enviados por transmisores imperfectos.

Solo el absoluto comprendería totalmente a cada alma y a todas las almas en un acto único y simplísimo, fuera del tiempo.

Mas si otro hombre u otra mujer te han comprendido siquiera a medias; si lo que dices ha movido su espíritu o su corazón, debes sentirte satisfecho.

Un solo germen de palmera fecunda a la palmera distante, y un solo grano de tierra puede producir una cosecha.

LV

EL DOLOR PASADO

QUIERO suponer que tu vida ha sido *el rigor de las desdichas.*

Sin embargo, por nada cambiarías el dolor pasado.

Dante dijo: "No hay dolor más grande que recordar los tiempos venturosos en la miseria". Pero volviendo a la inversa esta sentencia, debería afirmarse: "No hay placer mayor que recordar los dolores pasados en las horas de serenidad". Y no solamente porque han pasado ya y su aguijón no puede herirnos, sino porque sentimos que nos dieron un cabal concepto del universo, que nos perfilaron el carácter, que nos afinaron el sistema nervioso (colaborador admirable de la Evolución); que hicieron florecer en nuestras almas esa divina y encendida rosa de piedad; que han sido, en suma, la única cosecha valiosa de nuestros días.

Nosotros nos encargamos, pues, de pregonar la divina justicia de nuestro dolor; nosotros mismos nos dedicamos a rehabilitar y ennoblecer nuestras pruebas, en cuanto acertamos a alejarnos de ellas lo suficiente para verlas en perspectiva.

El dolor es como las nubes: cuando estamos dentro de él solo vemos gris en rededor, un gris tedioso y trágico; pero en cuanto se aleja y lo dora el sol del recuerdo, ya es gloria, transfiguración y majestad.

LVI

NISI SERENAS

Rememora, por tanto, en la Serenidad, tus días de dolor; pero nunca pienses en las horas de ira, de encono, de turbulencia que hayan sacudido tu espíritu, pues lo sacudirán de nuevo con su solo recuerdo.

Haz, en cambio, noche a noche, el inventario de los minutos bellos, buenos, agradables; de los ratos plácidos que la Vida te haya otorgado en las dieciséis horas de la vigilia, y fórmate con ellos un ramillete de flores para perfumar tu sueño.

Esta actitud te dará alegría, paz.

Tu último pensamiento antes de dormirte será así de gratitud.

Y si el recuerdo de alguna hora de impaciencia, de cólera, de despecho, viene a atormentarte, procura apartarlo dulcemente, y dile a tu memoria lo que el célebre cuadrante solar de Pisa, construido por Marco Salvadori, ostenta como inscripción:

HORAS NON NUMERO NISI SERENAS.

LVII

GENERALIZACIÓN

No juzgues nunca de la harmonía del Universo por este planetoide que ves, pensando que obras así de acuerdo con una discreta y razonable generalización.

Así como no vas a formar juicio de un palacio porque viste los sótanos, piensa que nunca jamás este mundo podría servir de comparación para las Excelencias que la inagotable Mente Universal realiza en el cosmos sin límites.

¿Qué pensarías de un sabio que por la babosa o la cucaracha juzgase a los habitantes de este planeta?

(Cierto que hay algunos tan mezquinos que saldrían ganando en la comparación...).

Las posibilidades del Universo son inimaginables.

La escala que vas a seguir recorriendo se pierde en el infinito.

No hay ensueño de filósofo, de poeta, de mujer, por milagroso que sea, que no quepa dentro de estas posibilidades espléndidas.

O como dijo Faraday: "Rien n'est trop merveilleux pour être vrai".

LVIII

APRESÚRATE

Apresúrate a decir a tus hermanos el mensaje que para ellos se te ha dado.

Ya la Muerte llamó a tu ventana... y pasó de largo, como el rondador que hace un signo a la amada.

Quizá no haya ido muy lejos y volverá en breve.

Fue tal vez una advertencia para que festines tu trabajo.

Apresúrate a decir a tus hermanos cuanto has de decirles.

Apresúrate a amar: quizá Ella no está muy lejos, y ya sabes cómo hiela los corazones.

Después tus hermanos te llamarán con amor y no podrás responderles; bien sabes que la tumba es el Mutismo de los Mutismos.

Apresúrate a amar con todo el amor que te queda.

Vierte sobre todos el resto de tu crátera, de tu amplia crátera cordial.

Apresúrate.

"Carpe diem! Carpe diem...!"

LIX

SOCRÁTICA

¿Cuál es la hora más anhelosa?

La que precede a la primera cita.

¿Cuál es la luz más cruda?

La que sigue al primer desengaño.

¿Cuál es el verso más bello?

El que nos aclara un enigma interior.

¿Cuál es el benefactor más alto?

El que, al otorgar una merced, todavía encuentra la manera de que el favorecido se crea favorecedor.

¿Cuál es el carácter más mezquino?

El que os recuerda los beneficios hechos.

¿Cuál es el mayor sosiego?

El del hombre que ya no espera nada de los hombres.

¿Cuál es el bien más saboreado?

Aquel que, después de cansar a la Esperanza creíamos ya inaccesible.
¿Cuál es la más sublime sorpresa?
La del que encuentra a Dios dentro de sí mismo.

LX

ALÉGRATE

Si eres pequeño, alégrate, porque tu pequeñez sirve de contraste a otros en el universo; porque esa pequeñez constituye la razón esencial de tu grandeza; porque para ser ellos grandes han necesitado que tú seas pequeño, como la montaña para culminar necesita alzarse entre colinas, lomas y cerros.

Si eres grande, alégrate, porque lo Invisible se manifestó en ti de manera más excelente; porque eres un éxito del Artista eterno.

Si eres sano, alégrate, porque en ti las fuerzas de la naturaleza han llegado a la ponderación y a la harmonía.

Si eres enfermo, alégrate, porque luchan en tu organismo fuerzas contrarias que acaso buscan una resultante de belleza; porque en ti se ensaya ese divino alquimista que se llama el Dolor.

Si eres rico, alégrate, por toda la fuerza que el Destino ha puesto en tus manos, para que la derrames...

Si eres pobre, alégrate, porque tus alas serán más ligeras; porque la vida te sujetará menos; porque el Padre realizará en ti más directamente que en el rico el amable prodigio periódico del pan cotidiano...

Alégrate si amas, porque eres más semejante a Dios que los otros.

Alégrate si eres amado, porque hay en esto una predestinación maravillosa.

Alégrate si eres pequeño; alégrate si eres grande; alégrate si tienes salud; alégrate si la has perdido; alégrate si eres rico; si eres pobre, alégrate; alégrate si te aman; si amas, alégrate; alégrate siempre, siempre, siempre.

* * *

Los demófilos a ultranza; los que no creen o no quieren creer que la naturaleza es aristocrática, que contemplen una rosa, una camelia, una violeta; que miren bien un cisne, una golondrina, una gaviota.

No solo es aristocrática la naturaleza, sino que la aristocracia constituye su excelencia misma.

¿Qué es, en suma, la evolución, sino una aristocracia perenne, móvil, ascendente, que va desde la amiba hasta el Dios?

* * *

Lo imprevisto constituye la nobleza de la vida.

* * *

Eso de invitar a comer a las gentes, bien visto, es un acto salvaje y primitivo. Se las invita a devorar cadáveres de animales, a nutrirse, a un acto elemental, a una función fisiológica.

Los ingleses, que han comprendido antes que otros pueblos ciertas delicadezas, inventaron el té de las cinco. . . Una bebida casi inmaterial, en la hora crepuscular en que han cesado los afanes del día, los negocios, la tarea brutal de ganar el dinero, y en que, por lo tanto, el hombre es más humano, más elevado, y se atreve a hablar de cosas delicadas, que no significan negocio.

Día llegará en que se invite a los amigos a algo más inmaterial todavía que el té: a tomar alguna droga innocua y estimuladora al propio tiempo, que aristocratice los pensamientos y las conversaciones y ponga un flúido paréntesis entre nuestra animalidad anterior y subsecuente...

* * *

Si supieras esperar, nada te pasaría; llegaría todo mejor de lo que imaginas, y te ahorrarías el tormento del miedo.

Eres como un niño, que, ante los fuegos artificiales, asustado de los primeros cohetes, se tapa los ojos y oídos... y no ve las maravillosas combinaciones de luz que esos cohetes preparaban.

* * *

El clavo se queja del martillo, porque no ve la mano... ¡Cuántas quejas tenemos de los demás tan ilógicas como esta!

* * *

Lo que nos hace sufrir, nunca es "una tontería"... puesto que nos hace sufrir...

* * *

Muchos siglos o quizá milenios antes de que Colón descubriese la América, ya la habían descubierto los marcianos con sus telescopios... dado que haya marcianos...

Señor, eres tú, pues, quien me miraba con los maravillosos ojos de Marta; eres tú quien me sonreía con la boca jugosa de Clemencia; eres tú quien me acariciaba con las santas manos diáfanas, casi inmateriales, de mi madre.

Y eras tú también el que me perfumaba con aquellas rosas; tú quien me iluminaba con la luz de luna de aquella noche, luz que no ha vuelto a repetirse en ninguna de las noches de luna.

Y tú, por último, quien me pinchó con aquel aguijón... Ahora lo comprendo, Dios mío, ahora lo comprendo, a pesar de que ello era tan fácil de comprenderse.

* * *

Esa sensación que experimentáis en una pieza solitaria de una energía oculta, de un trabajo incesante y misterioso, que se manifiesta por el polvillo tenue depositado a diario sobre los objetos, especialmente sobre las superficies brillantes, y en la noche por los crujidos de los muebles, por algo como un rumor sordo que más bien adivináis que percibís, ¿sabéis lo que es, en suma? Es el deshacerse perpetuo de la materia en el éter.

Todo, todo va deshaciéndose; la FUERZA, la ENERGíA, como invisible mano todopoderosa, coge el éter, y lo estruja, lo aprieta, y de este estrujamiento, de este apretujón, mantenidos como por resortes, por las leyes que nos parecen inmutables, surge el universo sensible... Pero la materia, que está hecha de elementos inmateriales, tiende invenciblemente a volver a su origen, y rebelde a toda forma, va deshaciéndose, deshaciéndose lentamente...

Esto lo advertís en el perfume que vosotros mismos habéis condensado en los alambiques y que se volatiliza sin remedio.

Sí, la materia se nos deshace... ¡quizá con dolor de las formas!

Esta disgregación de sus entrañas mismas es dolorosa, y por eso en la noche, en nuestra estancia, percibimos como un ruido sordo; y hay algo trágico en el crujir de los muebles, y pasa por el ambiente un hálito de angustia.

* * *

¿Dices que soy un justo? Pues déjame pecar una vez, una vez sola. Caer de muy alto, de la aguja más audaz y eminente de los Alpes Espirituales a la más honda sima del océano del mal; ahí donde la presión de las atmósferas tuerce el acero de la voluntad como si fuese estaño.

Me perderé por una chiquilla loca, de carnes duras y piernas largas y ágiles.

¿Dices que soy un hombre sereno? Pues déjame encolerizarme solo una vez; rugir y aullar de ira, con la espuma en la boca; dar cachetes a mis enemigos; desgranar un rosario de insultos a quienes me ofendan.

¿Dices que soy caritativo? Pues déjame negar por una vez el pan al muerto de hambre, verle desvanecerse de inanición a mis pies mientras yo acaricio beatíficamente en mi escarcela los doblones.

¿Dices que soy un gran poeta? Pues déjame escribir un poema largo y soso, más vulgar que el papel de envolver, más dulzón que la regaliza y más ñoño que la mentalidad de un académico erudito.

* * *

Quiero caer muy hondo para probar la embriaguez de la ascensión. Quiero despeñarme para sentir la nostalgia de mis cúspides plateadas por la luz azul... Para que lo que hay de vil y de malvado en toda la naturaleza, en la mía no se traspore más, por extinción absoluta; para sentir, por último, toda la amargura del remordimiento, y después toda la gloria de la regeneración.

Y Él respondió al interrogante:

—Tu imaginación te engaña. Tu pecado no te producirá el goce que imaginas.

Cada gran pecado es como una cita de mujer; antes nos parece henchido de voluptuosidades maravillosas. Después comprendemos su estupidez, su vulgaridad. Tu anhelo es puro diletantismo. El gusto de la perversión es más soso que el del arroz cocido. Sin embargo, si insistes, yo te dejaré caer, sosteniéndote cuidadosamente de la punta de tus alas. Mas en cuanto a hacer el poema ñoño de que hablas, vive Dios que no te permitiré escribirlo jamás: prefiero los mayores pecados a los malos versos.

PENSANDO

Decía el ama al niño medroso.

"Niño mío, no tengas miedo; ya comprenderás un día que las verdaderas ALMAS EN PENA no son las de los muertos, sino las de los vivos".

* * *

Muchos de nuestros temores "infundados" no son más que recuerdos de males que sufrimos en edades pretéritas, y que palpitan en los recodos del inconsciente.

* * *

Las mujeres no pueden comprender jamás que un hombre que les ha dicho cien veces TE ADORO, las deje después fríamente para siempre, y acusan al sexo de móvil, de veleidoso, de ingrato, etcétecera.

El hombre, sin embargo —con excepción, naturalmente, de los odiosos Don Juanes—, ha sido siempre sincero en amor; solo que no supo dar un nombre a lo que sentía, y de allí todo el equívoco.

Cuando un amante dice TE ADORO, quiere decir, simplemente, TE DESEO, y esta palabra TE DESEO tiene forzosamente que designar algo efímero.

Solo el *cariño* permanece inmutable y radioso, como esas cristalizaciones que se encuentran en las hornazas después de los grandes incendios.

EL EVANGELIO

Se ha dicho y se dice en todos los tonos que asistimos en Europa a un gran renacimiento espiritualista. . .; pero afirman algunos que este renacimiento no puede ya encauzarse por el cauce del Evangelio Cristiano y de los dogmas, y que hay que buscar otras concreciones éticas.

De los dogmas yo no digo nada. Pero del Evangelio, pregunto:

¿Y por qué no?

¿Jesús no ha de caber dentro de la visión actual de las almas?

Él no ha fracasado.

Han fracasado los sedicente-cristianos, que no tenían de ello más que el cascarón.

Y en cuanto a la ciencia de la naturaleza, no veo por qué habría de rechazar las palabras de Cristo.

Reflexionemos un poco.

* * *

El Dios de la naturaleza y el Dios del Evangelio, ¿pueden tener alguna relación entre sí?

Muchas veces me ha acontecido pensar en esto.

Jesús, que estaba en perfecta comunión con el Padre, que sabía todo lo que sabía el Padre, ¿conocía el Génesis del mundo tal cual lo concibe la ciencia actual? ¿Sabía de cataclismos geológicos, de fuerzas primordiales? ¿Sabía de nebulosas, de soles, de planetas?

¿Creía en el sistema geocéntrico, o estaba enterado del estupendo funcionamiento de la máquina del Cosmos?

¿O bien tenía creencias tan primitivas e ingenuas como las de sus discípulos?

¿Por qué nunca expresó una verdad científica?

Para responder a estas preguntas basta observar lo que un sabio hace, por ejemplo, en una reunión de gente ignorante; por ejemplo, en un salón —si es hombre de mundo como Renan— o en el campo entre hombres sencillos. Persuadido de antemano de la inutilidad de expresar ciertas cosas, que es imposible que traspasen los estrechos tabiques en que están encerrados los cerebros que le rodean, dirá cosas sencillas al alcance de ellos o hablará con símbolos diáfanos para los pensadores y absolutamente inaccesibles en su alto sentido para los otros, que solo comprenderán la pintoresca exterioridad de los mismos.

Un hombre famoso, pero bien educado, podrá estar horas enteras en un salón conversando con todo el mundo, sin que nadie acierte a comprender con quién habla. Al retirarse, es posible que algún curioso interrogue al ama de la casa:

—¿Quién es ese señor que acaba de marcharse?

Y el ama de la casa exclamará:

—¡Cómo! ¿Pues no conoce usted a... X?

Al oír aquel nombre ilustre que se ha paseado por la prensa del mundo, y recordar la actitud simple y trivial del caballero aquel que acaba de irse y que habló de todo con volubilidad —política, finanzas, teatros—, no faltará quien diga:

— ¡Toma! ¡Quién lo creyera! ¡Es pasmante!

Seguramente que Renan no se entregaba en casa de la princesa Matilde a disquisiciones hondas sobre filosofía; hubiera sido cursi, y eso que se trataba de un selectísimo salón parisiense.

Todos sabemos que es peligroso, ante ciertos auditorios, elevar el tono de la conversación.

Y lo saben especialmente los que enseñan, los que quieren propagar ideas y desean ser escuchados.

Los cerebros humanos son como compartimientos estancos. Una presión súbita exterior solo acertaría a romperlos. Las ideas se filtran lenta, muy lentamente. Dejamos de ver a un amigo diez, quince años, y solemos encontrarlo, al cabo de los lustros y a pesar de los viajes, tan lleno de prejuicios y de tontería como antes.

Si nos empeñamos en hacer comprender ciertas verdades a espíritus aún no preparados, nos exponemos a suscitar su desdén o su mala voluntad.

A un millonario hispanoamericano, su secretario, hombre muy instruido, quería convencerle de ciertas modernas verdades científicas.

El millonario se encogía desdeñosamente de hombros, y en una ocasión le dijo:

—Esas son fantasías; y, además, no sirven para nada. Yo tengo una instrucción más sólida que usted: la prueba es que usted, con todo lo que pretende saber, está a mis órdenes, y yo, sin todas esas pamemas, soy inmensamente rico...

* * *

Imaginemos a Jesús dando a las rudas y sencillas gentes que le seguían, una conferencia astronómica...

Ese día hubiera terminado su misión, porque nadie le hubiese escuchado más.

Quién sabe cuántas veces, sin embargo, habrá dicho frases de un oculto y profundísimo sentido "científico" (le llamaremos así); pero estas frases, no comprendidas por nadie o apenas por dos o tres almas elegidas, no podían constar en los Evangelios, escritos tantos años después de su muerte, *según* los relatos de Mateo, de Marcos, de Lucas y de Juan.

...Sin embargo, en cierta noche misteriosa, en Jerusalén, un judío, doctor de la ley, ansioso de verdad, fue a buscarle y conferenció con él, probablemente en algún melancólico patinillo de una casa de Jerusalén, a la luz de las estrellas.

Jesús estaría de pie, apoyado en un muro, con los grandes ojos oscuros, luminosos y profundos, divagados en la contemplación del infinito.

Nicodemus, con un aspecto tembloroso mezclado de curiosidad, de pie también, a su lado, le interrogaría.

Las sirvientas de la casa atravesarían de vez en cuando el patio de viejas baldosas desunidas, con pequeñas lámparas unas, otras con odres y ánforas, arreglando los menesteres domésticos.

Nicodemus dijo:

. . . .

La conversación, referida más de medio siglo después, tiene todavía un penetrante aroma de enigma.

En ella se habló del verdadero origen y destino de la Psiquis.

Sentimos aún que Jesús dijo palabras definitivas sobre nuestros perennes "porqués".

En otra ocasión, el Maestro, en forma sencilla al parecer, familiar y encantadora por todo extremo, exclamó:

—En la Casa de mi Padre hay muchas moradas.

Los astrónomos admirables de hoy, los Pickerings, los Lowell, los Flammarion, los Comas Solá, los Martín Gil, podrían grabar con estrellitas de oro ese divino versículo en sus observatorios, bajo sus giratorias cúpulas, frente a sus ecuatoriales.

* * *

No hay, pues, razón para hacer reproches a los Evangelios porque no están de acuerdo con la ciencia actual.

Si ahora mismo el Logos encarnase de nuevo, ¿qué nos diría?

Nos diría lo que pudiéramos entender, nada más. Y dentro de cien años solamente, los sabios del siglo XXI pedantescamente exclamarían:

"¿Cómo vamos a aceptar por código un Evangelio que no está de acuerdo con las admirables conquistas de la ciencia actual?".

Y volverían la espalda al volumen escrito en esta vez *de la propia mano* de Jesús.

Por otra parte, Él se dirigía a los corazones: los cerebros están dentro del tiempo, condicionados por el tiempo y en un perenne divorcio.

Los corazones no. Él hablaba al Amor, que siempre es el mismo.

Él no quería convencer como un doctor, Él quería persuadir como un padre.

Anhelaba que le amasen y le siguiesen.

Siempre que un dios venga a la tierra, anhelará esto. No abrirá cátedras en las Sorbonas, ni se dirigirá a los doctores que, creyendo saber muchas cosas, lo calificarán despectivamente de iluminado, lo harán adolecer de "automatismo ambulatorio" y lo dejarán peregrinar solo...

Hablará a las multitudes y, sobre todo, remediará sus miserias.

Incrustará sus máximas en almas sencillas y vírgenes, que será como incrustarlas en acero...

Por lo demás, Dios no pretende que le comprendamos, porque sería una pretensión insensata; yo he dicho a propósito de esta comprensión:

. . . .

Y en suma: ¿la ciencia ha encontrado ya la verdad?

¿No decía William Crookes que *con lo que ignoramos* se podría construir el universo?

¿No dijo Newton que los conocimientos del hombre con respecto a lo ignorado son como un grano de arena en comparación del océano?

¿No sería posible que mañana, con un nuevo descubrimiento (análogo, por ejemplo, al del radium), se subvirtiesen todos los sistemas científicos?

¿Cómo pretender, pues, que un dios, supuesta su venida a la tierra, nos dé un Evangelio de actualidad científica inmediata, o bien un resumen de las verdades naturales del universo?

Un dios, por definición, no puede ser actual, puesto que está fuera del tiempo.

La ciencia va hacia una lejanísima síntesis maravillosa, ahora inconcebible. ¿Cómo podríamos comprender esta síntesis?

¿Ni en qué lenguaje humano podría expresarse el porqué de todos los porqués?

Es ilógico, por tanto —sin necesidad de recurrir a otras muchas consideraciones—, exigir a un Evangelio la expresión *técnica* de todas las cosas.

Por otra parte, no olvidemos que la Naturaleza, es decir, Dios, no ha recurrido sino últimamente a la *conciencia* como elemento de evolución.

La vida consciente no es más que de ayer. Nuestra razón es una recién llegada. Nuestras almas nadan aún en los océanos de lo inconsciente.

Lo que llamamos subconsciencia —ahora confinado temporalmente en su castillo interior— es la verdadera conciencia de las razas.

Pudiera ser que mañana, terminada esta etapa de la razón razonante, que a tan fatales extremos nos ha traído en Europa en el año de gracia de 1914, fuese sustituida paulatinamente *por otro elemento de comprensión.*

¡Qué sabemos de lo que nos prepara esta *boîte a surprises de la vida!*

* * *

Vistos desde este ángulo los Evangelios, y sentidos con amor, sin exégesis vanas, acaso pudieran ser, después de la guerra, el código moral de los hombres cultos y libres.

LA VISIÓN DE MAÑANA

DESPUÉS de un concurso de aviación, muchos años antes de que nadie soñara en la tremenda borrasca que iba a desencadenarse sobre el planeta, yo, profundamente conmovido por el espectáculo excepcional, aun en aquel tiempo de tanto vuelo osado y gallardo, escribí algunos versos, de los cuales recuerdo el siguiente:

Pájaro milagroso, colosal ave blanca

* * *

¡Ay!, el gran pájaro celeste fue mancillado. Se volvió la Cuarta Arma, y hoy es *el ojo* de la artillería en los perennes combates del frente, y va, además, a sembrar en las ciudades abiertas e indefensas, no "mensajes de amor" ni "besos de paz", sino toneladas de bombas, que matan con especialidad mujeres y niños.

La naturaleza no había conocido entre sus aves de presa y de rapiña una que pudiera, ni lejanamente, compararse a este gran pájaro asesino.

Nada, por otra parte, tan eficaz como él para fomentar odios.

Parece como que cada una de sus bombas es un siniestro huevo que empolla rencores inextinguibles.

Ello se explica por la impotencia en que se hallan para defenderse las ciudades. Todos sabemos que esta impotencia concentra siempre los odios.

Al cañón se opone el cañón, el fuerte de cemento armado, que a pesar de los tremendos explosivos, resiste con cierta gallardía.

Mas al avión ágil y osado, en vano pretenden las *cortinas de fuego* invalidarlo. Vienen los pájaros de horror en escuadrillas, que vuelan a diversas alturas y que surgen de todos los rumbos.

Las escuadrillas de defensa no aciertan a impedir su vuelo. Tal vez algunos de los agresores retroceden; quizá uno o dos caen envueltos en llamas; pero la mayor parte logran su terrible objeto y a su paso los monumentos más bellos, galardón del arte y de la historia, se derrumban y los escombros de los eminentes edificios sepultan innumerables vidas.

* * *

Todo, empero, en este mundo de "los contrarios", en este mundo en que la afirmación y la negación; las tinieblas y la luz se suceden como marea del abismo, tiene su compensación; y la compensación de esta fatalidad alada será su futura admirable contribución al progreso de los pueblos que hoy se combaten y desgarran.

La necesidad sabemos que es por excelencia industriosa, y gracias a ella hay muchísimas ramas de la ciencia que han alcanzado progresos enormes. Citemos la química, citemos la cirugía de urgencia y citemos, por último, la aviación.

Esta, que antes de la guerra era todavía una de las formas del acrobatismo, domina hoy de tal manera el océano atmosférico, que la navegación aérea es ya un hecho consumado. Y no solo para el aeroplano, sino para el dirigible.

El aeroplano parece, sin embargo, triunfar en ese viejo antagonismo del vehículo más ligero y el más pesado que el aire, y a los aviones gigantescos, de seis y ocho motores, se confiará, en cuanto acabe la guerra, el viaje transaéreo entre Europa y América.

Los franceses, los ingleses, los alemanes, proyectan ya, y algunas compañías construyen probablemente, aviones de tipos muy diversos, de una gran ligereza unida a una gran solidez, de una vasta capacidad de transporte, con motores poderosísimos.

Estos aparatos podrán lograr, desde luego, una velocidad de 250 a 300 kilómetros por hora, según la mayor o menor resistencia del aire.

Un viaje de Europa a América, escogiendo las líneas más cortas, podrá hacerse, pues, *en dos días*, a lo sumo, y en breve tiempo, en menos.

Los grandes vapores se destinarán al transporte de la carga, y los pasajeros, con maletas de aluminio, admirablemente agenciadas, atravesarán los mares a velocidades casi de ensueño.

* * *

Las formas de los aviones serán elegantes y fantásticas.

Los habrá como inmensos insectos, cuyos enormes ojos saltones despedirán torrentes de luz en las noches, y en el día servirán de inmensos miradores encristalados, donde se han de instalar el comedor y el salón.

Los habrá como pájaros colosales, cuyo pico acerado resguardará a los pilotos y mecánicos.

Otros parecerán cetáceos monstruosos; otros añadirán, a las infinitas formas conocidas, formas nunca vistas.

Y todos, como visión del más estupendo ensueño, llegarán con crepitaciones formidables a las gigantes plataformas de acero que habrán de erguirse en las inmediaciones de las grandes ciudades.

Quien por la noche, en el campo o en los barrios poco populosos, levante los ojos al cielo, verá aquellos monstruos cruzar el espacio, y leerá los fantásticos letreros luminosos de sus vientres y alas:

"París-Nueva York". — "Londres-México". — "Madrid-Buenos Aires"...

Los trenes que en tanto se arrastren por los rieles, rechinando penosamente, parecerán lamentables luciérnagas, bajo la emocionante majestad de las inmensas aves de luz.

Yo me complazco en creer que este hábito de volar, de cernerse gallardamente sobre las nubes, de hender con tal seguridad los aires, despertará a la postre en las almas el ideal dormido, elevará quizá los pensamientos de los hombres; afinará, en fin, este pobre barro humano que con tanta facilidad se acuerda de que es fango y con tanta frecuencia olvida que tiene alas.

La aviación, además, nos devolverá a la noche, a la majestad de las olvidadas estrellas, que no podremos menos que contemplar; y ya se sabe que las estrellas son pálidos y ardientes doctores que enseñan muchas cosas...

Ellas civilizaron a los caldeos, a los egipcios, a los griegos, a los nahoas y a los mayaquiché.

Ellas han devuelto a muchos hombres en las noches puras de las trincheras, el sentido de la eternidad... En ellas está nuestra esperanza de salvación.

LA MUERTE DE LA SORPRESA Y LA ADAPTACIÓN AL MILAGRO

UNA de las pruebas indirectas y mediatas, si se quiere, pero prueba al fin, de que el alma humana está destinada a posibilidades infinitas, cada vez mayores, cada vez más bellas, es su adaptabilidad inmediata al milagro.

El asombro es un sentimiento más efímero todavía que el amor.

El prodigio más estupendo no acierta a suspendernos muchos minutos el ánimo.

Recuerdo el caso de la Kati King, de William Crookes (y conste que ni afirmo ni niego su veracidad).

Se trataba, al decir del ilustre profesor y de los sabios que lo acompañaban, en unión de los miembros de su familia, de un espíritu al que daba cuerpo la medium Florencia Cook, dormida sobre un diván a pocos pasos de la aparición.

Kati King iba y venía por la sala, sonreía, conversaba. En varias ocasiones mostró a los del círculo cómo los espíritus sabían tejer las telas blanquísimas y vaporosas de que se envuelven. Con un movimiento gracioso de las manos iba desenrollando una muselina fantástica, que desaparecía, al fin, como había aparecido.

Antes de partir, después de *tres años* de frecuentes visitas, Kati obsequió a todos los presentes con rizos de su hermoso pelo rubio y trozos de tela de la blanca túnica en que se envolvía. Inmediatamente después de haber mutilado sus cabellos y cortado su traje, pasó simplemente sus manos por unos y otros, y ambos volvieron a su integridad... reconstruidos milagrosamente con el mágico toque de sus dedos.

En cierta ocasión los concurrentes insistieron para que Kati se mostrase con todos los mecheros del gas encendido. Ella se negaba porque decía que el experimento "era muy doloroso"; pero llevada al fin de su deseo de complacerlos y de darles una prueba de su misterioso origen, aceptó. Púsose con los brazos en cruz, pegada a la pared, y a la vista de todos, encendidas cuantas luces había, se fue desvaneciendo de los pies a la cabeza.

Parecía como si se hundiese en el piso, entre un humillo luminoso. Al fin, solo quedó sobre las maderas la cabeza...; después, nada.

Durante su última aparición se dejó consultar por William Crookes, quien contó sus pulsaciones y los latidos de su corazón.

* * *

Pues bien (y allá arriba), los espectadores de escenas tales las veían con una flemática naturalidad.

Y siempre que los hombres han creído ver un milagro, pasado el primer instante de curiosidad se familiarizan con él, se adaptan a él y siguen tranquilamente su camino.

Más aún: acaban por mirarlo con cierta risueña burla. Quienes viven en las grandes ciudades no se sorprenden de nada; las más extrañas y nunca vistas cosas apenas aciertan a desflorar su curiosidad.

En la madurez de la vida, por poco que se haya visto, no hay quien no pueda exclamar como Marcelina Desbordes Valmore: "*Tous mes étonnements sont finis sur la terre…*"

Ahora mismo en esta guerra estamos viendo, con gran naturalidad, cosas que hace apenas diez años se reputaban portentosas, juliovernescas o welescas.

Estamos viendo a los submarinos ir y venir por todos los mares, llevando a cabo hazañas fantásticas; estamos viendo a la aviación completamente dueña del espacio, combatir en bandadas, bombardear ciudades desde alturas prodigiosas, recorrer millares de kilómetros, ir de Inglaterra a Turquía, por ejemplo, a arrojar algunas toneladas de explosivos.

Estamos viendo envenenar el aire de las ciudades atacadas con gases deletéreos.

Estamos viendo a los paquidérmicos tanques marchar pesadamente, arrollándolo todo, como la fatalidad.

Estamos viendo cañones que disparan proyectiles y hacen blancos a ciento veinte kilómetros, y cuyo principio de recámaras pudiera ser el comienzo de la navegación etérea.

Estamos viendo funcionar maravillosamente la telegrafía y aun la telefonía sin hilos.

Se han visto buques sin tripulación, dirigidos eléctricamente desde lejana orilla, ir a explorar en un punto determinado.

Y otras muchas cosas que me dejo en el tintero, por no alargar desmesuradamente la enumeración.

* * *

Y lo más sorprendente es que nada de esto nos sorprende. Apenas si los periódicos que nos cuentan estas cosas despiertan nuestro interés.

Se diría que sabemos ya todas estas cosas y más. Se diría que lo sabemos todo y que, según la célebre frase platónica, no hacemos más que recordarlo.

Continuamos risueños y despreocupados entre las filas luminosas y mágicas de los milagros científicos. Nos movemos con el mayor desparpajo en el palacio de las maravillas.

Nuestra comprensión está en razón inversa de nuestra sorpresa.

¿Qué nos reserva el porvenir después de la gran guerra, cuando la química, la física, la mecánica, en vez de aplicarse a destruir se apliquen a crear?

Verdaderas maravillas; pero ya podemos predecir que, sean las que fueren, nuestros hijos no se asombrarán: pasarán a través de ellas sin acelerar ni detener el ritmo de su andar; ni el ritmo de su corazón.

En esta gran catástrofe en que han sucumbido tantas cosas (la Verdad, el cumplimiento de la Fe Jurada, la agresión caballeresca, la profecía...), hay una que está irremisiblemente muerta, y enterrada como Marlborough: la Sorpresa.

PERLAS NEGRAS
(1898)

Este libro es el libro de mi adolescencia.

Tiene muchos defectos, pero también muchas sinceridades.

Si algo vale la sinceridad en el arte, que ella me escude.

Amado Nervo.

I

¡MENTIRA! Yo no busco las grandezas;
me deslumbra la luz del apoteosis,
y prefiero seguir entre malezas
con mi pálida corte de tristezas
y mi novia bohemia: la Neurosis.

Dejadme. Voy muy bien por la existencia
sin mendigar un vítor ni una palma,
pues bastan a mi anhelo y mi creencia
un pedazo de azul en la conciencia
y un rayito de sol dentro del alma.

II

¡AVANZA, negra deidad,
con tu séquito de estrellas,
con tu báratro de sombras,
con tu luna macilenta!

¡Avanza...! Yo, recostado
sobre la pajiza yerba
que alfombra el patio ruinoso
de mi morada desierta,

te contemplo, y entre tanto,
descienden y me rodean
las mujeres de mi vida
diciendo todas: *¿Te acuerdas?*

....

Pupilas del infinito,
siempre mudas, siempre abiertas,
que miráis indiferentes
los dolores de la tierra;

luna, tan sola, tan triste
como una esperanza muerta,
¡vosotras sois las amigas
misteriosas del poeta!

Con vuestro fulgor descienden,
descienden y me rodean
las mujeres de mi vida,
diciendo todas: *¿Te acuerdas?*

III

"QUE DISFRUTO, que río,
que se recrea el pensamiento mío
en sueños inefables, que desciende
la inspiración a mí, como rocío
que del manto del alba se desprende
y da vida a las flores y atavío";

"que la ilusión del porvenir me alienta;
que jamás el dolor y los afanes
han trabado en mi espíritu violenta
contienda de titanes;
que no brama en mi cielo la tormenta
ni arrasan mi vergel los huracanes..."

Quiero creerlo, pues que tú lo dices
(hay seres muy felices);
mas oye, alma que sufres porque adoras:
todas esas venturas que señalas,
las diera por los ayes que tú exhalas,
las diera por las lágrimas que lloras.

IV

EL ALBA, con luz incierta,
en el espacio fulgura,
y parece que murmura
besando mi faz: ¡Despierta!

Rompe la nívea mortaja
de la fuente el sol ufano,

y su fulgor soberano
me dice: ¡Lucha, trabaja!

Muere el sol, quietud inmensa
se adueña de cuanto existe...;
entonces, una voz triste
susurra en mi oído: ¡Piensa!

Por fin, la noche, vestida
de luto, llena de encanto,
me cobija con su manto,
suspirando: ¡Duerme, olvida!

V

¿Ves el sol, apagando su luz pura
en las ondas del piélago ambarino?
Así hundió sus fulgores mi Ventura
para no renacer en mi camino.

Mira la luna: desgarrando el velo
de las tinieblas, a brillar empieza.
Así se levantó sobre mi cielo
el astro funeral de la tristeza.

¿Ves el faro en la peña carcomida
que el mar inquieto con su espuma alfombra?
Así radia la fe sobre mi vida,
solitaria, purísima, escondida:
¡como el rostro de un ángel en la sombra!

VI

Rindióme al fin el batallar continuo
de la vida social; en la contienda,
envidiaba la dicha del beduino
que mora en libertad bajo su tienda.

Huí del mundo a mi dolor extraño,
llevaba el corazón triste y enfermo,
y busqué, como Pablo el Ermitaño,
la inalterable soledad del yermo.

Allí moro, allí canto, de la vista
del hombre huyendo, para el goce muerto,
y bien puedo decir con el Bautista:
¡Soy la voz del que clama *en el desierto!*

VII

¡Oh bólido luciente, que del piélago
donde bogan los astros
lanzado fuiste sin piedad, y vienes
a morir a otro piélago agitado:
del azul al azul fue tu camino,
camino de zafiros y topacios:
¡naciste en el azul del firmamento,
moriste en el azul del océano!

Así también el pensamiento mío
del azul al azul camina rápido:
la combustión del fósforo lo engendra
con chispeo violado
en la obscura celdilla del cerebro,
y lo lleva su anhelo a los espacios,
en busca del saber, de la belleza,
del arte, *que es lo azul* de lo increado;
y morirá por fin en las alturas,
consumidas las alas, como Ícaro.

VIII

Al oír tu dulce acento
me subyuga la emoción,
y en un mudo arrobamiento

se arrodilla el pensamiento
y palpita el corazón...
Al oír tu dulce acento.

Canta, virgen, yo lo imploro;
que tu voz angelical
semeja el rumor sonoro
de leve lluvia de oro
sobre campo de cristal.
Canta, virgen, yo lo imploro:
es de alondra tu garganta,
¡canta!

¡Qué vagas melancolías
hay en tu voz! Bien se ve
que son amargos tus días.
Huyeron las alegrías,
tu corazón presa fue
de vagas melancolías.

¡Por piedad! ¡No cantes ya,
que tu voz al alma hiere!
Nuestro amor, ¿en dónde está?
Ya se fue..., todo se va...
Ya murió..., todo se muere...
Por piedad, no cantes ya,
que la pena me avasalla...
¡Calla!

IX

El cometa bohemio, que dilata
su cauda fulgurante por la altura,
es el cinto de plata
con que ciñe la Noche su cintura.

Es etíope bellísima la Noche;
y Dios, de su hermosura satisfecho,
en la luna le dio pálido broche,
y complacido lo prendió en su pecho.

De las Pléyades limpias y distantes
que trémulas se agrupan en la esfera,
formóle una diadema de brillantes
y con ella encauzó su cabellera.

Y del lago tranquilo que en el llano
riza en plácidas ondas su agua pura,
un biselado espejo veneciano,
donde mira, coqueta, su hermosura.

La etíope ambicionaba más encanto,
reclamaba la reina más decoro,
y Dios espolvoreó sobre su manto
estrellas rubias como granos de oro.

*

El rayo es un flagelo
que fustiga las nubes en el cielo.
Cuando siente sus flancos azotados
el grupo tenebroso, tasca el freno
y, cuadriga de hipógrifos airados,
deja oír un relincho: eso es el trueno.

*

El relámpago, luz indefinible
que en breve por los cielos se pasea,
es el ojo de un cíclope, invisible
en medio del estrago y lo terrible,
que detrás de una nube parpadea.

Ese rumor que en vuestra alcoba, escasa
de luz, oís que dolorido os nombra,
es la voz de un espíritu, que pasa
agitando sus alas en la sombra...

*

Y las blancas, las tímidas estrellas
que brillan en el piélago profundo

del éter, y lo doran con sus huellas,
son pupilas de pálidas doncellas
que murieron de amores en el mundo.

X

¿Por qué tan grave la muchachita?
¿Por qué los goces del juego evita?
¿Por qué se oculta y, en un rincón,
el más sombrío de estancia aislada,
gime solita y acurrucada
como paloma sin su pichón?

¿Perdió su rorro grande, que dice:
papá? L'ausencia de Berenice,
su dulce amiga, ¿le causa afán?

¿Sufrió el regaño de adusta abuela,
o pena acaso porque a la escuela
mañana mismo la llevarán?

¡Ay! Es que ha muerto su hermosa gata,
cuyo bigote —púas de plata—
cien y cien veces acarició;
la de albo pelo, mayar sonoro,
ojos muy verdes, vetados de oro,
¡la *Remonona* que tanto amó!

Por eso pena la muchachita,
por eso el goce pueril evita,
odia el bullicio, y en un rincón,
el más sombrío d'estancia aislada,
gime solita y acurrucada
como paloma sin su pichón.

XI

¡La calma…! Tan solo es buena
para el débil que la ama:
me gusta el mar cuando brama
y la nube cuando truena.
La corriente, cuando llena
de espuma se lanza al plan;
el monte, cuando en volcán
convertido centellea
y se estremece y humea
como fragua de titán.

¡La lucha…! Tan solo es buena
para el fuerte que la quiere:
me gusta el mar, cuando muere
cantando, sobre la arena;
la nube, cuando, serena,
me finge crespón muy leve;
el río, cuando se mueve
entre céspedes y cañas,
y las inmensas montañas
si se coronan de nieve.

XII

Álbum de Josefina Tornel

Sol esplendente de primavera,
a cuyo beso, fresca y lozana,
la flor se yergue, la mariposa
viola el capullo, la yema estalla;
sol esplendente de primavera:
¡yo te aborrezco!, porque desgarras
las brumas leves, que me circundan
como rizado crespón de plata.

A mí me gustan las tardes grises,
las melancólicas, las heladas,

en que las rosas tiemblan de frío,
en que los cierzos gimiendo pasan,
en que las aves, entre las hojas,
el pico esconden bajo del ala.

A mí me gustan esas penumbras
indefinibles de la enramada,
a cuyo amparo corren las fuentes,
surgen los gnomos, las hojas charlan...

Sol esplendente de primavera,
ceda tu gloria, declina, pasa:
deja las brumas que me rodean
como rizado crespón de plata.
Bellas mujeres de ardientes ojos,
de vivos labios, de tez rosada,
¡os aborrezco! Vuestros encantos
ni me seducen ni me arrebatan.

A mí me gustan las niñas tristes,
a mí me gustan las niñas pálidas,
las de apacibles ojos obscuros
donde perenne misterio irradia;
las de miradas que me acarician
bajo el alero de las pestañas...

Más que las rosas, amo los lirios
y las gardenias inmaculadas;
más que claveles de sangre y fuego,
la sensitiva mi vista encanta...

Bellas mujeres de ardientes ojos,
de vivos labios, de tez rosada:
pasad en ronda vertiginosa;
vuestros encantos no me arrebatan...

Himnos vibrantes de las victorias,
notas triunfales, bélicas marchas,
¡os aborrezco!, porque, al oíros,
trémulas huyen mis musas blancas.

A mí me gustan las notas leves…,
las notas leves..., las notas lánguidas,
las que parecen suspiros hondos...
suspiros hondos de almas que pasan...

Chopin: deliro por tus *nocturnos;*
Beethoven: sueño con tus *sonatas;*
Weber: adoro tu *Pensamiento;*
Schubert: me arroba tu *Serenata.*

¡Oh! Cuántas veces, bajo el imperio
de vuestra música apasionada,
Ella me dice: ¿Me quieres mucho?
y yo respondo: ¡Con toda el alma!

Himnos vibrantes de las victorias,
notas triunfales, bélicas marchas:
¡chis!, porque huyen al escucharos,
trémulas todas, mis musas blancas...

Sol esplendente de primavera,
lindas mujeres de faz rosada,
himnos triunfales..., dejadme a solas
con mis ensueños y mis nostalgias.

Pálidas brumas que me rodean
como rizado crespón de plata,
vagas penumbras, niñas enfermas
de ojos obscuros y tez de nácar,
notas dolientes: ¡venid, que os amo!
¡Venid, que os amo! ¡Tended las alas!

XIII

Águila, cese tu vuelo;
aunque los Andes escalas,
nunca podrás con tus alas
tocar las cumbres del cielo.

—Poderoso es mí vigor
y llegaré, no lo dudes...
—A tales excelsitudes
tan solo llega el cóndor.

—Alma que vas anhelante
de ciencia infinita en pos,
detente: la ciencia es Dios,
y Dios... ¡está muy distante!

—Traspasaré el firmamento.
¿Y con qué vigor lo escalas?
—Llevo dos divinas alas:
El amor y el pensamiento.

XIV

¿Quién es? —No sé: a veces cruza
por mi senda, como el Hada
del Ensueño: siempre sola...,
siempre muda..., siempre pálida...
¿Su nombre? No lo conozco.
¿De dónde viene? ¿Do marcha?
¡Lo ignoro! Nos encontramos,
me mira un momento y pasa:
¡Siempre sola...! ¡Siempre triste...!
¡Siempre muda...! ¡Siempre pálida...!

Mujer: ha mucho que llevo
tu imagen dentro del alma.
Si las sombras que te cercan,
si los misterios que guardas
deben ser impenetrables
para todos, ¡calla, calla!
¡Yo solo demando amores:
yo no te pregunto nada!

¿Buscas reposo y olvido?
Yo también. El mundo cansa.

Partiremos lejos, lejos
de la gente, a tierra extraña;
y cual las aves que anidan
en las torres solitarias,
confiaremos a la sombra
nuestro amor y nuestras ansias...

XV

¿Escuchas? Pasan suspirando en coro
los céfiros ligeros.
¿Ves? Agitan los rectos datileros
sus abanicos de esmeralda y oro.
En ocaso, la luz deslumbradora
de sus tonos purpúreos hace alarde...

¡Cuán hermoso es amar en esta hora,
sentir que tiembla el corazón cobarde
cerca del bien que adora,
y que invaden el alma soñadora
las místicas tristezas de la tarde!

XVI

De pie, sobre la roca que, altanera,
cubre la mar con sus espumas blondas,
veo surgir la luna —esa viajera
tan pálida y tan triste— de las ondas.

Así del océano de mi vida,
disipando la sombra en que me pierdo,
se levanta una estrella, revestida
de fulgores divinos: tu recuerdo.

XVII

¿Eres ave? Mi espíritu es un árbol
desnudo y macilento,
cuyas hojas pusiéronse muy pálidas
cuando llegó el invierno,
y volaron más tarde, desprendidas
por el soplo del cierzo.
Ya no dora la luz la escueta copa,
ni parlotea entre el ramaje el céfiro.
No puedes reposar en ese árbol.
Prosigue, pues, tu vuelo.

¿Eres rocío matinal? ¡El páramo
de mi vida es tan seco...!
En vano intentaría tu frescura
fertilizar su seno.
No hay un cáliz siquiera en donde puedas,
como diamante trémulo,
lanzar, cuando el sol surge esplendoroso,
tus límpidos destellos.
No intentes fecundar lo infecundable,
almo llanto del cielo.

¿Eres sombra? ¡Pues ven! Perpetua sombra,
anida en mi cerebro;
protectora de lívidos fantasmas,
privada de luceros.
Un astro luce solo: el imposible,
el inefable Ensueño,
que, temeroso de opacar sus galas,
s'emboza en el misterio...

Ven y funde tu sombra con mi sombra,
y un caos formaremos,
de donde acaso Dios, compadecido,
de su *fiat* al eco,
haga surgir un mundo de esperanzas,
de ventura y consuelo.

XVIII

En las noches de abril, mansas y bellas,
en tanto que recuerdas o meditas,
ascienden al azul las margaritas
y se truecan en pálidas estrellas

Cuando el sol en las mares infinitas
del orto desparrama sus centellas,
descienden a los campos las estrellas
y se truecan en blancas margaritas.

Por eso, cuando llena de rubores
deshojas margaritas de alabastros,
auguran el olvido y los amores;
presienten el futuro: ¡han sido astros!
Comprenden el amor: ¡han sido flores!

XIX

¡Ven, acércate más! El campo umbrío,
el cielo torvo y el ambiente frío,
predisponen el alma a la tristeza.
Ven, apoya en mi hombro tu cabeza;
así, juntos, muy juntos, dueño mío.

Hablemos de tu amor: ¡de aquel soñado
amor! Cuando el invierno desolado
reina doquier, y pálidas se ahuyentan
la ilusión y la fe, ¡cómo calientan
los recuerdos benditos del pasado!

Ven, acércate, mi dulce dueño...,
y en tanto agita con tenaz empeño
la niebla gris su colosal cimera,
sobre nosotros vuelque la Quimera
el ánfora impalpable del Ensueño.

XX

Ya la noche se acerca, la hermosa
reina nubia de castas pupilas;
la que boga en su esquife de plata
remolcado por negra cuadriga.

Ya preludian su *trémolo* flébil,
en las verdes palmeras, las brisas.
Cayó el sol como rosa de fuego
en las glaucas llanuras marinas;

y volvieron las blancas gaviotas
a las rocas, que yerguen altivas,
erizadas de agujas sus moles,
recortando l'azul lejanía.

Bésame frente al mar, frente al cielo
en que vago crepúsculo brilla;
en presencia de Dios, que bendice
el connubio de tu alma y la mía.

Él creó en nuestros pechos, que laten
hoy tan juntos, la llama purísima
del amor que ha dictado mis versos,
del amor que resume tu vida.

Bésame cual la ola a la playa,
cual los astros al mar, cual las brisas
a la palma de lacios cabellos;
bésame, desposada divina.

Mientras abren sus cálices de oro
las estrellas, que son margaritas
del celeste jardín, que los ángeles
con sus manos de nieve cultivan.

Bésame mientras reinan las sombras
que nos traen en sus pliegues la dicha,

mientras baten sus alas los sueños,
mientras pueblan el bosque las ninfas,
¡y Deméter con hondos espasmos
de placer inefable palpita!

XXI

Abrió el poniente su botón de fuego;
empurpuróse la extensión del lago;
reinó doquiera funeral sosiego;

Eolo difundió su fresco halago,
y el *Angelus,* doliente como un ruego,
tremoló en el azul, medroso y vago.

Sintió el enfermo la inquietud arcana
del día que se va, y el desconsuelo
del que ya no ha de ver su luz ufana.

Y en tanto qu'Endimión, tras rojo velo,
parecía decir: ¡Hasta mañana!,
él, acuitado, sollozó: ¡Hasta el cielo!

XXII

En rica estancia de aristocrática
mansión, en lecho de pompa asiática,
donde el dorado blasón que expresa
antiguas glorias luce su brillo,
duerme a sus anchas un falderillo:
el falderillo de la condesa.

En la magnífica chimenea
un blando fuego chisporrotea;
afuera el cierzo sus alas mueve,
y cual vellones desparramados

van descendiendo por los tejados
innumerables copos de nieve.

La tarde muere, la luz fenece,
la estancia, en honda quietud, parece
cripta en que el ruido mundano cesa;
solo se escuchan, en ocasiones,
las compasadas respiraciones
del falderillo de la condesa.

Un rapazuelo de cuerpo escuálido,
de tristes ojos, de rostro pálido,
rasca las cuerdas de su violín
frente a los muros de aquella casa:
¡música inútil!, la gente pasa
sin dar socorros al serafín.

En tanto el cierzo silba y se queja;
el pobre niño de tocar deja;
llora y a nadie su llanto mueve;
en vano empuja con mano incierta
de la morada condal la puerta,
¡y se desploma sobre la nieve!

Cuando despunta la luz primera,
desciende un rayo sobre la acera,
al niño muerto besa en la frente,
presta matices a sus cabellos
y luego forma por cima de ellos
una corona resplandeciente.

Otro rayito de la mañana
entra riendo por la ventana
del rico alcázar, y con traviesa
luz, que cascada de oro remeda,
baña los rizos de blanca seda
del falderillo de la condesa...

XXIII

CUANDO me vaya para siempre, entierra
con mis despojos tu pasión ferviente;
a mi recuerdo tu memoria cierra;
es ley común que a quien cubrió la tierra
el olvido lo cubra eternamente.

A nueva vida de pasión despierta
y sé dichosa; si un amor perdiste,
otro cariño tocará tu puerta...
¿Por qué impedir que la esperanza muerta
resurja ufana para bien del triste?

Ya ves..., todo renace...; hasta la pálida
tarde revive en la mañana hermosa;
vuelven las hojas a la rama escuálida,
y la cripta que forma la crisálida
es cuna de pintada mariposa.

Tornan las flores del jardín ufano
que arropó con sus nieves el invierno;
hasta el Polo disfruta del verano…
¿Por qué no más el corazón humano
ha de sufrir el desencanto eterno?

Ama de nuevo y sé feliz. Sofoca
hasta el perfume de mi amor, si existe;
¡solo te pido que no borres loca,
al sellar otros labios con tu boca,
la huella de aquel beso que me diste!

XXIV

¡TOCA, TOCA! Tus manos de nieve
son magas creadoras.
A su impulso, ¡qué lánguidas surgen
del piano las notas!,
y llenando la estancia quieta

de voces melódicas,
fingen himnos, sollozos, gorjeos,
sinfonías del viento en las hojas,
cuchicheos discretos de brisas
y plañidos lejanos de olas...

¡Toca, toca! Tu música inspira
mis más bellas trovas;
al oírla, reviven en mi alma
las viejas memorias,
y parece que ausentes venturas
riendo retornan,
¡que me besa como antes mi madre,
que como antes me quiere mi novia!
¡Toca, toca...! Y después, cuando expiren
temblando en la alcoba
los acentos postreros, ¡oh virgen!,
acércate, apoya
en la pálida frente del bardo
tus labios de rosas,
y que el ritmo del beso corone
de tu Liszt la potente *Rapsodia,*
de tu Schumann los vagos *Nocturnos;*
y que vuelen, cantando, las horas,
la canción de la esperanza,
tenue, blanda, misteriosa…

XXV

Allegro vivace

Oye, neurótica enlutada,
oye: la orquesta desmayada
preludia un vals en el salón;
de luz la estancia está inundada,
de luz también el corazón.

¡Ronda fantástica iniciemos!
El vals es vértigo: ¡valsemos!

¡Que viva el vértigo, mujer!
Es un *malstrom*: encontraremos
en su vorágine el placer.

Valsar, girar, ¡qué bello es eso!
Valsar, girar, perder el seso,
hacia el abismo resbalar,
en la pendiente darse un beso,
morir después... Valsar, girar…

Paolo, tu culpa romancesca
viene a mi espíritu; Francesca,
unida siempre a Paolo vas...
¡Impúlsanos, funambulesca
ronda!, ¡más vivo!, ¡mucho más...!

Valsar, girar, ¡qué bello es eso!
Valsar, girar, perder el seso,
hacia el abismo resbalar,
en la pendiente darse un beso,
morir después... Valsar, girar...

XXVI

A un poeta

Tu inspiración heroica reclama los doseles,
el áulico aparato, la pompa y el ruido;
m'inspiración no busca ni palmas ni laureles:
le basta un soto espeso donde colgar su nido.

Tu numen es olímpico, es sol: el cielo es suyo,
y va por él soberbio, sobre dorado coche;
mi numen rasga tenue la sombra, cual cocuyo,
o duerme en el inmenso regazo de la noche.

Tu inspiración es himno, mi inspiración es ruego;
mi musa está muy triste, tu musa canta y crea;

tu numen es la rosa de nácar y de fuego;
mi numen es la pálida y fúnebre orquídea...

XXVII

Cuando escucho el rumorar
de las olas, triste, pienso:
¡qué sollozo tan inmenso
es el sollozo del mar!

Cuando me arranca el pesar
un grito, sin compasión,
clamo, en medio a la aflicción
que trueca en sombras mi gozo:
¡más inmenso es el sollozo
de mi pobre corazón!

XXVIII

¿Por qué? —Si lo supiera lo diría...
Mi numen es así, pájaro enfermo,
que busca en el misterio poesía:
ama la nave gótica, la umbría,
los penachos de niebla, el campo yermo.

Temprano fue nutrido de amarguras
mi espíritu, y hoy quiere, contristado,
las sombras en que duermen las locuras…
Se cierne como el grifo en las obscuras
soledades del templo abandonado.

Mi numen es así: ¡Dios lo ha querido!
No me hieras, mujer, con tu reproche.
¿Te disgusta mi amor? Venga tu olvido,
¡mas déjame que vague confundido
con las almas errantes de la noche!

XXIX

Sí, YO AMABA lo azul con ardimiento:
las montañas excelsas, los sutiles
crespones de zafir del firmamento,
el piélago sin fin, cuyo lamento
arrulló mis ensueños juveniles.

Callaba mi laúd cuando despliega
cada estrella purísima su broche,
el universo en la quietud navega,
y la luna, hoz de plata, surge y siega
el haz de espesas sombras de la noche.

Cantaba, si la aurora descorría
en el Oriente sus rosados velos,
si el aljófar al campo descendía,
¡y el sol, urna de oro que se abría,
inundaba de luz todos los cielos!

Mas hoy amo la noche, la galana,
de dulce majestad, horas tranquilas
y solemnes, la nubia soberana,
la de espléndida pompa americana:
¡la noche tropical de tus pupilas!

Hoy esquivo del alba los sonrojos,
su saeta de oro me maltrata,
y el corazón, sin pena y sin enojos,
tan solo ante lo negro de tus ojos
como el iris del búho se dilata.

¿Qué encanto hubiera semejante al tuyo,
oh, noche mía? ¡Tu beldad me asombra!
Yo, que esplendores matutinos huyo,
¡dejo al alma que agite, cual cocuyo,
sus alas coruscantes en tu sombra!

Si siempre he de sentir esa mirada
fija en mi rostro, poderosa y tierna,

¡adiós, por siempre adiós, rubia alborada!,
doncella de la veste sonrosada:
¡que reine en mi redor la noche eterna!
¡Oh, noche! Ven a mí llena de encanto;
mientras con vuelo misterioso avanzas,
nada más para ti será mi canto,
y en los brunos repliegues de tu manto,
su cáliz abrirán mis esperanzas...

XXX

Cuando el sol vibra su rayo
de oro vivo, de oro intenso,
de la tarde en el desmayo;
cuando el sol vibra su rayo,
¡pienso!

Pienso en ti, la Deseada
que mi amor buscando va
con nostálgica mirada;
pienso en ti, la Deseada,
y pregunto: *¿no vendrá?*

Cuando estoy febricitante
en los brazos del Ensueño
que me lleva muy distante;
cuando estoy febricitante,
¡sueño!

Sueño en hombros fraternales
donde al fin reposarán
mis cansados ideales;
sueño en hombros fraternales
y pregunto: *¿no vendrán?*

Cuando estoy enfermo y triste
y es inútil mi reclamo
porque al fin tú no viniste;
cuando estoy enfermo y triste,
¡amo!

Amo el beso de la Muerte,
que mañana entumirá
mi avidez por conocerte;
amo el beso de la Muerte
y me digo: *¡sí vendrá!*

XXXI

Yo —dijo Satanás— padezco mucho;
detesto el Bien, por extinguirle lucho
y, sin embargo, triunfador le veo.
¡Dios burla mi poder y mis hazañas
y la envidia devora mis entrañas
como el buitre feroz de Prometeo!

¡Y siempre durará mi angustia fiera,
porque no puedo amar, que si pudiera,
despreciara la dicha de los cielos!
Y repliqué: —Yo envidio tus dolores:
¡Como jamás alimentaste amores,
no comprendes aún lo que son celos!

XXXII

Virgencita, ya cayeron,
    en redor las hojas secas;
los ponientes ya no lucen
    de su púrpura las galas,
y la escarcha, como lino
    desgajado de las ruecas,
leve cruza por el valle,
    de los cierzos en las alas.

Allá, lejos, en los flancos
    sin verdor de la colina,
en la falda de los montes,
    en los húmedos collados,

en la margen de las fuentes,
    se acurruca la neblina
como grey de temblorosos
    corderillos fatigados.

Virgencita, ya en el alma
    no hay ensueños ni ilusiones;
como pájaros medrosos
    se lanzaron al vacío
en demanda de otros nidos
    los ardientes corazones,
y murieron asaeteados
    por la lluvia y por el frío...

Ven conmigo, yo te ofrezco
    mi fogón, embalsamado
por la goma de los troncos
    que crepitan y chispean;
soñarás mientras los cierzos,
    con acento fatigado,
ya sollozan a las rejas,
    ya, en la cumbre del tejado,
la balada del invierno
    lentamente canturrean.

XXXIII

Amiga, mi larario está vacío:
desde que el fuego del hogar no arde,
nuestros dioses huyeron ante el frío;
hoy preside en sus tronos el hastío
las nupcias del silencio y de la tarde.

El tiempo destructor no en vano pasa;
los aleros del patio están en ruinas;
ya no forman allí su leve casa,
con paredes convexas de argamasa
y tapiz de plumón, las golondrinas.

¡Qué silencio el del piano! Su gemido
ya no vibra en los ámbitos desiertos;
los nocturnos y *scherzos* han huido...
¡Pobre jaula sin aves! ¡Pobre nido!
¡Misterioso ataúd de trinos muertos!

¡Ah, si vieras tu huerto! Ya no hay rosas,
ni lirios, ni libélulas de seda,
ni cocuyos de luz, ni mariposas...
Tiemblan las ramas del rosal, medrosas;
el viento sopla, la hojarasca rueda.

Amiga, tu mansión está desierta;
el musgo verdinegro que decora
los dinteles ruinosos de la puerta,
parece una inscripción que dice: ¡Muerta!
El cierzo pasa, suspirando: ¡Llora!

XXXIV

¡Cállate! —dijo, posando
la diestra sobre mi boca.
—¿Olvidarte yo...? ¡Primero
la luz se trocara en sombras,
perdiera el mar sus rumores,
el rosal no diera rosas!

Pasaron algunos años,
y la luz el campo dora,
las ondas gimiendo expiran,
flores de nácar adornan
el rosal. . . ¡y mi recuerdo
ya no vive en su memoria!

XXXV

QUE YA TU JUVENTUD está marchita
y no puedes amar —frase solemne,
mas inútil, ¡oh rubia Margarita!
El amor es un Lázaro perenne:
cuando apenas ha muerto, resucita.

XXXVI

AL CONTEMPLAR tu juventud penosa,
recuerdo de Noemí la desventura.
¡Ay!. tú puedes también clamar llorosa:
«No me llaméis *Noemí,* la más hermosa;
llamadme *Mara,* esto es: ¡mar de amargura!»

Mas, ¡qué importa!, en tu lánguida cabeza
el nimbo santo del dolor radía,
y *el dolor es la única nobleza;*
Dios unge con un óleo de tristeza
a las frentes más altas, virgen mía.

XXXVII

NUESTRO amor es zenzontle: en el paraje
do la beldad a la quietud se aduna,
entona su cantar; ama el boscaje
cuando tiembla en el claro del ramaje
el rayo macilento de la luna.

Nuestro amor es un mago y un poeta:
reproduce, conforme a su deseo,
el calado balcón, la estancia quieta
donde agoniza de pasión Julieta
en los brazos amantes de Romeo.

Nuestro amor es mañana seductora,
y crepúsculo al par, que rojo arde;
pues lucen en su faz encantadora
las alegres sonrisas de la aurora
y las tristes sonrisas de la tarde.

XXXVIII

Se va la luz hacia el confín violado
del cielo, el sol agonizante llega,
y parece su disco anaranjado
un escudo de bronce, abandonado
en el campo sangriento, tras la brega…

Mientras abre la flor su casto broche
a las caricias de la tarde umbría,
la luna avanza en nacarado coche,
y brega con los trasgos de la noche
la rutilante cuádriga del día.

¡Hora de bendición! Surcan de prisa
el espacio los pájaros marinos,
y en el palmar qu'enhiesto se divisa
cada palma es laúd, en que la brisa
ejecuta sus *trémolos* divinos.

De pronto, de la cima, de la blonda
llanura en fruto do el Ocaso vierte
sus ánforas de fuego, surge honda
una queja de duelo: ¡cada fronda
suspira la salmodia de la muerte!

Mañana, cuando lleno de decoro
surja el sol otra vez, con sus centellas
asaeteando al piélago sonoro;
cuando entornen sus párpados de oro
con pudores de virgen las estrellas,

Naturaleza que la noche odia,
ante el ara del cielo enrojecida,
donde fulgura el sol como custodia,
en vez de su tristísima salmodia,
cantará el himno santo de la vida.

XXXIX

¡Cómo brama la tormenta!
¡Cómo agita, turbulenta,
sus oleajes la mar…!
Luchando están dos titanes...
Entre tanto, sus afanes
me divierto en contemplar.

¿Qué me importa el paroxismo
de sus iras? Un abismo
hay arriba, otro a mis pies;
mas no temo sus fierezas:
el abismo de tristezas
que yo escondo... ¡mayor es!

XL

Ante el sepulcro de M. Gutiérrez Nájera

Era un ritmo: el que vibra en el espacio
como queja inmortal, y se levanta
y llega del Señor hasta el palacio.
¡Un ritmo!, y en el cielo de topacio
se perdió: ¡como todo lo que canta!

Era un ave: su nido en el paraje
que habitamos formó cual filomela,
gorjeaba al amparo del follaje.
¡Un ave!, y sacudiendo su plumaje
se alejó: ¡como todo lo que vuela!

Era un lampo: el flamígero, de plata,
que tiende su fulgor en la penumbra
de casto amanecer, y se dilata
por el éter. ¡Un lampo!, y su luz grata
se apagó: ¡como todo lo que alumbra!

No fue su muerte conjunción febea
ni puesta melancólica de Diana,
sino eclipse de Vésper, que recrea
los cielos con su luz, y parpadea
y cede ante el fulgor de la mañana.

Morir cuando la tumba nos reclama,
cuando la dicha suspirando quedo:
«Adiós», murmura, y se extinguió la llama
de la fe, y aunque todo dice: «Ama»,
responde el corazón: «¡Si ya no puedo!»;

cuando solo escuchamos dondequiera
del tedio el gran monologar eterno,
y en vano desparrama Primavera
su florido caudal en la pradera,
porque dentro llevamos el invierno,

¡bien está! Mas partir en pleno día,
cuando el sol glorifica la jornada,
cuando todo en el pecho ama y confía,
y la vida, Julieta enamorada,
nos dice: *¡No te vayas todavía!*,

y forma la ilusión mundos de encaje,
y los troncos de savia están henchidos,
y las frondas perfuman el boscaje,
y los nidos salpican el frondaje,
y las aves arrullan en los nidos,

¡es muy triste, en verdad! Tal fue tu suerte,
¡oh poeta!, y en vano a tu partida
opusieron al par su muro fuerte:

Amor, más poderoso que la muerte;
Juventud: ¡el paladion de la vida!

Ave, ritmo, perfume, luz que encanta:
el cariño a perderos se rebela;
entre Dios y vosotros se levanta;
mas os vais: ¡como todo lo que canta!
os perdéis: ¡como todo lo que vuela...!

XLI

¡Oh noche, oh sol, cuán bellos! Pero asombra
la maldad que fermenta en vuestro seno:
¡tú, Sol, con tu fulgor doras el cieno;
tú, Noche, lo cobijas con tu sombra!

XLII

Yo también, cual los héroes medievales
que viven con la vida de la fama,
luché por tres divinos ideales:
¡por mi Dios, por mi Patria y por mi Dama!

Hoy que Dios ante mí su faz esconde,
que la Patria me niega su ternura
de madre, y que a mi acento no responde
la voz angelical de la Hermosura,
rendido bajo el peso del destino,
esquivando el combate, siempre rudo,
heme puesto a la vera del camino,
resuelto a descansar sobre mi escudo.

Quizá mañana, con afán contrario,
ajustándome el casco y la loriga,
de nuevo iré tras el combate diario,
exclamando: ¡Quien me ame, que me siga!

Mas hoy dejadme, aunque a la gloria pese
dormir en paz sobre mi escudo roto;
dejad que en mi redor el ruido cese,
que la brisa noctívaga me bese
y el Olvido me dé su flor de loto...

XLIII

Tu recuerdo, en las noches invernales,
cuando escribo en mi estancia triste y solo,
acaricia mi mente con raudales
de luz, cual las auroras boreales
acarician los páramos del polo.

¡Con él viene mi musa, mi consuelo!
No la arredran las ráfagas, ni el hielo
que tapiza mi senda la acobarda;
llega muy quedo, con sonrisa amante,
como llegan al lecho del infante
los ángeles benditos de la guarda.

La timidez encubre su deseo:
teme que el mundo sus amores sepa,
y me besa a hurtadillas, y la veo
alejarse después, como el trineo
veloz sobre la nieve de la estepa...

¡Oh, cómo soy feliz en esas horas!
Mil imágenes castas, seductoras,
de mi ser en el fondo se levantan,
y mientras gozo con deleite interno,
los cierzos fríos a mis rejas cantan
la canción misteriosa del invierno...

XLIV

Dedicada

HA MUCHO TIEMPO que te soñaba
así, vestida de blanco tul,
y al alma mía que te buscaba,
Ana, ¿qué miras? —le preguntaba,
como en el cuento de *Barba Azul.*

Ha mucho tiempo que presentía
tus ojos negros como los vi,
y que, en mis horas de nostalgia,
la *hermana Ana* me respondía:
"¡Hay una virgen que viene a ti!"

Y al vislumbrarte febril, despierto,
tras de la ojiva del torreón,
después de haberse movido incierto,
como campana que toca a *muerto*
tocaba a *gloria* mi corazón.

Por fin, distinta me pareciste;
vibraron dianas en rededor,
huyó callada la Musa triste
y tú *llegaste, viste y venciste*
como el magnífico emperador.

Hoy, mi esperanza que hacia ti corre,
que mira el cielo donde tú estés,
porque la gloria se le descorre,
ya no pregunta desde la torre:
Hermana Ana, dime: ¿qué ves?

Hoy en mi noche tu luz impera,
veo tu rostro resplandecer,
y en mis ensueños solo quisiera
enarbolarte como bandera,
¡y a ti abrazado, por ti vencer!

XLV

Dije al César, el rayo de la guerra
que sembró de cadáveres la tierra
y llevó la victoria donde fue:
¿cuál es tu fe?

Dije al bardo también, al que condensa
en una estrofa la hermosura inmensa
de todo lo que siente y lo que ve:
¿cuál es tu fe?

Dije al sabio que escruta las estrellas,
en espíritu va tras de sus huellas
y sus misterios insondables lee:
¿cuál es tu fe?

Dije al rudo pastor, dije al artista
que laureles y palmas se conquista,
dije a todo mortal que al paso hallé:
¿cuál es tu fe?

Y simultáneo acento, soberano
acento que llenó todo lo arcano,
me respondió con inflexión austera:
—¡Tan solo creo en el dolor humano,
porque lo siento palpitar doquiera!

En tanto, mi dolor se retorcía
en el fondo del alma, ¡y me mordía!
Y no lejos (verdad o devaneo)
un coloso doliente repetía:
«¡Yo soy la Humanidad, soy Prometeo!».

MÍSTICAS
(1898)

Flectamus genua

Rit. Rom.

I

INTROITO

¡Oh, las rojas iniciales
que ornáis los salmos triunfales
en breviarios y misales!

¡Oh, casullas que al reflejo
de los cirios, en cortejo
vais mostrando el oro viejo!

¡Oh, vitrales policromos
fileteados de plomos,
que brilláis bajo los domos!

¡Oh, custodias rutilantes,
con topa*cios y di*amantes!
¡Oh, copones rebosantes!

¡Oh, *Dies iræ* tenebroso!
¡Oh, *Miserere* lloroso!
¡Oh, *Tedëum* gloriöso!

Me perseguís cuando duermo,
me rodeáis si despierto.
tenéis mi espíritu yermo,
muy enfermo..., muy enfermo...,
casi muerto..., casi muerto...

II

PREDESTINACIÓN

Para Ciro B. Ceballos

GRABÓ sobre mi faz descolorida
su *Mane, thecel, phares* el Dios fuerte,

y me agobian dos penas sin medida:
un disgusto infinito de la vida,
y un temor infinito de la muerte.

¿Ves cómo tiendo en rededor los ojos?
¡Ay, busco abrigo con esfuerzos vanos…!
¡En medio de mi ruta, solo abrojos!
¡Al final de mi ruta, solo arcanos!

¿Qué hacer cuando la vida me repela
si la pálida muerte me acobarda?
Digo a la vida: sé piadosa, vuela.
Digo a la muerte: ¡sé piadosa, tarda!

¡Estaba escrito así! No más te afanes
por borrar de mi faz el torvo estigma;
impélenme furiosos huracanes,
y voy, entre los brazos de Arimanes,
a las fauces hambrientas del Enigma.

III

OBSESIÓN

Hay un fantasma que siempre viste
luctuosos paños, y con acento
cruel de Hamlet a Ofelia triste
me dice: *¡Mira, vete a un convento!*

Y me horroriza prestarle oídos,
pues al conjuro de su palabra
pueblan mi mente descoloridos
y enjutos frailes de faz macabra;

y dicen salmos penitenciales
y se flagelan con cadenillas,
y los repliegues de sus sayales
semejan antros de pesadillas...

En vano aquella visión resiste
el alma, loca de sufrimiento;
los frailes rondan, la voz persiste,
y como Hamlet a Ofelia triste
me dice: *¡Mira, vete a un convento!*

IV

GÓTICA

Para Balbino Dávalos

Solitario recinto de la abadía;
tristes patios, arcadas de recias claves,
desmanteladas celdas, capilla fría
de historiados altares, de sillería
de roble, domo excelso y obscuras naves;

solitario recinto: cuántas pavesas
de amores que ascendieron hasta el pináculo
donde mora el Cordero guardan tus huesas…
Heme aquí con vosotras, las abadesas
de cruces pectorales y de áureo báculo…

Enfermo de la vida, busco la plática
con Dios, en el misterio de su santuario;
Tengo sed de idealismo... Legión extática,
de monjas demacradas de faz hierática,
decid: ¿aún vive Cristo tras el sagrario?

Levantaos del polvo, llenad el coro;
los breviarios aguardan en los sitiales,
que vibre vuestro salmo limpio y sonoro,
en tanto que el Poniente nimba de oro
las testas de los santos en los vitrales...

¡Oh claustro silencioso, cuántas pavesas
de amores que ascendieron hasta el pináculo

donde mora el Cordero guardan tus huesas!…
Oraré mientras duermen las abadesas
de cruces pectorales y de áureo báculo...

V

AZRAEL

Now I must sleep...

Byron.

To die, to sleep… to sleep…
perchance to dreame.

Hamlet, III, IV.

Azrael, abre tu ala negra y honda,
cobíjeme su palio sin medida,
y que a su abrigo bienhechor se esconda
la incurable tristeza de mi vida.

Azrael, ángel bíblico, ángel fuerte,
ángel de redención, ángel sombrío,
ya es tiempo que consagres a la muerte
mi cerebro sin luz: altar vacío…

Azrael, mi esperanza es una enferma;
ya tramonta mi fe; llegó el ocaso,
ven, *ahora es preciso que yo duerma...*
¿Morir..., dormir..., dormir...? ¡Soñar acaso!

VI

RUPTURA TARDÍA

Ya no más en las noches, en las noches glaciales
que agitaban los rizos de azabache en tu nuca,
soñaremos unidos en los viejos sitiales;

ya no más en las tardes frías, quietas y grises,
pediremos mercedes a la Virgen caduca,
la de manto de plata salpicado de lises.

¡Ay!, es fuerza que ocultes ese rostro marmóreo:
vida y luz, en un claustro de penumbras austeras
donde pesa en las almas todo el hielo hiperbóreo.

Nos amábamos mucho; mas tu amor me perdía;
¡nos queríamos tanto...! Mas así me perdieras,
y rompimos el lazo que al placer nos unía...

¡Es preciso! Muramos a las dichas humanas;
¡seguiré mi camino, muy penoso y muy tardo,
sin besar tus pupilas, tus pupilas arcanas!

Plegue a Dios, cuando menos, que algún día, señora,
muerto ya, te visite, como Pedro Abelardo
visitó, ya cadáver, a Eloísa la Priora.

VII

"INTRA VULNERA TUA ABSCONDE ME"

La desventura me quitó el regalo
y la serena paz de la existencia,
y sembré muchos odios; mi conciencia
clamaba sin cesar: *¡Eres muy malo!*

Después, la dicha me libró del cieno:
un rayito de sol doró mi frente,
y sembré mucho amor, y dulcemente
clamaba mi conciencia: *¡Eres muy bueno!*

«¡Ay! —me dije, con tono de reproche—
qué menguada virtud la que me alienta
si solo en el placer abre su broche...».

¡Hoy bendigo a Jesús en la tormenta,
hoy su roto costado es mi sangrienta
guarida, en lo infinito de mi noche!

VIII

APOCALÍPTICA

Y juró por el que vive en los
siglos de los siglos, que no ha-
brá más tiempo...

I

Y VI LAS SOMBRAS de los que fueron,
en sus sepulcros, y así clamaron:
«¡*Ay de los vientres que concibieron!*
¡A*y de los senos que amamantaron!*».

II

«La noche asperja los cielos de oro;
mas cada estrella del negro manto
es una gota de nuestro lloro...
¿Verdad que hay muchas? ¡Lloramos tanto...!».

III

«¡Ay de los seres que se quisieron
y en mala hora nos engendraron!
¡Ay de los vientres que concibieron!
¡A*y de los senos que amamantaron!*»

IV

Huí angustiado, lleno de horrores;
pero la turba conmigo huía,
y con sollozos desgarradores
su *ritornello* feroz seguía.

V

«¡Ay de los seres que se quisieron
y en mala hora nos engendraron!
¡Ay de los vientres que concibieron!
¡A*y de los senos que amamantaron!*».

VI

Y he aquí los astros —chispas de fraguas
del viejo Cosmos— que descendían
y, al apagarse sobre las aguas,
en hiel y absintio las convertían.

VII

Y a los fantasmas su voz unieron
los *Siete Truenos*: estremecieron
el Infinito y así clamaron:
«*Ay de los vientres que concibieron!*
¡Ay de los senos que amamantaron!».

IX

A RANCÉ, REFORMADOR DE LA TRAPA
(1626-1700)

Para el padre Pagaza

Es preciso que tornes de la esfera sombría
con los flavos destellos de la luna, que escapa,
cual la momia de un mundo, de la azul lejanía;
es preciso que tornes y te vuelvas mi guía
y me des un refugio, ¡por piedad!, en la Trapa.

Si lo mandas, ¡oh padre!, si tu regla lo ordena,
cavaré por mi mano mi sepulcro en el huerto,
y al amparo infinito de la noche serena
vagaré por sus bordes como el ánima en pena,
mientras lloran los bronces con un toque de muerto...

La leyenda refiere que tu triste mirada
extinguía los duelos y las ansias secretas,
y yo guardo aquí dentro, como en urna cerrada,
desconsuelos muy hondos, mucha hiel concentrada,
y la fiera nostalgia que tocó a los poetas…

Viviré de silencio *—el silencio es la plática*
con Jesús, escribiste; tal mi plática sea—,
y mezclado a tus frailes, con su turba hierática
gemirá *De profundis* la voz seca y asmática
que fue verbo: ese verbo que subyuga y flamea.

Ven, abad incurable, gran asceta, yo quiero
anegar mis pupilas en las tuyas de acero,
aspirar el efluvio misterioso que escapa
de tus miembros exangües, de tu rostro severo,
y sufrir el contagio de la paz de tu Trapa.

X

"*MATER ALMA*"

Que tus ojos radien sobre mi destino,
que tu veste nívea, que la luz orló,
ampare mis culpas del torvo Dios Trino:
¡Señora, te amo! ¡Ni el grande Agustino
ni el tierno Bernardo te amaron cual yo!

Quc la luna, octante de bruñida plata,
escabel de plata de tu pie real,
por mi noche bogue, por mi noche ingrata,
y en su sombra sea místico fanal.

Que los albos lises de tu vestidura
el erial perfumen de mi senda dura,
y por ti mi vida brillará tan pura
cual los lises albos de tu vestidura.

Te daré mis versos: floración tardía;
mi piedad de niño; floración de abril;
e irán a tu solio, dulce madre mía,
mis castos amores en blanca theoría,
con cirio en las manos y toca monjil.

XI

"OREMUS"

Para Bernardo Couto Castillo

OREMOS por las nuevas generaciones,
abrumadas de tedios y decepciones;
con ellas en la noche nos hundiremos.
Oremos por los seres desventurados,
de mortal impotencia contaminados...
¡Oremos!

Oremos por la turba que a cruel prueba
sometida se abate sobre la gleba;
galeote que agita siempre los remos
en el mar de la vida revuelto y hondo,
Danaide que sustenta tonel sin fondo...
¡Oremos!

Oremos por los místicos, por los neuróticos,
nostálgicos de sombra de templos góticos
y de cristos llagados, que con supremos
desconsuelos recorren su ruta fiera,
levantando sus cruces como bandera.
¡Oremos!

Oremos por los que odian los ideales,
por los que van cegando los manantiales
de amor y de esperanza de que bebemos,
y derrocan al Cristo con saña impía,
y después lloran, viendo el ara vacía.
¡Oremos!

¡Oremos por los sabios, por el enjambre
de artistas exquisitos que mueren de hambre!
¡Ay!, el pan del espíritu les debemos,
aprendimos por ellos a alzar las frentes,
y helos pobres, escuálidos, tristes, dolientes…
¡Oremos!

Oremos por las células de donde brotan
ideas-resplandores, y que se agotan
prodigando su savia: no las burlemos.
¿Qué fuera de nosotros sin su energía?
¡Oremos por el siglo, por su agonía
del Suicidio en las negras fauces...!
¡Oremos!

XII

TRANSMIGRACIÓN

MMMM ant. Christ.
MDCCC post. Christ.

A VECES, en sueños, mi espíritu finge
escenas de vidas lejanas:
yo fui
un sátrapa egipcio de rostro de esfinge,
de mitra dorada, y en Menfis viví.

Ya muerto, mi alma siguió el vuelo errático,
ciñendo en Solima, y a Osiris infiel,

la mitra bicorne y el efod hierático
del gran sacerdote del Dios de Israel.

Después, mis plegarias alcé con el druida
y en bosque sagrado Velleda me amó.
Fui rey merovingio de barba florida;
corona de hierro mi sien rodeó.

Más tarde, trovero de nobles feudales,
canté sus hazañas, sus lances de honor,
yanté a la su mesa, y en mil bacanales
sentíme beodo de vino y de amor.

Y ayer, prior esquivo y austero, los labios
al Dios eucarístico, temblando acerqué:
por eso conservo piadosos resabios,
y busco el retiro siguiendo a los sabios
y sufro nostalgias inmensas de fe.

XIII

"*REQUIEM*"

Para José M. Ochoa

¡Oh señor, Dios de los ejércitos,
eterno Padre, eterno Rey,
por este mundo que creaste
con la virtud de tu poder;
porque dijiste: *la luz sea,*
y a tu palabra *la luz fue;*
porque coexistes con el Verbo,
porque contigo el Verbo es
desde los siglos de los siglos
y sin mañana y sin ayer,
requiem æternam dona eis, Domine,
et lux perpetua luceat eis!

¡Oh, Jesucristo, por el frío
de tu pesebre de Belén,
por tus angustias en el Huerto,
por el vinagre y por la hiel,
por las espinas y las varas
con que tus carnes desgarré,
y por la cruz en que borraste
todas las culpas de Israel;
Hijo del Hombre, desolado,
trágico Dios, tremendo Juez:
requiem æternam dona eis, Domine,
et lux perpetua luceat eis!

¡Divino Espíritu, Paráclito,
aspiración del gran Iaveh,
que unes al Padre con el Hijo,
y siendo el *Uno* sois los *Tres;*
por la paloma de alas níveas,
por la inviolada doncellez
de aquella virgen que en su vientre
llevó al Mesías Emmanuel;
por las ardientes lenguas rojas
con que inspiraste ciencia y fe
a los discípulos amados
de Jesucristo, nuestro bien:
requiem æternam dona eis, Domine,
et lux perpetua luceat eis!

XIV

"DELICTA CARNIS"

CARNE, carne maldita que me apartas del cielo;
carne tibia y rosada que me impeles al vicio;
ya rasgué mis espaldas con cilicio y flagelo
por vencer tus impulsos, y es en vano, ¡te anhelo
a pesar del flagelo y a pesar del cilicio!

Crucifico mi cuerpo con sagrados enojos,
y se abraza a mis plantas Afrodita la impura;
me sumerjo en la nieve, mas la templan sus ojos;
me revuelco en un tálamo de punzantes abrojos,
y sus labios lo truecan en deleite y ventura.

Y no encuentro esperanza, ni refugio ni asilo,
y en mis noches, pobladas de febriles quimeras,
me persigue la imagen de la Venus de Milo,
con sus lácteos muñones, con su rostro tranquilo
y las combas triunfales de sus amplias caderas.
....

¡Oh, Señor Jesucristo, guíame por los rectos
derroteros del justo; ya no turben con locas
avideces la calma de mis puros afectos
ni el caliente alabastro de los senos erectos,
ni el marfil de los hombros, ni el coral de las bocas!

XV

A NÉMESIS

Tu abrazo en el pesar me precipita,
me robas cuanto el alma me recrea,
y casi nada tengo: flor que orea
tu aliento de simún, se me marchita.

Pero crece mi fe junto a mi cuita,
y digo como el Justo de Idumea:
Así lo quiere Dios, ¡bendito sea!
el Señor me lo da y Él me lo quita.

Que medre tu furor, nada me importa:
puedo todo en Aquel que me conforta,
y me resigno al duelo que me mata;

porque, roja visión en noche obscura,
Cristo va por mi vía de amargura
agitando su túnica escarlata.

XVI

ANTÍFONA

"Anima loquens"

Para Antenor Lescano

¡Oh, señor!, yo en tu Cristo busqué un esposo que me quisiera,
le ofrendé mis quince años, mi sexo núbil; violó mi boca,
y por Él ha quedado mi faz de nácar como la cera,
mostrando palideces de viejo cirio bajo mi toca.

¡Mas Satán me persigue y es muy hermoso! Viene de fuera,
y ofreciéndome el cáliz de la ignominia, me vuelve loca...

¡Oh, Señor!, no permitas que bese impío mi faz de cera,
que muestra palideces de viejo cirio bajo mi toca.

Ya en las sombras del coro cantar no puede mi voz austera
los litúrgicos salmos, mi alma está estéril como una roca;
mi virtud agoniza, mi fe sucumbe, Satán espera...
¡Oh, Señor, no permitas que bese impío mi faz de cera,
que muestra palideces de viejo cirio bajo mi toca!

XVII

A SOR QUIMERA

Pallida, sed quamvis pallida pulchra tamen

Para Luis G. Urbina

I

En nombre de tu rostro de lirio enfermo;
en nombre de tu seno, frágil abrigo
donde en noches pobladas de espanto duermo,
¡yo te bendigo!

En nombre de tus ojos de adormideras,
doliente y solitario fanal que sigo;
en nombre de lo inmenso de tus ojeras,
¡yo te bendigo!

II

Yo te dedico
el ímpetu orgulloso con que en las cimas
de todos los calvarios me crucifico
iluso, ¡pretendiendo que te redimas!

Yo te consagro
un cuerpo que martirio solo atesora
y un alma siempre obscura que, por milagro,
del cáliz de ese cuerpo no se evapora...

III

Mujer, tu sangre hiela mi sangre cálida;
mujer, tus besos fingen besos de estrella;
mujer, todos me dicen que eres muy pálida,
pero muy bella...

Te hizo el Dios tremendo mi desposada;
ven, te aguardo en un lecho nupcial de espinas;
no puedes alejarte de mi jornada,
porque une nuestras vidas ensangrentada
cadena de cilicios y disciplinas.

XVIII

EL BESO FANTASMA

Para Rubén M. Campos

Yo SOÑÉ con un beso, con un beso postrero
en la lívida boca del Señor solitario

que desgarra sus carnes sobre tosco madero
en el nicho más íntimo del vetusto santuario,

cuando invaden las sombras el tranquilo crucero,
parpadea la llama de la luz del sagrario,
y agitando en el puño su herrumbroso llavero,
se dirige a las puertas del recinto el ostiario.

Con un beso infinito, cual los besos voraces
que se dan los amados en la noche de bodas,
enredando sus cuerpos como lianas tenaces...

Con un beso que fuera mi *palladium* bendito
para todas las ansias de mi ser, para todas
las caricias bermejas que me ofrece el delito.

XIX

A FELIPE II

Para Rafael Delgado

Ignoro qué corriente de ascetismo,
qué relación, que afinidad impura
enlazó tu tristura y mi tristura
y adunó tu idealismo y mi idealismo;

mas sé por intuición que un astro mismo
ha presidido nuestra noche obscura,
y que en mí como en ti libra la altura
un combate fatal con el abismo.

¡Oh rey, eres mi rey! Hosco y sañudo
también soy; en un mar de arcano duelo
mi luminoso espíritu se pierde,

y escondo como tú, soberbio y mudo,
bajo el negro jubón de terciopelo,
el cáncer implacable que me muerde.

XX

"ANATHEMA SIT"

Para Jesús Urueta

I

Si NEGARE alguno que Santa María,
del Dios Paracleto paloma que albea,
concibió sin mengua de su doncellía,
¡anatema sea!

Anatema los que burlan el prodigio sin segundo
de la flor intacta y úber que da fruto siendo yema;
que los vientres que conozcan, como légamo infecundo,
no les brinden sino espurias floraciones. ¡Anatema!

II

Si alguno dijere que Cristo divino
por nos pecadores no murió en Judea
ni su cuerpo es hostia, ni su sangre vino,
¡anatema sea!

Anatema a los que ríen de oblaciones celestiales
en que un Dios, *loco de amores,* es la víctima suprema;
que no formen para ellos ni su harina los trigales,
ni sus néctares sabrosos los viñedos. ¡Anatema!

III

Si alguno afirmare que el alma no existe,
que en los cráneos áridos perece la idea,
que la luz no surge tras la sombra triste,
¡anatema sea!

Anatema los que dicen al mortal que tema y dude;
anatema los que dicen al mortal que dude y tema;
que en la noche de sus duelos ni un cariño los escude,
ni los bese la esperanza de los justos. ¡Anatema!

XXI

A KEMPIS

Sicut nubes, quasi naves,
velut umbra...

Ha muchos años que busco el yermo,
ha muchos años que vivo triste,
ha muchos años que estoy enfermo,
¡y es por el libro que tú escribiste!

¡Oh Kempis, antes de leerte, amaba
la luz, las vegas, el mar Océano;
mas tú dijiste que todo acaba,
que todo muere, que todo es vano!

Antes, llevado de mis antojos,
besé los labios que al beso invitan,
las rubias trenzas, los grandes ojos,
¡sin acordarme que se marchitan!

Mas como afirman doctores graves,
que tú, maestro, citas y nombras,
que el hombre pasa *como las naves,*
como las nubes, como las sombras...

huyo de todo terreno lazo,
ningún cariño mi mente alegra,
y con tu libro bajo del brazo
voy recorriendo la noche negra...

¡Oh Kempis, Kempis, asceta yermo,
pálido asceta, qué mal hiciste!
¡Ha muchos años que estoy enfermo,
y es por el libro que tú escribiste!

XXII

POETAS MÍSTICOS

Para Jesús E. Valenzuela.

Bardos de frente sombría
y de perfil desprendido
de alguna vieja medalla;

los de la gran señoría,
los de mirar distraído,
los de la voz que avasalla.

Teólogos graves e intensos,
vasos de amor desprovistos,
vasos henchidos de penas;

los de los ojos inmensos,
los de las caras de cristos,
los de las grandes melenas:

mi musa, la virgen fría
que vuela en pos del olvido,
tan solo embelesos halla

en vuestra gran señoría,
vuestro mirar distraído
y vuestra voz que avasalla;

mi alma que os busca entrevistos
tras de los leves inciensos,
bajo las naves serenas,

ama esas caras de cristos,
ama esos ojos inmensos,
ama esas grandes melenas.

XXIII

A LA CATÓLICA MAJESTAD DE PAUL VERLAINE

Para Rubén Darío

PADRE viejo y triste, rey de las divinas canciones:
son en mi camino focos de una luz enigmática
tus pupilas mustias, vagas de pensar abstracciones,
y el límpido y noble marfil de tu *testa socrática*.

Flota como el tuyo mi afán entre dos aguijones:
alma y carne, y brega con doble corriente simpática
por hallar la ubicua beldad en nefandas uniones,
y después expía y gime con lira hierática.

Padre, tú que hallaste por fin el sendero que, arcano,
a Jesús nos lleva, dame que mi numen doliente
virgen sea, y *sabio* a la vez que *radioso y humano*.

Tu virtud lo libre del mal de la antigua serpiente,
para que, ya salvos al fin de la dura pelea,
laudemos a Cristo en vida perenne. Así sea.

XXIV

ESQUIVA

Para M. Larrañaga y Portugal

¡NO TE AMARÉ! Muriera de sonrojos
antes bien, yo que fui cantor maldito
de blancas hostias y de nimbos rojos;
yo que solo he alentado los antojos
de un connubio inmortal con lo infinito.

¡No te amaré! Mi espíritu atesora
el perfume sutil de otras edades
de realeza y de fe consoladora,
y ese noble perfume se evapora
al beso de mezquinas liviandades.

Mi mundo no eres tú: fueron los priores
militantes, caudillos de sus greyes;
el mundo en que, magníficos señores,
fulminaron los Papas triunfadores
su anatema fatal contra los reyes.

Fue la etapa viril en que se cruza,
con Bayardo que esgrime su tizona,
Escot que sus dialécticas aguza:
la edad en que la negra caperuza
forjaba el silogismo en la Sorbona.

Y no sé de pasión, y me contrista
vibrar la lira del amor precario.
¡Solo brotan mis versos de amatista
al beso de Daniel, el simbolista,
y al ósculo de Juan, el visionario!

XXV

CELOSO

Bien sé, devota mujer,
cuando te contemplo en tus
fervores y celo arder,
que no me puedes querer
como quieres a Jesús.

Bien sé que es vano soñar
con el edén entrevisto
de tu boca, sin cesar,
y tengo celos de Cristo
cuando vas a comulgar.

Pero sé también que son,
por mi mal y por tu daño,
piedades y devoción
caretas con que el engaño
te disfraza el corazón.

Y comprendo, no te asombre,
que hay en tu espíritu dos
cultos con un solo nombre,
que rezas al hombre-Dios
y sueñas con el Dios-hombre;

Y el ardor de que me llenas
acabará por quemar
todo el jugo de mis venas;

y por no quererme amar,
tú te vas a condenar
y a mí también me condenas.

XXVI

PARÁBOLA

Jam Fætet

Para Ezequiel A. Chávez

JESUCRISTO es el buen samaritano:
yo estaba malherido en el camino,
y con celo de hermano
ungió mis llagas con aceite y vino;
después, hacia el albergue no lejano,
me llevó de la mano
en medio del silencio vespertino.

Llegados, apoyé con abandono
mi cabeza en su seno,

y Él me dijo muy quedo: «Te perdono
tus pecados, ve en paz; sé siempre bueno
y búscame: de todo cuanto existe
yo soy el manantial, el ígneo centro... »

Y repliqué, muy pálido y muy triste:
«¿Señor, a qué buscar, si nada encuentro?
¡Mi fe se me murió cuando partiste,
y llevo su cadáver aquí dentro!

Estando Tú conmigo viviría...
Mas tu verbo inmortal todo lo puede:
dila que surja en la conciencia mía,
resucítala, ¡oh, Dios, era mi guía! »

Y Jesucristo respondió: «Ya hiede.»

XXVII

AL CRISTO

Señor, entre la sombra voy sin tino;
la fe de mis mayores ya no vierte
su apacible fulgor en el camino:
¡mi espíritu está triste hasta la muerte!

Busco en vano una estrella que me alumbre;
busco en vano un amor que me redima;
mi divino ideal está en la cumbre,
y yo, ¡pobre de mí!, yazgo en la sima...

La lira que me diste, entre las mofas
de los mundanos, vibra sin concierto;
¡se pierden en la noche mis estrofas,
como el grito de Agar en el desierto!

Y paria de la dicha y solitario,
siento hastío de todo cuanto existe...

Yo, Maestro, cual tú, subo al Calvario,
y no tuve Tabor, cual lo tuviste...

Ten piedad de mi mal, dura es mi pena,
numerosas las lides en que lucho;
fija en mí tu mirada que serena,
y dame, como un tiempo a Magdalena,
la calma: ¡yo también he amado mucho!

XXVIII

VENITE, ADOREMUS

Para Antonio Zaragoza

Adoremos las carnes de marfiles,
adoremos los rostros de perfiles
arcaicos: aristócrata presea;
las frentes de oro pálido bañadas,
las manos de falanges prolongadas,
donde la sangre prócer azulea.

Venid, adoremos
el arcano Ideal, compañeros.

Adoremos los ojos dilatados,
cual piélago de sombras, impregnados
de claridades diáfanas y astrales,
los ojos que abrillanta el histerismo,
los ojos que en el día son abismo,
los ojos que en la noche son fanales.

Venid, adoremos
el arcano Ideal, compañeros.

Adoremos las almas siempre hurañas,
las almas silenciosas, las extrañas
que jamás en amores se difunden:

almas-urnas de inmensos desconsuelos,
que intactas se remontan a los cielos,
o intactas en el Cócito se hunden.

Venid, adoremos
el arcano Ideal, compañeros.

¡Oh, poetas, excelsos amadores
del arcano Ideal, dominadores
de la forma rebelde: laboremos
por reconstruir los góticos altares,
y luego a sus penumbras tutelares
venid, adoremos!

XXIX

INCOHERENCIAS

Para José I. Bandera

Yo tuve un ideal, ¿en dónde se halla?
Albergué una virtud, ¿por qué se ha ido?
Fui templado, ¿do está mi recia malla?
¿En qué campo sangriento de batalla
me dejaron así, triste y vencido?

¡Oh, Progreso, eres luz! ¿Por qué no llena
tu fulgor mi conciencia? Tengo miedo
a la duda terrible que envenena,
y que miras rodar sobre la arena
¡y, cual hosca vestal, bajas el dedo!

¡Oh, siglo decadente, que te jactas
de poseer la verdad!, tú que haces gala
de que con Dios y con la muerte pactas,
devuélveme mi fe, yo soy un Chactas
que acaricia el cadáver de su Atala...

Amaba y me decías: «analiza»,
y murió mi pasión; luchaba fiero
con Jesús por coraza, y en la liza
desmembró mi coraza, triza a triza,
el filo penetrante de tu acero.

¡Tengo sed de saber y no me enseñas;
tengo sed de avanzar y no me ayudas;
tengo sed de creer y me despeñas
en el mar de teorías en que sueñas
hallar las soluciones de tus dudas!

Y caigo, bien lo ves, y ya no puedo
batallar sin amor, sin fe serena
que ilumine mi ruta, y tengo miedo...
¡Acógeme, por Dios! Levanta el dedo,
vestal, ¡que no me maten en la arena!

XXX

UN PADRE NUESTRO

Por el alma del rey Luis de Baviera, en el lugar de su tránsito. Schlossberg, Reino de Baviera.

Aquí fue donde el rey Luis Segundo
de Baviera, sintiendo el profundo
malestar de invencibles anhelos,
puso fin a su imperio en el mundo.

Padre nuestro que estás en los cielos.

Un fanal con un cristo, en un claro
del gran parque, al recuerdo da amparo,
y al caer sobre el lago los velos
de la noche, el recuerdo es un faro.

Padre nuestro que estás en los cielos.

En el lago tiritan las ondas,
en el parque se mueren las frondas
y ya muertas abaten sus vuelos:
¡qué tristezas tan hondas... tan hondas...!

Padre nuestro que estás en los cielos.

¡Pobre rey de los raros amores!
Como nadie sintió sus dolores,
como nadie sufrió sus desvelos.
Le inventaron un mal los doctores.

Padre nuestro que estás en los cielos.

Su cerebro de luz era un foco;
mas un nimbo surgió poco a poco
de esa luz, y la tumba, con celos,
murmuró: «Wittelsbach está loco».

Padre nuestro que estás en los cielos.

Solo Wagner le amó como hermano,
solo Wagner, cuya alma-océano
su conciencia inundó de consuelos,
y su vida fue un *lied* wagneriano.

Padre nuestro que estás en los cielos,
santificado sea el tu nombre,
venga a nos el tu reino...

XXXI

EN CAMINO

Me levantaré e iré a mi padre.

Para Leopoldo Lugones

I

RESUELVE TORNAR AL PADRE

No temas, Cristo rey, si descarriado
tras locos ideales he partido:
ni en mis días de lágrimas te olvido
ni en mis horas de dicha te he olvidado.

En la llaga cruel de tu costado
quiere formar el ánima su nido,
olvidando los sueños que ha vivido
y las tristes mentiras que ha soñado.

A la luz del dolor que ya me muestra
mi mundo de fantasmas vuelto escombros,
de tu místico monte iré a la falda,

con un báculo: el tedio, en la siniestra;
con andrajos de púrpura en los hombros,
con el haz de quimeras a la espalda.

II

DE CÓMO SE CONGRATULARÁN DEL RETORNO

Tornaré como el pródigo doliente
a tu heredad tranquila; ya no puedo
la piara cultivar, y al inclemente
resplandor de los soles tengo miedo.

Tú saldrás a encontrarme diligente;
de mi mal te hablaré, quedo, muy quedo...
y dejarás un ósculo en mi frente
y un anillo de nupcias en mi dedo;

y congregando del hogar en torno
a los viejos amigos del contorno,
mientras yantan risueños a tu mesa,

clamarás con profundo regocijo:
«¡Gozad con mi ventura, porque el hijo
que perdido llorábamos, regresa!».

III

PONDERA LO INTENSO DE LA FUTURA VIDA INTERIOR

¡Oh, sí!, yo tornaré; tu amor estruja
con invencible afán al pensamiento,
que tiene hambre de paz y de aislamiento
en la mansa quietud de la cartuja.

¡Oh, sí!, yo tornaré; ya se dibuja
en el fondo del alma, ya presiento
la plácida silueta del convento
con su albo domo y su gentil aguja...

Ahí, solo por fin conmigo mismo,
escuchando en las voces de Isaías
tu clamor insinuante que me nombra.

¡Cómo voy a anegarme en el mutismo,
cómo voy a perderme en las crujías,
cómo voy a fundirme con la sombra!

XXXII

HYMNUS

Para Francisco de P. Taboada

MAGNUS HONOR, magna gloria
Te adamare, omnia creata
judicare transitoria.

Felix anima ac beata
quæ de mundo se ipsa cavet
et solatia sola habet
in Te, Redemptor peccata.

Rex cœlestis, Vir doloris,
benedictus sis, quia estis
cum Maria fonte amoris...
Vir doloris, Rex cælestis.

XXXIII

"ÚLTIMA VERBA"

EL ALMA Y CRISTO

EL ALMA

—SEÑOR, ¿por qué si el mal y el bien adunas,
para mí solo hay penas turbadoras?
La noche es negra, pero tiene lunas;
¡el polo es triste, pero tiene auroras!

El látigo fustiga, pero alienta;
el incendio destruye, pero arde,
¡y la nube que fragua la tormenta
se tiñe de arreboles en la tarde!

CRISTO

—¡Insensato!, y yo estoy en tus dolores,
soy tu mismo penar, tu duelo mismo;
mi faz en tus angustias resplandece...

Se pueblan los espacios de fulgores
y desgarra sus velos el abismo.

EL ALMA, *embelesada*

—¡Luz!...

CRISTO

—Yo enciendo las albas.

¡Amanece!

LOS JARDINES INTERIORES

A DON ENRIQUE C. CREEL,

mi amable Mecenas, mi distinguido amigo, dedico este libro.

A. N.

I

EXPONE LA ÍNDOLE DEL LIBRO

Hay savia joven: la de potentes glóbulos rica,
que las arterias del tronco núbil invade y llena,
y en policromo florón de pétalos se magnifica;
tórrida savia, jugo del Cáncer, que en la serena
noche de luna crepita y cruje de fuerza plena,
en el misterio donde la flauta de Pan resuena…

Hay savia enferma,
sangre doliente,
savia tardía,

que cuando brota, las ramazones del árbol cubre
con hojas mate, con hojas tenues... Tal es la mía.
Tal es la mía: savia del yermo, que solo encubre
gérmenes locos de la futura yema insalubre,
y tiene pompa, mas es la pompa solemne y triste del viejo octubre.

II

MI VERSO

Querría que mi verso, de guijarro,
en gema se trocase y en joyero;
que fuera entre mis manos como el barro
en la mano genial del alfarero.

Que lo mismo que el barro, que a los fines
del artífice pliega sus arcillas,
fuese cáliz de amor en los festines
y lámpara de aceite en las capillas.

Que, dócil a mi afán, tomase todas
las formas que mi numen ha soñado,
siendo alianza en el rito de las bodas.
pastoral en el índex del prelado;

lima noble que un grillo desmorona
o eslabón que remata una cadena,
crucifijo papal que nos perdona
o gran timbre de rey que nos condena.

Que fingiese a mi antojo, con sus claras
facetas en que tiemblan los destellos,
florones para todas las tiaras
y broches para todos los cabellos;

emblema para todos los amores,
espejo para todos los encantos,
y corona de astrales resplandores
para todos los genios y los santos.

Yo trabajo, mi fe no se mitiga,
y, troquelando estrofas con mi sello,
un verso acuñaré del que se diga:
Tu verso es como el oro sin la liga:
radiante, dúctil, poliforme y bello.

III

NOCTURNO

Y vi tus ojos: flor de beleño,
raros abismos de luz y sueño;
ojos que dejan el alma inerme,
ojos que dicen: duerme... duerme...

Pupilas hondas y taciturnas,
pupilas vagas y misteriosas,
pupilas negras, cual mariposas
nocturnas.

Bajo las bandas de tus cabellos
tus ojos dicen arcanas rimas,
y tus lucientes cejas, sobre ellos,
fingen dos alas sobre dos simas.
....

¡Oh! Plegue al Cielo que cuando grita
la pena en mi alma dolida e inerme,
tus grandes ojos de sulamita
murmuren: «Duerme»...

IV

TRISTE

MANO EXPERTA en las caricias,
labios, urna de delicias,
blancos senos, cabezal
para todos los soñares,
ojos glaucos, verdes mares,
verdes mares de cristal...

Ya sois idas, ya estáis yertas,
manos pálidas y expertas,
largas manos de marfil;
ya estáis yertos, ya sois idos,
ojos glaucos y dormidos
de narcótico sutil.

Cabecita aurirrizada:
hay un hueco en la almohada
de mi tálamo de amor;
cabecita de oro intenso:
¡qué vacío tan inmenso,
tan inmenso, en derredor!

V

TIBI REGINA

¡Oh, divina! Son tus formas de una ingénita realeza;
de tus golas a lo Médicis se desprende tu cabeza
como aurífero pistilo de una exótica corola.

¡Oh, Deidad! Tus ojos tienen lejanías de horizontes,
y tu lánguida hermosura, cual la nieve de los montes,
brilla sola, intacta y pura,
brilla pura, intacta y sola.

Ante ti puesto de hinojos, yo te juro Reina y Dama
y te rindo el vasallaje que tu orgullo me reclama.
¡Oh, Magnífica señora!
Para ti el rondel hidalgo que a los próceres recrea,
los herretes de diamantes con su luz titiladora,
los sedeños escarpines y la grácil hacanea.

VI

DOCTRINANDO

«¡Ya que de Dios en conversar te empeñas,
ya que desprecia tu cerebro helado
el amor que te di por el que sueñas,
háblame de ese Dios, mi bien amado!»

Y el teólogo de faz de crucifijo,
de gran melena y de mirar profundo,
feliz de doctrinar, «¡Oh! Blanca —dijo—,
Dios es el alma inmaterial del mundo.

»Existe dondequiera en vario modo:
per se, por su virtud y su presencia;
per se, ya que lo invade y llena todo,
penetrándolo todo de su esencia.

»Por su virtud también, que sometidos
a Dios están y su mandato arguyen,
Favonio blando si columpia nidos,
o Boreas y Aquilón si los destruyen.

»Y en presencia porque es omnividente:
su pupila equilátera fulgura
en el disco del sol indeficiente,
en Arturo, en Capella, en Cinosura.

»Qué, ¿no adivinas con instinto infuso
de su eterna mirada el embeleso
alumbrando tu espíritu confuso?»

Y respondió: «Tu Dios es muy abstruso;
yo prefiero tus labios... ¡Dame un beso!».

VII

INGENUA

¡OH, LOS RIZOS NEGROS y los ojos nubios!
¡Oh, los ojos claros y los rizos rubios!

Los enormes besos en que amor es ducho...
¡Besarse sin treguas y quererse mucho!

Ser grande, muy grande; ser bueno, muy bueno;
pero entre tus brazos y sobre tu seno.

Besarte la nuca, besarte los ojos
y los hombros blancos y los labios rojos...

¡Oh, mis dieciocho años! ¡Oh, mi novia ida!
Mi amor a la vida, mi amor a la vida...

La vida era dulce y el mundo era bueno;
¡pero entre tus brazos y sobre tu seno!

Las lunas de mayo, si se lo preguntas,
te dirán que vieron *nuestras sombras juntas:*

El estero de aguas cuchicheadoras
lamió nuestra barca con lenguas sonoras.

Lamió nuestras barcas con lenguas sonoras,
en aquellas horas, en aquellas horas...

¿Dónde está la barca? ¿Dónde está el estero?
¿Dónde están las lunas…? ¡Tú mueres, yo muero!

¡Oh, mis dieciocho años! ¡Oh, mi novia ida!
Mi amor a la vida..., mi amor a la vida...

VIII

FUNAMBULESCA

Mis pesares son alegres y mi dicha llanto vierte;
son mis duelos danzarines y mis júbilos son frailes;
yo he sentido en los saraos la amargura de la muerte;
y he sentido ante la muerte la alegría de los bailes.

¡Cómo gimen las venturas en mi lívida cabeza!
¡Cómo canta en el cordaje de mis nervios la agonía!
Soy cigarra que se nutre con aljófar de tristeza
y que luego enhebra dianas al fulgor del mediodía.

Soy Heráclito y Demócrito a la vez, sol y nublado;
sorbo ajenjos en las risas y en el llanto sorbo mieles,
y es el sueño de mis noches un amor crucificado
que repica, sollozando, muchos, muchos cascabeles.

IX

TRITONIADA

¡Cómo surgen mis memorias ante el mar alborotado!
El mar es mi padre augusto... Deja, deja que recuerde:
en los viejos episodios fui tritón, enamorado
de una joven oceánica ojiverde.

Sus cabellos impregnaban de su olor mi cuerpo todo,
cuando trémulos mis brazos musculosos la ceñían;
sus cabellos algas eran verdinegras, que de iodo
y de ozono los perfumes embriagantes despedían.

¡Qué dichoso si los besos de sus labios escarlata
se posaban en mis labios, descendían por mi tronco
y, erizando de deleite mis escamas de oro y plata,
inspiraban a mi oblicuo caracol su canto ronco!

¡Cuántas veces en la noche, de la luna a los reflejos,
en la roca hospitalaria más distante y más esquiva,
constelada de rojizos carapachos de cangrejos,
entregábase a mis ansias, melancólica o lasciva!

¡Cómo hendíamos las olas irritadas o serenas,
con su mano entre mi mano y en la suya mi pupila,
y qué dulces serenatas nos brindaban las sirenas
en los hoscos arrecifes de Caribdis y de Scila!
....

¿Quién dio muerte a mis venturas? Un delfín gallardo y bruno.
—¿Te burlaron? —Me burlaron. —¿Te vengaste? —¡Sabiamente!
Demandando su tridente formidable al dios Neptuno,
¡los clavé sobre mi lecho de coral con el tridente!

¡Cómo surgen mis memorias ante el mar alborotado!
El mar es mi padre augusto... Deja, deja que recuerde:
En los viejos episodios fui tritón, enamorado
de una joven oceánica ojiverde.

X

¿DONDE ESTÁS?

¿QUÉ DRAGONES, qué tarascas en alcázares dorados
te custodian —¡oh, princesa de mis sueños incesantes!—
entre cofres herrumbrosos por los genios fabricados
y repletos de zafiros, de rubíes purpurados,
de amatistas nunca vistas y diamantes titilantes?

¿Qué Merlín de seculares barbas cándidas disfruta
de tus núbiles frescuras y tus gracias infinitas,
en lo espeso de una selva y al amparo de una gruta
do se cuajan los albores de cien mil estalactitas?

¿Qué delfín de aletas de oro, por las aguas ambarinas
te condujo, nauta monstruo, penetrando los cristales,
a los limbos penumbrosos de cavernas submarinas,
entre perlas, margaritas y obeliscos de corales?

¿O qué silfo, audaz tenorio con belleza y con fortuna,
te llevó sobre las alas de un hipógrifo nocturno,
o en las hebras cabalgando de algún haz de blanca luna,
a su alcázar verde y oro del anillo de Saturno?

¡Dime, dime dónde moras: iré a ti con loco empeño,
quebrantando los hechizos, los conjuros y los lazos;
si eres sombra seré sombra, si eres sueño seré sueño,
si eres nube seré nube, si eres luz seré risueño
rayo de alba o de poniente por llegar hasta tus brazos!

XI

INCREPACIÓN

QUE AQUEL que, recorriendo su ruta de asperezas,
haya abrevado su alma en mayores tristezas
que mis tristezas, alce la voz y me reproche...

Job, Jeremías, Cristo, Daniel: en vuestra noche,
toda llena de angustias de redención, había
un astro, el astro de una ideal teoría:
Dios vino hasta vosotros, Dios besó vuestra frente;
Dios abrió en vuestro cielo la brecha reluciente
de una ilusión...

En mi alma todo es sombra, y en ella
jamás, ¡jamás!, titilan los oros de una estrella;
mi alma es como la higuera por el Señor maldita,
que no presta ni fruto ni sombra, que no agita
sus abanicos de hojas; sus ramas, ¡ay!, desnudas,
servirán a la desesperación de algún Judas,
¡de algún ideal tránsfuga que me besó con dolo
y que, por fin, se ahorca desamparado y solo!

Que aquel que recorriendo su ruta de asperezas,
haya abrevado su alma en mayores tristezas
que las mías, levante su voz de trueno. ¿En dónde
están los grandes tristes? ¡Ninguno me responde!
La eternidad es muda y el enigma cobarde...

Hermana, tengo frío: el frío de la tarde.

XII

LA CANCIÓN DE FLOR DE MAYO

FLOR DE MAYO, como un rayo
de la tarde se moría...
Yo te quise, Flor de Mayo,
tú lo sabes; ¡pero Dios no lo quería!

Las olas vienen, las olas van,
cantando vienen, cantando irán.

Flor de Mayo ni se viste
ni se alhaja ni atavía;

¡Flor de Mayo está muy triste!
¡Pobrecita, pobrecita vida mía!

Cada estrella que palpita,
desde el cielo le habla así:
«Ven conmigo, Florecita,
brillarás en la extensión igual a mí».

Flor de Mayo, con desmayo,
le responde: «¡Pronto iré»!
....
Se nos muere Flor de Mayo,
¡Flor de Mayo, la Elegida, se nos fue!

Las olas vienen, las olas van,
cantando vienen, llorando irán...

«¡No me dejes!», yo le grito:
«¡No te vayas, dueño mío,
el espacio es infinito
y es muy negro y hace frío, mucho frío!».

Sin curarse de mi empeño,
Flor de Mayo se alejó,
y en la noche, como un sueño,
misteriosamente triste se perdió.

Las olas vienen, las olas van,
cantando vienen, ¡ay, cómo irán!

Al amparo de mi huerto
una sola flor crecía:
Flor de Mayo, y se me ha muerto...
Yo la quise, ¡pero Dios no lo quería!

ENVÍO

La canción que me pediste
la compuse y aquí está:
cántala bajito y triste;
ella duerme (para siempre); la canción la arrullará.
Cántala bajito y triste,
cántala...

XIII

VAGUEDADES...

Como pupilas de muertos
de luz sobrenatural,
brillan los focos en los desiertos
laberintos del arrabal.

El té canta en la tetera;
fuego dentro, hielo fuera,
que resbala por la vidriera.

Paso llegan o sonoras,
resonando turbadoras,
las procesiones de las horas.

Como pupilas de muertos
de luz sobrenatural,
brillan los focos en los desiertos
laberintos del arrabal.

—¿Por qué llora ese piano
bajo el nácar de tu mano?
—Llora en él mi dolor, hermano.
—¡Eh! ¡Quién va! ¿Quién gime o reza
en la sombra de la pieza?
—Es mi madrina la Tristeza.

Como pupilas de muertos
de luz sobrenatural,
brillan los focos en los desiertos
laberintos del arrabal.

—¿Y qué libro lees ahora,
a la luz vaciladora
de pálida veladora?

¿Alguna bella conseja
de flamante moraleja?
—Es una historia muy vieja...

Como pupilas de muertos
de luz sobrenatural,
brillan los focos en los desiertos
laberintos del arrabal.

XIV

LOS DIFUNTOS VIEJOS

Yo no amo a los que viven, «putrefacción andante»;
yo busco a los que moran de la ciudad muy lejos
—bajo la tierra—, y amo la calva deslumbrante
de los bruñidos cráneos de los difuntos viejos.

Cadáveres amigos, ¡qué calma semejante
hallar a vuestra calma! Ni compasión, ni dejos
de las antiguas penas mostráis en el semblante,
que alumbra en los osarios la luz agonizante
del sol, dándoles nimbos de cárdenos reflejos.

¡Oh muerte! ¡Oh paz! ¡Yo adoro la calva deslumbrante
de los bruñidos cráneos de los difuntos viejos!

XV

EL METRO DE DOCE

El metro de doce son cuatro donceles,
donceles latinos de rítmica tropa,
son cuatro hijosdalgo con cuatro corceles;
el metro de doce galopa, galopa...

Eximia cuadriga de casco sonoro
que arranca al guijarro sus chispas de oro,
caballos que en crines de seda se arropan
o al viento las tienden como pabellones;
pegasos fantasmas, los cuatro bridones
galopan, galopan, galopan, galopan...

¡Oh, metro potente, doncel soberano
que montas nervioso bridón castellano
cubierto de espumas perladas y blancas,
apura la fiebre del viento en la copa
y luego galopa, galopa, galopa,
llevando el Ensueño prendido a tus ancas!

El metro de doce son cuatro garzones,
garzones latinos de rítmica tropa,
son cuatro hijosdalgo con cuatro bridones;
el metro de doce galopa, galopa...

RONDÓS VAGOS

I

¿LO RECUERDAS? UNA NOCHE SIN FULGORES, SIN BELLEZAS

¿Lo recuerdas? Una noche sin fulgores, sin bellezas,
el espectro de la ausencia consagraba con su mano
al dolor sin esperanza nuestras pálidas cabezas;
vanas eran nuestras luchas, todo vano, todo vano...
En mi espíritu rebelde suspiraban las tristezas,
las tristezas suspiraban en las cuerdas del piano.

—¡Adiós, virgen! —murmuraba con la voz de mis ternezas.
—¡Para siempre! —del piano respondía el son lejano.
En los campos iniciaban, entre juncos y malezas,
su macabra ronda lívida los fulgores del pantano,
y en mi espíritu rebelde se quejaban las tristezas,
las tristezas se quejaban en las cuerdas del piano...

¿Tornaremos a mirarnos? ¡Quién aplaca las fierezas
de la vida! ¡Quién penetra los rigores del arcano!
—¡Adiós, virgen!... —¡Para siempre! —respondió con aspereza
una *fuga,* y al perderme tras los árboles del llano,
en mi espíritu rebelde sollozaban las tristezas
las tristezas sollozaban en las cuerdas del piano...

II

COMO BLANCA TEORÍA POR EL DESIERTO

Como blanca teoría por el desierto
desfilan silenciosas mis ilusiones,
sin árbol que les preste sus ramazones,
ni gruta que les brinde refugio cierto.

La luna se levanta del campo yerto
y al claror de sus lívidas fulguraciones,
como blanca teoría mis ilusiones
desfilan silenciosas por el desierto.

En vano al cielo piden revelaciones;
son esfinges los astros. Edipo ha muerto,
y a la faz de las viejas constelaciones
desfilan silenciosas mis ilusiones
como blanca teoría por el desierto.

III

PASAS POR EL ABISMO DE MIS TRISTEZAS

Pasas por el abismo de mis tristezas
como un rayo de luna sobre los mares,
ungiendo lo infinito de mis pesares
con el nardo y la mirra de tus ternezas.

Ya tramonta mi vida; la tuya empiezas;
mas, salvando del tiempo los valladares,
como un rayo de luna sobre los mares
pasas por el abismo de mis tristezas.

No más en la tersura de mis cantares
dejará el desencanto sus asperezas;
pues Dios, que dio a los cielos sus luminares,
quiso que atravesaras por mis tristezas
como un rayo de luna sobre los mares.

IV

YO VENGO DE UN BRUMOSO PAÍS LEJANO

Yo VENGO de un brumoso país lejano,
regido por un viejo monarca triste...
Mi numen solo busca lo que es arcano,
mi numen solo adora lo que no existe;

tú lloras por un sueño que está lejano,
tú aguardas un cariño que ya no existe,
se pierden tus pupilas en el arcano
como dos alas negras, y estás muy triste.

Eres mía: nacimos de un mismo arcano
y vamos, desdeñosos de cuanto existe,
en pos de ese brumoso país lejano,
regido por un viejo monarca triste...

DAMIANA

My name is might have been...

DANTE GABRIEL ROSSETI

I

QUIÉN ES DAMIANA

LA MUJER que, en mi lozana
juventud, pudo haber sido
—si Dios hubiera querido—
mía,
en el paisaje interior
de un paraíso de amor
y poesía;
la que, prócer o aldeana,
«mi aldeana «o» mi princesa»
se hubiera llamado, esa
es, en mi libro, Damiana.

La hija risueña y santa,
gemela de serafines,
libélula en mis jardines
quizá, y en mi feudo infanta;
la que
pudo dar al alma fe,
vigor al esfuerzo, tino
al obrar, ¡la que no vino
por mucho que la llamé!;
la que aún mi frente besa
desde una estrella lejana,
esa
es, en mi libro, Damiana.

Y aquella que me miró,
no sé en qué patria querida
y, tras mirarme, pasó
(desto hace más de una vida),
y al mirarme parecía
que me decía:
«Si pudiera detenerme
te amara»... La que esto al verme
con los ojos repetía;
la que, sentado a la mesa
del festín real, con vana
inquietud aguardó, esa
es, en mi libro, Damiana.

La que con noble pergeño
suele flúida vagar
como un fantasma lunar
por la zona de mi ensueño;
la que fulge en los ocasos,
que son nobleza del día;
la que, en la melancolía
de mi alcoba, finge pasos;
la que, puesto a la ventana,
con un afán que no cesa,
aguardo hace un siglo, esa
es, en mi libro, Damiana.

Todo lo noble y hermoso
que no fue;
todo lo bello y amable
que no vino;
y lo vago y lo misterioso
que pensé,
y lo puro y lo inefable
y lo divino.

El enigma siempre claro en la mañana,
y el enigma por las tardes inexpreso;
amor, sueños, ideal, esencia arcana…,

todo eso, todo eso, todo eso,
tiene un nombre en estas páginas: ¡Damiana!

II

ESTA NIÑA DULCE Y GRAVE

Esta niña dulce y grave
tiene un largo cuello de ave,
cuello lánguido y sutil,
cuyo gálibo suave
finge prora de una nave,
de una nave de marfil.

Y hay en ella, cuando inclina
la cabeza arcaica y fina
—que semeja peregrina
flor de oro— al saludar,
cierto ritmo de latina,
cierto porte de menina
y una grancia palatina
muy difícil de explicar…

III

NUESTRO AMO ESTÁ EXPUESTO

Nuestro amo está expuesto;
Nuestro *Amo* está expuesto.
Anda, dile a *Nuestro Amo*, Damiana,
que guarde tu almita de luz para el cielo.

Nuestro Amo
está expuesto en su enorme custodia,
como un sol de nieve
dentro de un sol de fuego;
en su enorme custodia,

donde, como flores de un país de ensueño,
dos querubes de alas en espiral fingen
corolas de plumas.

Las damas del pueblo
enviaron sus canarios
para adorno del templo,
y esos luminosos
pájaros, batiendo
sus alitas de ocre, gorjean tan dulce
que así deben cantar las bandadas
de Dios en el cielo.

Hay matas de flores tan finas
como el terciopelo,
como mágicas sedas olorosas;
hay tiestos
rizados de musgo, naranjas doradas,
con mil flamulillas de oropel, que crujen
al soplo del viento,
al soplo del viento,
que hace esgrima con luces de cirios,
como con espadas de trémulo fuego.

Nuestro Amo está expuesto,
y la Santa Virgen, cubierta de joyas,
está en el crucero,
con su veste de tela de plata,
sonriendo
y ostentando en su diestra afilada
una gran camándula de vivos destellos,
y sortijas de antigua factura
prendidas al viejo marfil de sus dedos.
Anda, dile a la Virgen, Damiana,
que guarde tu almita de luz para el cielo.

Nuestro Amo está expuesto:
anda a visitarlo, Damiana. Te hincas
en el prebisterio;
ante el ascua de oro del altar bendito

reza un padrenuestro,
y le cuentas a Dios tus angustias,
tus deseos,
y le dices así: «Padre mío,
tú formaste mi alma de diamante y quiero
seguir siendo en la vida un diamante,
para ser un diamante en el cielo
y acurrucarme
como un lucero
en la noche, que es el infinito
raso azul de tus santos joyeros.
Quiero ser un diamante,
y si las miserias y si el sufrimiento
vienen y obscurecen mis facetas diáfanas
para seguir siendo
diamante en la angustia, diamante en las lágrimas,
diamante en los duelos,
Tú, que sacas la luz de la sombra,
harás que me vuelvan todas las negruras
un diamante negro...»

¡Anda a ver a *Nuestro Amo*, Damiana,
anda a verlo!
¡Oye las campanas cómo cantan *Gloria
in excelsis Deo!*

Corre a la iglesia, retoño mío,
luz de mis años, flor de mis hielos…
Anda a ver a *Nuestro Amo,* Damiana,
Nuestro Amo esté expuesto.

IV

TÚ VIENES CON EL ALBA

TÚ VIENES CON EL ALBA, por eso eres rosada;
tus ojos, que se acuerdan del trópico, son dos
gemelos de ensueño... ¡ Mi almita enamorada,
que la ilusión te mime, que te bendiga Dios!

Mi verso fue paloma, paloma querellosa;
mas hoy turba es de abejas que giran en tropel,
buscando tus perfumes (¿acaso no eres rosa?),
libando en tus pistilos (¿acaso no eres miel?).

Un hada, mi madrina risueña y leve, un hada
que tuvo por alcázar el cáliz de una flor,
bendijo nuestras nupcias en fresca madrugada.
Yo me llamé *Tristeza*, me llamo hoy *Alborada;*
tú te llamaste *Infancia,* te llamas hoy *Amor.*

V

DE VUELTA

Salí al alba, dueño mío,
y llegué, marcha que marcha
entre cristales de escarcha,
hasta la margen del río.
¡Vengo chinita de frío!

De la escarcha entre el aliño,
era el dormido caudal
como un sueño de cristal
en un edredón de armiño.
(Emblema de mi cariño).

Alegre estaba, señor,
junto a la margen del río,
alegre en medio del frío:
es que me daba calor
dentro del alma tu amor.

Te vi al tornar, mi regreso
esperando en la ventana,
y echó a correr tu Damiana
por darte más pronto un beso.
—¿Por eso? —¡No más por eso!

VI

TAN RUBIA ES LA NIÑA QUE...

¡Tan rubia es la niña, que,
cuando hay sol, no se la ve!

Parece que se difunde
en el rayo matinal,
que con la luz se confunde
su silueta de cristal
tinta en rosas, y parece
que en la claridad del día
se desvanece
la niña mía.

Si se asoma mi Damiana
a la ventana, y colora
la aurora su tez lozana
de albérchigo y terciopelo,
no se sabe si la aurora
ha salido a la ventana
antes de salir al cielo.

Damiana en el arrebol
de la mañanita se
diluye y, si sale el sol,
por rubia... no se la ve.

VII

CUANDO LLUEVE...

¿Ves, hija? Con tenue lloro
la lluvia a caer empieza.
—Sí, padre, y cayendo reza
como una monja en el coro.

—Damiana, hija mía,
ya enciende el quinqué;
yo tengo melancolía...
—Yo también, ¡no sé por qué!

—Padre, el agua me acongoja;
vagos pesares me trae.
—Damiana, la lluvia cae
como algo que se deshoja.

— ¿Oyes? Murmurando está
como una monja que reza...
—¡Damiana, tengo tristeza!
—Yo también... ¿Por qué será?

VIII

EXHALACIÓN

Cayó la tarde, y el taimado anhelo
que noche a noche la extensión explora,
busca en vano la estrella donde mora
mi luminoso espíritu gemelo.

Como un ave de luz herida al vuelo,
que al caer bate el ala tembladora,
una blanca fotófuga desflora
la comba lapislázuli del cielo.

¿Es lágrima de un dios ese astro errante?
¿Es «Ella», que dejó su edén distante
para buscarme en la existencia ingrata?

—Tú lo sabes, oh luna dulce y fría,
que trazas, dividiendo noche y día,
tu divino paréntesis de plata.

IX

DAMIANA SE CASA

Con mis amargos pensares
y con mis desdichas todas
haré tu ramo de bodas,
que no será de azahares.

Mis ojos, que las angustias
y el continuado velar
encienden, serán dos mustias
antorchas para tu altar.

El llanto, que de mi cuita
sin tregua brotando está,
tu frente pura ungirá
como con agua bendita...

—Señor, no penes; tu ceño
me duele como un reproche.
—¡Qué pálida estás, mi dueño!
—Es que pasé mala noche:
el amor me quita el sueño.

—¡Y te vas!...
—Me voy, es tarde,
me aguardan; el templo arde
como un sol. ¡Tu mal mitiga,
señor, y Dios te bendiga!
—Damiana, que Dios te guarde...

X

SON LOS SUEÑOS QUE PASAN...

A veces tu recuerdo se condensa
en mil formas extrañas; huye el día,

y en rojo funeral, sobre la inmensa
extensión del azur, la tarde piensa,
y yo pienso con ella, vida mía.

¡Pienso en ti!
Cae el sol.
Alguien me nombra:
una voz —¡muy lejana!— de reproche;
y clavado de horror sobre la alfombra,
con los ojos abiertos en la sombra,
te busco entre los sueños de mi noche.

EL PRIMER SUEÑO

Y un sueño viene a mí. Cruza la sala
con vuelo de fantasma, y se divulga
un rumor ideal si bate el ala,
y es tan puro como una colegiala
vestidita de lino, que comulga:
¡La fe de mi niñez!

EL SEGUNDO SUEÑO

Oigo un escherso
inefable, que el ánima me arroba,
y otro sueño se acerca entre el disperso
enjambre, y es azul: el primer verso
que escribí niño y trémulo, en mi alcoba...

EL TERCER SUEÑO

Y llega un sueño rosa —¡oh paraíso!—.
Y siento no sé qué dulces resabios.
Es el beso primer que, de improviso,
le dejé a una muchacha que me quiso,
cierta noche de abril, entre los labios.

EL CUARTO SUEÑO

Y luego un sueño púrpura. Ni el cielo
tan vivo luce cuando el sol navega...

Le conozco muy bien: ¡el primer celo!
¡Mas, si ya no sé odiar, si ya el Otelo
murió en mi corazón!
¡Qué tarde llega!

TÚ

Y por fin vienes tú; con el sedeño
pelo arropas mi frente atormentada,
y al oído me dices: —Pobre dueño,
lo mejor de mi ser es ser un sueño,
un copito de luz, un eco, nada…

Y suspiras: «¡Adiós»!; y en el tranquilo
azul, donde cada astro es como un broche
de trémulo cristal, hallas asilo;
mientras surge el menguante y, con su filo,
guillotina la testa de la noche.

XI

LA VIEJA CANCIÓN

I

ESTA es la vieja canción
que, en una vieja guitarra,
un coplero, viejo y ciego,
a quien quiere oírla, canta.

«La Muerte es una madre,
la Vida una madrastra:
mortal, no te importe sufrir en el mundo,
el mundo es un *Valle de lágrimas*».

«Resígnate a ser pobre
si pobre eres, y aguarda;

los pobres del mundo son los ricos del cielo,
los ricos allá no son nada».

Esta es la vieja canción
que, en una vieja guitarra,
la Ilusión, viejo coplero,
a quien quiere oírla, canta.

II

Esta es la vieja canción;
mas por vieja ya no priva:
nadie escucha al pobre diablo
que la espeta en una esquina.

La Humanidad ya no sueña
y, de su fe desprovista,
más quiere un «¡ten!» aquí abajo
que dos «te daré allá arriba».

III

Tú y yo, Damiana, los últimos
abencerrajes del Sueño,
somos acaso los solos
que oímos al pobre ciego.

La calle está solitaria,
la noche tiende en el cielo
sus alas imponderables,
agresivas de misterios.

Marchamos los dos del brazo
por el bulevar desierto,
y mientras que la canción
sigue sonando a lo lejos,
nos unimos en la sombra,
pensando: «Si fuera cierto...».

EL MAGO. EL RETORNO. CONDENACIÓN DEL LIBRO

I

EL MAGO

Yo marcho,
y un tropel de corceles piafadores
va galopando tras de mí.

Yo vuelo,
y me sigue un enjambre de cóndores
por la inviolada majestad del cielo.

Yo canto,
y las selvas de música están llenas,
y es arpa inmensa el forestal.

Yo nado,
y una lírica tropa de sirenas
va tras mí por el mar alborotado.

Yo río,
y de risas se puebla el éter vago,
como un coro de dioses.

Yo suspiro,
y el aura riza suspirando al lago;
yo miro, y amanece cuando miro.

Yo marcho, vuelo, canto, nado, río,
suspiro, y me acompaña el Universo
como una vibración: Yo soy el Verso,
¡y te busco, y me adoras, y eres mío!

II

EL RETORNO

Vuelvo, pálida novia, que solías
mi retorno esperar tan de mañana,
con la misma canción que preferías
y la misma ternura de otros días
y el mismo amor de siempre, a tu ventana.

Y elijo para verte, en delicada
complicidad con la Naturaleza,
una tarde como esta: desmayada
en un lecho de lilas, e impregnada
de cierta aristocrática tristeza.

¡Vuelvo a ti con mis dedos enlazados
en actitud de súplica y anhelo
—como siempre—, y mis labios, no cansados
de alabarte, y mis ojos obstinados
en ver los tuyos a través del cielo!

Recíbeme tranquila, sin encono,
mostrando el dejo suave de una hermana;
murmura un apacible: «Te perdono»,
y déjame dormir con abandono,
en tu noble regazo, hasta mañana...

III

CONDENACIÓN DEL LIBRO

EL PRELADO

Condenamos este libro por exótico y perverso,
porque enciende sacros nimbos en las testas profanadas,
porque esconde, bajo el oro leve y trémulo del verso,
la dolosa podredumbre de las criptas blanqueadas.

Cierto: a veces algo emerge con virtudes misteriosas;
pero es más lo que se abate, lo que cede y se derrumba;
de la noche de estas rimas surgen raras mariposas;
pero son las agoreras mariposas misteriosas
que germinan en la tumba...

Y por tanto, Nos, Fidelio, por la gracia de la Sede
Pontificia, Obispo *in partibus* de Quimera y Utopía,
decretamos que este libro de tristeza y mofa, quede
relegado a la ignominia y al olvido que precede
al abismo sin fronteras.

EL POETA

Del abismo brota el día...

EL ESTANQUE DE LOS LOTOS

El agua que rodea a la flor del loto no moja sus pétalos.

BUDA.

El alma está simbolizada por el loto, que yergue su flor soberbia por encima de las aguas contaminadas de donde nace.

WALTER WINSTON KENILWORTH.

Estad en el mundo, pero no seáis del mundo, como la flor del loto, cuyas raíces se hunden en el cieno, pero que permanece siempre pura.

VIVEKANDA.

LA CONQUISTA

AL LECTOR

LECTOR MÍO, estos versos, que son prosa (rimada),
llegan a tu alma humildes y sin pedirte nada.
No quieren tus elogios... Mas sería mi gusto
que pudieses leerlos al terminar el día,
a los fulgores cárdenos de algún poniente augusto,
que fuese como el marco de mi filosofía...

I

LA REDOMA QUE SE ABRE

NO QUERÍA DECIRLO. Su espíritu altanero
puso a los impacientes labios timbre de acero.
No quería decirlo; moriría inconfeso.
Hubiera dado toda su vida por el beso
de aquella boca virgen, fuente de la ilusión,
por un instante solo de plena posesión.
Mas confesar sus ansias, qué terrible dilema:
o alcanzar al instante la ventura suprema
o caer en la sima del supremo dolor,
según que la respuesta fuese desdén o amor.
¡Oh! Callaría siempre, callaría muriendo,
moriría callando su martirio tremendo.

Pero un día, el simún pasional, rudo y bronco,
sacudió más las ramas, agitó más el tronco...
O quizá ella estaba más bella que solía,
o tal vez él la quiso más aún aquel día,
y la hermética boca, que tan tenaz callara,

se abrió como redoma, dejando que escapara
irremediablemente, del corazón repleto,
la esencia misteriosa de su santo secreto.

II

«*PERAS AL OLMO*»

Ella se puso roja (¿no es esto de rigor?).
Tal una aurora súbita, se derramó el rubor
por la tranquila nieve de su rostro de estrella.
¡Ay!, y, naturalmente, se volvió así más bella.

Pero después, cual sol tras esa alba indecisa,
surgió el rayito pálido de una tenue sonrisa,
y rompiendo el encanto sin par con inarmónica
crueldad, aquella tenue sonrisilla fue irónica.
La malcriadez ingénita de la niña mimada
surgió brutal, de pronto, como una bofetada:
«¡Imposible, Miguel; ha puesto usted el colmo
a su audacia. . .! ¡Eso fuera pedir peras al olmo!
¿Yo con mis dieciocho años esposa de usted? ¡Ca!
¿Cómo decir «te quiero» sin añadir «papá»?
Amigos, solo amigos; pienso que ya es bastante...
¡Y, sobre todo, ni una palabra en adelante!»

Nada más...

El doctor, ante el desdén crecido,
mordió los necios labios que no habían sabido
callar, que imbécilmente le vendían al cabo,
tras su inútil silencio, para volverle esclavo.
Esclavo de la hembra instintiva, inconsciente,
incomprensiva y hosca para un amor ardiente;
siervo ya de quien, siendo la sierva milenaria,
cuando el dueño se humilla, ríe de su plegaria,
y que, sumisa solo al amor que maltrata,
adora si la pegan, y si la adoran, mata.

(Lectora, no te ofenda la frase que antecede:
el pobre enamorado resuella por la herida,
y un poco de despecho, ¿no es cosa permitida?
¡uno se consuela de su mal como puede!)

III

DIÁLOGO INTERIOR

¡Y CALLAR PARA ESO tres años, y bregar
para eso tres años, y tres años velar
con los ojos abiertos en la tiniebla helada,
por ver mejor el rostro de la mujer amada!

«¡Infeliz! En tres años se vence uno a sí mismo,
se expugna el Himalaya, se sondea el abismo,
se desgarran de Isis los más tupidos velos
o se forjan las llaves del Reino de los Cielos.

»¡En tres años se escribe un excelso poema;
en tres años se alcanza la Ventura suprema,
que es encontrar a Dios, *en el que nos movemos*
y vivimos y somos, y a quien, miopes, no vemos.

»¡Infeliz! En tres años, un ideal fecundo
y potente es capaz de redimir al mundo.
No hay titán que en tres años no podamos vencer.
¡Y tú los has perdido queriendo a una mujer!

»¡Esclavo de una carne que cambia y se transforma
en todos los instantes, víctima de la forma,
galán del espejismo, girasol del reflejo:
adoras una imagen que tiembla en un espejo,
mientras que a tus espaldas, radiante de beldad,
te tiende vanamente sus brazos la Verdad!»

«¡La verdad... buen señuelo para los mentecatos!
A Jesús, *quid est veritas?* —le preguntó Pilatos.

Veritas est quod est... —dice Agustín muy serio.
Veritas est quod est... ¿y qué es lo que es? ¡Misterio!
La verdad va desnuda, mas morirá doncella;
la verdad de la rosa no es verdad en la estrella;
la verdad en Arturo no es verdad en Rigel.
¿Dónde encontrarla entonces? ¿En dónde está su asiento?
En todas partes menos en el entendimiento;
si la verdad existe, se encuentra fuera de él.
Buscarla con la lógica es buscar imposibles:
Dios, el Bien, la Verdad, son ininteligibles,
ni definirse pueden, ni se pueden pensar.
¡El amor es la flecha que los sabe encontrar!»

«¿Niegas, pues, los conceptos? ¿ Rechazas la razón?
Miguel, te has vuelto loco; ¡te turba la pasión!
¡Pasión menguada y ciega!»
«—Ciega, sí; no menguada:
pasión de amor, si es honda, se nos vuelve sagrada.
Cuando tiene los ímpetus, la amplitud, la nobleza
de la mía, redímese de toda su impureza.
El propio amor carnal, al crecer, se convierte
en un impulso místico que ríe de la muerte,
que llega a las más altas cimas de la oblación
y en cuyo gran latido late la creación».
Y así, consigo mismo discutiendo el doctor,
vanamente luchaba con su infinito amor.

A solas con sus penas, aquel sabio tan niño,
agitábase, presa del tardío cariño,
preguntándose ingenuo: «¿Por qué la adoro así?»,
y oyendo una voz íntima responder: «¡Porque sí!».

¡Con qué fin doctorarse, si cuando se presenta
el amor, dieciocho años pueden más que cuarenta!
Si allá, dentro del alma, una voz baladí
a los porqués más hondos responde: ¡porque sí!

¿A qué tanto desvelo si una chiquilla frustra
tres décadas de estudio, de labor pertinaz;

si en sus ojos se abisma para siempre la paz
de un filósofo austero? *Also sprach Zarathustra!*

IV

LA CIGARRA LÍRICA

Como amor es más fuerte que los orgullos todos,
el pobre hombre acabó por hundirse en los lodos
de las indignidades y las humillaciones.
Habló de *conveniencias*, prometió muchos dones,
a trueque de una mano, que es, si se da, el mejor
regalo, y si se compra, el oprobio mayor.

Pero, dichosamente, para tales menguados,
dieciocho abriles suelen ser desinteresados.
La mocedad, mirando entre su luz y el frío
del invierno lejano las pompas del estío,
cual la cigarra lírica no piensa en los graneros;
enhebra al sol de mayo sus trinos lisonjeros
y vive de rocío.
Así, pues, la muchacha respondió sonriendo
a la oferta de dones: «¡Ni doy amor, ni vendo!».

V

TÁNTALO

Naturalmente, tanto desdén trajo el delirio,
el torcedor constante del deseo, martirio
sin tregua de los tántalos, para cuyo desvelo,
no más la certidumbre de la muerte es consuelo.
....

Pasada ya la crisis, la voz de su esperanza
se dejó oír, diciéndole: «La voluntad alcanza
siempre su fin; el mundo se subordina a ella;

todo le pertenece: la montaña y la estrella,
los hoy y los mañanas...». Y su filosofía
corroboró, terciando, no sin pedantería:
«El hombre es voluntad, la voluntad visible,
como por lo demás toda materia, y
no hay intento ninguno que le sea imposible.
La voluntad es todo, ¡ella *es la cosa en sí!*
Ella es el *numenon,* ella es la conciencia
el exclusivo objeto; ella hizo la existencia;
ella perennemente sus fines eslabona:
¿Por Ventura olvidaste ya tu jerga teutona?».

«Irremisiblemente, a la larga, a la corta,
Helena será tuya. *Ubi et quando,* ¡no importa!
¡Con tu perseverancia lograrás la corona
a la hora de sexta o a la hora de nona!».

Y él respondió: «Sin duda que espada es, bien templada,
mi voluntad; mas ¿cómo manejaré esa espada?
Vencer... eso se dice de muy fácil manera;
mas tú, que sabes tanto, ¿cómo quieres que quiera?»

VI

EL DIOS INTERIOR

Entonces, de los senos profundos de su vida
surgió una voz augusta, nunca jamás oída;
una voz de reproche tal vez, tal vez de amor,
más sugestiva y fuerte que todo otro rumor.

Era el *yo* que en el fondo del alma vive quieto,
y que le dijo: «Escucha, voy a darte el secreto:
¿Ansías, por ventura, saber si tu heroísmo
puede vencer a Helena? Pues véncete a ti mismo
primero; si en tu espíritu dominas este amor,
para el dominio de ella tendrás fuerza mayor.

La voluntad lo externo subordina y domeña,
si con antelación de sí misma se adueña.
Nada resiste al hombre que sabe resistir
a sus propios deseos. Para vencer, morir
antes es fuerza; tuyo será el mundo después.
¡No seas, y podrás más que todo lo que es!

«Desde hoy has de mirar ese tu amor tirano
como algo muy seguro..., pero que está lejano.
Como se ve en invierno el campo húmedo y frío,
pensando: ¡ya se acerca la gloria del estío!
¡Como se ven las ramas en marzo, y se presiente
la savia milagrosa que sube ocultamente,
que ha sentido ya el beso del sol, y a cada rayo
responde con promesas de frondas para mayo!
¿A qué cuando navegas preguntar por el puerto?
Pon la proa en buen rumbo: tu arribo será cierto.
¡Marcha derechamente detrás de tu destino,
sin inquirir los días que faltan de camino,
a fin de que la espera no clave sin remedio
en tu ecuanimidad los colmillos del tedio!».

VII

HELENA

Reconfortado el triste con la doctrina aquella,
y resuelto a observarla, fuese a ver a su bella.
Habíase operado la natural reacción,
y recibióle Helena, no sin cierta efusión...

— ¡Doctor, muy bien venido...! Fui quizás algo dura
con usted... ¿Me perdona...? Pero con su locura
excitó usted mis nervios... Yo no quise agraviarle...
¡Si nunca más me hablara de amor!
—Solo he de hablarle
cuando usted me lo ordene. Mientras, he de callar
y en lo hondo del alma viviré de esperar.

—¿De veras?
—Esta mano franca es la garantía
de mi resolución...
—¡Pues aquí está la mía!
—¿Vendrá usted con frecuencia?
—Si usted misma me tasa los días...
—Yo los lunes me quedo siempre en casa.

VIII

UN AÑO

Un año de visitas y de amabilidades.
¡Ay!, trescientos sesenta y cinco eternidades,
sin dejar que escapase del labio prisionero
el penado a cadena perpetua: «¡Yo te quiero!».

Noche de plenilunio. Un florido balcón
propicio al dulce verbo de la contemplación.
Olor blando de acacias y lilas en abril;
ambiente saturado de un deleite sutil...

¡Y en aquel bello marco, un cumplido social,
alguna frase hecha y algún gesto trivial!
Un «ya llegó la noche...», un «se acerca el estío...»
un «entremos, Helena, va usted a sentir frío...».

Pero el santo consejo interior ya lograba
su fin... La voluntad al deseo domaba;
lo domaba en la propia palestra, en lo más rudo
del combate, en el campo agresivo y desnudo.

Y al cabo —fecha santa—, Miguel pudo exclamar:
—¡Ya rompí mis cadenas; ya estás muerto, anhelar!
Ya destruí del *Maya* la malla resistente;
ya no temo a las cuerdas húmedas del sendero

que fingen a las plantas del medroso viajero
contacto de serpiente.
Escalé ya la cima de la excelencia humana,
y tomé por asalto la ciudad del Nirvana.

Por fin a la eminencia del gran reposo llego:
maté ya toda angustia, vencí ya todo apego.
¡Yace a mis pies el ansia turbadora y tenaz!
¡Estoy en paz..., estoy en paz..., estoy en paz!

IX

LA APARICIÓN

Aquella misma noche —realidad o visión—,
un gran fantasma cándido hizo su aparición
en la alcoba en que el sabio, silencioso, velaba.
Su faz ambigua de ángel en la sombra radiaba;
sus labios se entreabrieron para decir así:
«¿Te acuerdas de aquel santo consejo que te di?
Yo soy el ser oculto que a veces en ti gime,
el divino extranjero, el *amigo sublime*
que en lo hondo de ti da silenciosas voces;
el Fuerte que te alienta, pero a quien no conoces:
el que se mira en tu alma como en pálido espejo,
y que te dio, hace un año, su excelente consejo.

Pues bien, Helena es tuya. Te quiere; tu mutismo
floreció: fructifica tu callado heroísmo;
te quiere y solo anhela que tus labios le den,
con un *te adoro* trémulo, las dichas del edén,
o de lo que llamáis edén los pobres hombres,
amigos de inflar pompas de jabón e hinchar nombres.

Ve, búscala mañana, pues la quieres: de cierto
que, como una gran rosa, su corazón abierto
te acogerá. Ya es tuya. ¡Premio yo así a tu fe!
Tómala».

Y el filósofo respondió: «¡Para qué!
¿He de ser, por ventura, tan necio, tan menguado,
que te deje por ella después de haberte hallado?
¡Qué bien, qué paraíso, qué delicias de amor
igualan al encuentro del Ego Superior!
¡Con qué placeres vanos, con qué don baladí
pudiera contentarme teniéndote yo a ti!
¡Qué deleites podría darme la creación
análogos al éxtasis de tu contemplación!
¡Oh mi Señor! ¡Oh gloria mía, ser de mi ser!
No hay canto de sirena ni beso de mujer
que valgan un instante de la dulce quietud
en que anegas al alma; tú eres la beatitud,
tú el reposo divino, tú la verdad que brilla
dulcemente en el alma; tú el camino, tú el puente
que lleva a la otra orilla
del torrente…

Y desde aquel instante, fue Miguel en la vida
como el loto simbólico sobre el agua dormida;
como el loto que el cieno de los estanques fragua,
mas que florece lejos y sin tocar el agua,
copiándose, trasunto de Buda, su corola
maravillosamente contemplativa y sola.

Resbaló caudalosa para él la serena
y apacible corriente de un vivir cristalino,
y no volvió a encontrarse ya nunca con Helena
en el dulce sosiego de su largo camino...

Madrid, abril-mayo de 1915

LOS LOTOS

I

KALPA

—¿Queréis que todo esto vuelva a empezar?
—¡Sí! —responden a coro.

ALSO SPRACH ZARATHUSTRA.

EN TODAS LAS ETERNIDADES
que a nuestro mundo precedieron,
¿cómo negar que ya existieron
planetas con humanidades;

y hubo Homeros que describieron
las primeras heroicidades
y hubo Shakespeares que ahondar supieron
del alma en las profundidades?

Serpiente que muerdes tu cola,
inflexible círculo, bola
negra que giras sin cesar,
refrán monótono del mismo
canto, marca del abismo,
¿sois cuento de nunca acabar?...

Enero 30 de 1914

II

FATALIDAD

Desde que sé lo que quiero
con certidumbre perfecta
—me dijo aquel hombre austero
de ancha frente y rostro enjuto—
mi vida es un derrotero
de luz, una línea recta,
trazada ya en lo absoluto...

Ninguna vacilación
turba mi ecuanimidad
ni agita mi corazón:
Dios puso en la voluntad
una eficacia de acción,
de fuerza y continuidad
tal, que es la Fatalidad
misma de la creación.

Sé que cristalizará
mi anhelo, porque adivino
que en este querer está
el querer de mi destino,
que grita en mi alma: «¡Será!»,
¡y abriéndome campo va,
torvo, inmutable..., divino!

Febrero 21 de 1914

III

EL SILENCIO

Después de unas cuantas voces
de amor, de dolor, de miedo,
que lanzamos en la vida,

nos reconquista el Silencio.
¡ El gran Silencio, que fue
antes de los vanos ecos
de este mundo, y que será
cuando cesen todos ellos!

¡Un Silencio sin fronteras
más que inmóvil, más que muerto,
definitivo reposo,
en cuyo inmutable seno
ya no se desgranará
el collar de los momentos
ilusorios y fugaces,
porque ya no habrá más Tiempo!
¡Descanso de la Energía,
que en sí misma recogiendo
su vibración creadora,
reabsorberá el universo!

Julio 6 de 1914

IV

EPITAFIO

Il avait «la maladie de l'Absolu».
(Palabras de un crítico
acerca de Amiel.)

Fue, como un delirante misticismo,
buscándose él en Dios, y la presencia
de Dios en lo más hondo de sí mismo:
en el espejo azul de su conciencia.

¡Intentó, con ardor, pero sin fruto,
resolver la ecuación de lo absoluto...
hasta que, al fin, cayó en el lago quieto
en cuyo fondo estaba el gran secreto!

Septiembre de 1914

V

EL ENMASCARADO

¿Presientes que más tarde, cuando ya se precisa
la gran visión del Término, tu mente contristada
va a hallar, al fin, el santo secreto de la risa?
¿Que encontrarás el todo no teniendo ya nada?

¿Que en la clara lente de tu humildad sincera
vas a estimar preciso lo menor de la vida,
y a calibrar las cosas ya muy de otra manera,
adivinando en todas la excelencia escondida?

Razonas bien: no hay dicha como no tener nada,
como no buscar nada, porque toda riqueza
la llevamos nosotros en la veta ignorada
que, al cavar de los años, a relucir empieza.

Mineros excelentes son los años, famoso
buzo el Tiempo, que, a fuerza de ahondar en lo mejor
de las almas, tropieza con un ser misterioso:
con el enmascarado sutil y silencioso
que, tras su negra máscara, sonríe en tu interior.

Enero 9 de 1915

VI

LO IMPREVISTO

Si para tus angustias morir solo es remedio;
si han de oscilar tus horas entre el dolor y el tedio;
si nada ha de aliviarte tu mal de cuanto ves;
si en el erial, que nunca fecundará tu llanto,
no se oye más que el bíblico refrán del desencanto
que llora en los versículos del viejo *Eclesiastés*,

encógete, callado, estoicamente espera
que el *Karma* (inexorable, pero justo) te hiera
hasta el fin. Ve, resuelto, de tu castigo en pos.
¡Mas abre bien, poeta, los ojos avizores:
acaso, cuando menos lo piensen tus dolores,
te encuentres, en tu noche, con la piedad de Dios!

Enero 29 de 1915

VII

EL MAYA

Eres uno con Dios: en tu alma llevas
tu paraíso.
Lo exterior, que te turba y entristece,
no cobra realidad sino en ti mismo:
tú formas las imágenes, y luego
las deseas, trocándolas en ídolos.

El resultado de tus sensaciones
para ti constituye el *Universo*,
y son tus sensaciones cualidades
puras de tu moral entendimiento
No hay objetividad sino en ti propio:
tú solo eres tu fin y tu comienzo.

La personalidad es ilusión
de las formas efímeras; los vasos
que contienen el agua son distintos
al parecer, mas uno es el océano
que los llena, y al cual el noble líquido
habrán de restituir en breve plazo.

El fenómeno (relatividad
entre tú y la materia) por ti tiene
vida... Mas tú desdéñalo, recógete
en ti mismo: verás que no te hiere,

y ya libre tu espíritu del *Maya*,
en divina quietud nadará siempre.

Febrero 28 de 1915

VIII

AL CRUZAR LOS CAMINOS...

Al cruzar los caminos, el viajero decía
—mientras, lento, su báculo con tedioso compás
las malezas hollaba, los guijarros hería—.
Al cruzar los caminos, el viajero decía:
—¡He matado al Anhelo, para siempre jamás!

¡Nada quiero ya, nada, ni el azul ni la lluvia,
ni las moras de agosto ni las fresas de abril,
ni amar yo a la trigueña ni que me ame la rubia,
ni alabanza de docto ni zalema de vil!

Nada quiero ya, nada, ni salud ni dinero,
ni alegría, ni gloria, ni esperanza, ni luz.
¡Que me olviden los hombres, y en cualquier agujero
se deshaga mi carne sin estela ni cruz!

Nada quiero ya, nada, ni el laurel ni la rosa,
ni cosecha en el campo ni bonanza en el mar,
ni sultana ni sierva, ni querida ni esposa,
ni amistad ni respeto... Solo pido una cosa:
Que me libres, ¡oh Arcano, del horror de pensar!

Que me libres, ¡oh Arcano!, del demonio consciente;
que a fundirse contigo se reduzca mi afán,
y el perfume de mi alma suba a ti mudamente.
Sea yo como el árbol y la espiga y la fuente,
que se dan en silencio, sin saber que se dan.

Abril de 1915

IX

LAMENTACIÓN DEL VOLUPTUOSO

Causa Causarum, miserere mei

I

De hoy más la besaré casta, muy castamente:
mi boca huirá sus labios para buscar su frente.
Son, ¡ay!, sus labios húmedos la más honda delicia;
están todas sus mieles en su tibia caricia.
Pero es fuerza esquivarlos... ¡Quiérelo el Ideal!
¡Adiós, divina copa de purpúreo cristal!

II

¿Por qué, Demiurgo, hicieron tus designios obscuros
más sabrosos los labios que los frutos maduros?
¿Por qué diste a la hembra líneas en cuya gracia
hay avasalladora y sutil eficacia?
¿Por qué tiembla en sus ojos tan invencible imán?
¿Por qué cuando nos miran nos causan tanto afán?

¿Por qué es el *Maya artero* tan cruel engañador?
¿Por qué es irresistible la fuerza del *Amor,*
si luego quienes comen la codiciada pulpa
solo hallan acíbar, como si la gran culpa
estuviera en la fuente del nacer escondida,
y el mal por excelencia fuese el mal de la vida;
como si el gran deleite Que el sexo lleva oculto
para un hosco Ahrimán significase insulto?

III

¡Oh febril, oh brioso corcel de mi deseo,
a cuyo lomo, atado cual Mazeppa, me veo!
Cadena despiadada, que con tus eslabones
me ligas a los *ciclos* de las *reencarnaciones,*

fundiendo cuna y cuna, soldando muerte y muerte,
¡cuándo querrá mi *karma* que pueda yo romperte!

IV

¡Mas, ay de mí, que ansío dominar la Pasión,
que es una fuerza cósmica, cual la gravitación!
Primordial torbellino, cómo impedir que arrecie
tu empuje, si eres ímpetu supremo de la Especie,
¡si es la Especie quien gime y anhela en cada pecho
y hace estallar el molde cuando lo encuentra estrecho!

¡Vencer! ¡Tanto valdría, con mano de titán,
tapar la boca al *geyser,* el cráter al volcán!
¡Tanto valdría, loco, razonar un delirio
o detener en su órbita fatal la estrella Sirio!

V

¡Blasfemia! *Otros pudieron...* ¡Querer es lo que importa!
¡QUERER! ¡*Todo lo puedes en Dios que te conforta!*
Alíate a los ángeles; reclama del ABISMO
la suprema victoria de vencerte a ti mismo.
Acógete al *ESPÍRITU,* que vela lo invisible,
y ruega por nosotros con gemido indecible.

VI

—¡Sí haré! Quizá la angustia sin tregua que me oprime
sacuda las entrañas de la NOCHE sublime!
Tal vez el grito inmenso de mi dolor taladre
la oreja de la *ESFINGE,* que al fin y al cabo es madre.
Que puso en nuestros ímpetus de amor, sin ley ni nombre,
un soplo de absoluto que pasa por el hombre;
que nos formó con nieblas y luz, con alma y lodo,
¡y todo lo perdona porque lo sabe todo!

VII

¡Esperaré rogando que esa esfinge sombría
a la piedad se abra, como la flor al día!

Mas ¿en qué Libia, mientras, voy a esconder mi anhelo,
como el mar indomable y sin fin como el cielo?
¿Con qué flagelaciones y ayunos de eremita
mitigaré un instante no más mi sed maldita?
¿En qué boreales témpanos revolcaré mi fiebre?
¿Qué tálamo de púas encontraré, que quiebre
mi voluntad de goces, mi agudo frenesí?
¡*Oh, Causa de las Causas, ten compasión de mí!*

Abril de 1915

X

ENVEJECER...

ENVEJECER, envejecer… con una
alma inmortal, que crece cada día
en ardor y terneza: luz de luna,
lumbre de sol; viril como ninguna;
¡mas... templada por la melancolía!

Envejecer con un *ego* potente
que nunca tuvo edad, en quien la huella
no existe del pasado ni el presente;
emanación de la Causa Eficiente,
sin fin y sin principio, como ella.

¡Envejecer, envejecer en medio
de tantas rosas! Con pereza y tedio
ir arrastrando por la vida triste
un cuerpo que se pudre sin remedio...
¡Oh *Arcano*, qué castigo el que nos diste!

¡Mas no! Como el leproso que cantaba
en su agujero sórdido, mirando
caer su carne vil, porque se estaba
con ella la prisión del alma esclava
para siempre jamás desmoronando,

quiero loar a la Vejez austera:
silenciosa y nevada carretera
que conduce derecho al Gran Convite;
a la Santa Vejez, que manumite
y es último escalón de la escalera.

Mayo 19 de 1915

XI

LA ACCIÓN

Poeta, haz versos tónicos,
haz versos que conforten,
di palabras que alienten:
los hombres nada esperan; temen mucho los hombres...

Poeta, por Dios, deja
ya los «procedimientos»
y manidas retóricas:
¡glorifica la acción, canta el esfuerzo!

El esfuerzo, que tiene
todos los sortilegios;
la acción, «que era al principio»,
según el doctor Fausto, en vez del Verbo.

La acción no era al principio:
la acción es, siempre ha sido,
será... Todo es acción;
no hay más que acción: ¿verdad, oh filósofos indos?

Pensar no es sino acción;
vivir, un torbellino.
Nada en el universo
es estático, todo vibra hasta el infinito.

Imagen de Brahmán,
que como el lago límpido

palpita, eso es el Cosmos.
¡Brahmán está soñando..., soñando en el vacío!

Escribe estrofas cándidas,
poeta, siempre ingenuas,
y por eso geniales:
¡el genio es el candor por excelencia!

Que cuando mueras piensen
quienes lean tu obra:
«¡Ese hombre no tenía
más que fe, y nos la dio, nos la dio toda!».

Junio 15 de 1915

XII

LAS DOS REDES

Dos redes arrojé —me dijo el nauta—
al fondo del Abismo
en que van buceando las preguntas
y en que se pierde todo raciocinio.
Fue la red del *análisis*, primero;
tras ella todo el cable del navío
desenrollé, y al cabo de los tiempos
pasados en errar, sin luz ni tino
por la llanura negra en que no hay playas,
enrollando fui el cable del navío.
Con tembloroso anhelo
examiné las mallas, hilo a hilo,
y de la red vi el fondo, con angustia,
y estaba el fondo de la red vacío.

Dos redes arrojé —me dijo el nauta—
al fondo del Abismo
en que van las preguntas buceando
y en que se pierde todo raciocinio:

fue la segunda la *intuición,* el hondo
sentir, la malla firme del instinto,
el ojo misteriosamente abierto,
imperturbablemente claro y límpido,
que mira desde el fondo de las almas,
en lo más inviolado de uno mismo;
y al enrollar, después de breve tiempo,
el cable del navío,
encontré flora y fauna indescriptibles;
perlas enormes de oriente magnífico,
criaturas, de tan tenues, irreales,
y de tan bellas, sin igual prodigio;
un mundo, un mundo nuevo, todo un mundo,
hasta ayer, por mi mal, desconocido...

Dos redes arrojé —me dijo el nauta—
al fondo del Abismo.

Septiembre de 1915

XIII

IDENTIDAD

Tat tvam asi

El que sabe que es uno con Dios, logra el *nirvana:*
un *nirvana* en que toda tiniebla se ilumina;
vertiginoso ensanche de la conciencia humana,
que es solo proyección de la Idea Divina
en el Tiempo...

El fenómeno, lo exterior, vano fruto
de la *ilusión,* se extingue: ya no hay *pluralidad,*
y el *yo*, extasiado, abísmase por fin en lo *absoluto,*
¡y tiene como herencia toda la eternidad!

XIV

BRAHMA NO PIENSA...

Ego sum qui sum

Brahma no piensa: pensar limita,
Brahma no es bueno ni malo; pues
las cualidades en su infinita
substancia huelgan. Brahman *es lo que es.*

Brahma, en un éxtasis perenne, frío,
su propia esencia mirando está.
Si duerme, el Cosmos torna al vacío;
¡mas, si despierta, renacerá!

Octubre 12 de 1915

XV

EL TORBELLINO

«Espíritu que naufraga
en medio de un torbellino,
porque manda mi destino
que lo que no quiero haga;

»frente al empuje brutal
de mi terrible pasión,
le pregunto a mi razón
dónde están el bien y el mal;

»quién se equivoca, quién yerra:
la conciencia, que me grita:
¡Resiste!, llena de cuita,
o el titán que me echa en tierra.

»Si no es mío el movimiento
gigante que me ha vencido,
¿por qué, después de caído,
me acosa el remordimiento?

»La peña que fue de cuajo
arrancada y que se abisma,
no se pregunta a sí misma
por qué cayó tan abajo;

»mientras que yo, ¡miserable!,
si combato, soy vencido,
y si caigo, ya caído
aún me encuentro culpable,

»¡y en el fondo de mi mal,
ni el triste consuelo siento
de que mi derrumbamiento
fue necesario y fatal!».

Así, lleno de ansiedad,
un hermano me decía,
y yo le oí con piedad,
pensando en la vanidad
de toda filosofía...

y clamé, después de oír:
«¡Oh mi sabio no saber,
mi elocuente no argüir,
mi regalado sufrir,
mi ganancioso perder!».

Noviembre 22 de 1915

XVI

LA PERLA

TODAS LAS NOCHES lanzas tu conciencia
al abismo enigmático del sueño,
y todas las mañanas la recoges,
la pescas en la red de tu cerebro;

mas un día tan hondo habrá caído,
que ya no la hallarás... El mudo piélago,
como perla de Oriente, misterioso,
la guardará en su seno.

Diciembre 20 de 1915

XVII

DORMIR

YO LO QUE TENGO, amigo, es un profundo
deseo de dormir...
¿Sabes?: El sueño
es un estado de divinidad.
El que duerme es un dios...
Yo lo que tengo,
amigo, es gran deseo de dormir.

El sueño es en la vida el solo mundo
nuestro, pues la vigilia nos sumerge
en la ilusión común, en el océano
de la llamada *realidad*. Despiertos
vemos todos lo mismo:
vemos la tierra, el agua, el aire, el fuego,
las criaturas efímeras... Dormidos,
cada uno está en su mundo,
en su exclusivo mundo:
hermético, cerrado a ajenos ojos,

a ajenas almas; cada mente hila
su propio ensueño (o su verdad: ¡quién sabe!).

Ni el ser más adorado
puede entrar con nosotros por la puerta
de nuestro sueño. Ni la esposa misma
que comparte tu lecho
y te oye dialogar con los fantasmas
que surcan por tu espíritu
mientras duermes, podría,
aun cuando lo ansiara,
traspasar los umbrales de ese mundo,
de *tu mundo* mirífico de sombras.

¡Oh, bienaventurados los que duermen!
Para ellos se extingue cada noche,
con todo su dolor, el universo
que diariamente crea nuestro espíritu.
Al apagar su luz se apaga el *Cosmos*.
El castigo mayor es la vigilia:
el insomnio es destierro
del mejor paraíso…

Nadie, ni el más feliz, restar querría
horas al sueño para ser dichoso.
Ni la mujer amada
vale lo que un dormir manso y sereno
en los brazos de Aquel que nos sugiere
santas inspiraciones...
«El día es de los hombres; mas la noche,
de los dioses», decían los antiguos.

No turbes, pues, mi paz con tus discursos,
amigo: mucho sabes;
pero mi sueño sabe más. . . ¡Aléjate!
No quiero gloria ni heredad ninguna:
yo lo que tengo, amigo, es un profundo
deseo de dormir...

Enero 2 de 1916

XVIII

EL SUBCONSCIENTE

Cada vida le ofrece su cosecha
y se extingue después.
Cada alma va hacia él como una flecha,
y en su gran alma chispa nueva es.

Cada tránsito en él es enseñanza:
cada humana aflicción
un ala nueva, para su esperanza
de perfección.

Él la clave posee de tu estado,
él ha pesado
cada desliz;
él comprende por qué eres desgraciado,
por qué fuiste feliz.

Es el dueño y señor por quien laboras;
es tu conciencia; mas con vastedad
vertiginosa, él sabe cuanto ignoras,
y lleva en sí tu eternidad.

Él vela cuando duermes, y en tu mente
es un genial relámpago, un tropel
de rimas, trémulo y resplandeciente.
Tú pasas, sí; mas él es permanente;
tú mudas, sí; mas él es siempre fiel.
Solo vives para tu Subconsciente,
y mueres solo para él.

Febrero 27 de 1916

XIX

EL DIAGNÓSTICO

Siento un deseo agudo de partir; una trémula
y nerviosa impaciencia me va invadiendo. Ansío
subir al tren que marcha. El airón multiforme
de las locomotoras,
visto de mis balcones, aviva mis anhelos.
Nunca miré a las aves con más envidia; nunca
los nobles vuelos ágiles
del aviador, mi espíritu movieron de esta suerte.
Las nubes andariegas me hipnotizan; el viento,
nuestro compadre el viento,
parece que a mi oído va murmurando: «¡Márchate!».

Mi corazón redobla sus penosos latidos.
No sé qué sentimiento de expectación azuza
el corcel de mis ansias.
Un invisible látigo parece que restalla
cerca de mí; una inquieta
premura sin motivo suele avivar mi paso.
—Doctor, dame un diagnóstico deste mi mal...
—¡Acaso
vas a morir, poeta!»

Marzo 21 de 1916

XX

LA VIDA MÓVIL

La vida móvil, la vida divina
por dondequiera su paso encamina;
derrama formas: ya la peregrina,
ya la horrible, adopta. Canta su salterio
de infinitos modos,

y por sobre todo y por sobre todos,
misterio, misterio...

Hondamente amemos las cosas fugaces,
puesto que un instante después pasarán.
Retengamos ávidos las furtivas formas
en nuestro sensorio, porque todas han
algo divino; lo manifestado
de Dios está en ellas un momento; son
la fisonomía visible, aquello
que no tiene nombre; todas lucirán
un instante no más, y al Venero
de las infinitas posibilidades
todas volverán...

Abril 1916

XXI

LA VENDA

¡Oh Lóbrego misterio, dime cómo me llamo!
Dime quién soy, qué velo tupido de ilusión
oculta al verdadero ser que me rige, al amo
imperioso y radiante de quien mis horas son.

Como a un hombre vendado a quien no se le muestra
la orientación siquiera del sitio adonde va,
una potente mano, cogido de la diestra,
me lleva a un fin oculto, que acaso cerca está.

Y me rebelo, a veces, y en mi congoja quiero
no más un solo instante la venda deshacer:
mas, ¡ay!, al intentarlo, la gran mano de acero
tritura mis falanges, ¡y sigo así, sin ver!

¡Oh, enigma...! Y, sin embargo, si con tesón concentro
en mí todo mi anhelo, toda mi voluntad,

hay una perspectiva de luz que se abre dentro,
y orea mi alma un soplo frío de eternidad.

Marzo de 1916

XXII

EL GUERRERO

Busca al guerrero y deja que
pelee en ti.

COMBATE A MI LADO, guerrero sublime;
combate de todas tus armas vestido:
la selva es obscura yo vago perdido,
y el miedo me hiela y el ansia me oprime.

¡Son muchos los trasgos!, y al pobre viajero
lo invaden continuas angustias y alarmas:
combate a mi lado, sublime guerrero,
combate vestido de todas tus armas.

Sé que hay un abismo de horror, escondido
muy cerca: si caigo, ya ¡quién me redime!
¡Combate a mi lado, guerrero sublime,
combate de todas tus armas vestido!

Septiembre de 1916

XXIII

SPES

SEÑOR, ¡cuán hondamente metiste la esperanza
en nuestro corazón!

Callan los muertos..., callas Tú también: la Razón
a encontrarte no alcanza,
porque solo el espíritu puede ver tu visión.
En la intrincada selva ni un rayo de luz cabe.

Mas la Diosa del Áncora, dentro del alma sola,
nos murmura: «*¡Quién sabe!*»,
y los desesperados arrojan la pistola,
y sumiso, callado, melancólico y grave,
prosigue el peregrino su peregrinación...

Octubre 12 de 1916

XXIV

LLÉVETE YO

LLEVEN otros galeras de marfil por el río
de la vida; otros lleven acopio de ilusión;
otros, rockfellerescos tesoros, señorío...
¡Llévete yo, Dios mío, dentro del corazón!

Llévete yo, Dios mío, como perla divina
en el trémulo estuche del corazón que te ama:
llévete yo en la mente como luz matutina;
llévete yo en el pecho como invisible llama.

Llévete yo en la música de todo cuanto rime;
en lo más puro y noble de mi canción palpita,
y sé para mi espíritu el amigo sublime
que anuncian tus palabras en el *Baghavadgita*.

Febrero de 1917

XXV

EL ESPECTADOR

Yo no he sido sino para ser.
Fui antes para poder decir: ¡SOY!
Encontraste incompleto mi ayer;
pero ya en él estaba mi hoy.

Yo no soy más que un gran devenir.
Ni un instante mi transmutación
ha cesado. Cambiar es vivir.
Vivo solo por transformación.

Más arriba del perenne hervor,
sobre el ir y venir espacial;
más allá del placer y el dolor,
es mi espíritu el espectador
del gran drama... soñado o real.

Marzo 18 de 1917

XXVI

LA DIOSA

Cuando todos se marchen, tú llegarás callada.
Nadie verá tu rostro, nadie te dirá nada.
Pasarán distraídos,
con el alma asomada
a los cinco sentidos.

Espiando tu llegada,
yo seré todo ojos, yo seré todo oídos.

Tu hermosura divina
no tentará el anhelo
de esa caterva obscura

que nunca alzó los ojos para mirar al cielo,
ni con trémulas manos quiso apartar el velo
que cubre tu hermosura.

Tu mirada, espaciosa como el mar, y tus labios,
de donde solo fluyen, cual versos de poetas
eternos, las verdades
que allá en las soledades
persiguieron los sabios
y oyeron los ascetas,

serán para mí, única-
mente, diosa; no más
yo besaré, temblando, la orla de la túnica
que encubre las sagradas bellezas que me das.

En tanto, la manada
seguirá en su balido
de amor y de deseo…

Después se irá, apretada
y espesa, hacia el establo del deleite prohibido,
y a ti, la incomparable, nadie te dirá nada,
nadie te habrá advertido.

Marzo de 1917

XXVII

LE TIENES...

Pues busco, debo encontrar.
Pues llamo, débenme abrir.
Pues pido, me deben dar.
Pues amo, débeme amar
aquel que me hizo vivir.

¿Calla? Un día me hablará.
¿Me pone a prueba? Soy fiel.

¿Pasa? No lejos irá;
pues tiene alas mi alma, y va
volando detrás de Él.

Es poderoso, mas no
podrá mi amor esquivar.
Invisible se volvió,
mas ojos de lince yo
tengo, y le habré de mirar.

Alma, sigue hasta el final
en pos del Bien de los Bienes,
y consuélate en tu mal
pensando como Pascal:
«¿Le buscas? ¡Es que le tienes!».

Mayo 11 de 1917

XXVIII

EL GRAN VIAJE

¿Quién será, en un futuro no lejano,
el Cristóbal Colón de algún planeta?
¿Quién logrará, con máquina potente,
sondar el océano
del éter, y llevarnos de la mano
allí donde llegaran solamente
los osados ensueños del poeta?

¿Quién será, en un futuro no lejano,
el Cristóbal Colón de algún planeta?

¿Y qué sabremos tras el viaje augusto?
¿Qué nos enseñaréis, humanidades
de otros orbes, que giran
en la divina noche silenciosa,
y que acaso hace siglos que nos miran?

Espíritus a quienes las edades
en su fluir robusto
mostraron ya la clave portentosa
de lo Bello y lo Justo,
¿cuál será la cosecha de verdades
que deis al hombre, tras el viaje augusto?

¿Con qué luz nueva escrutará el arcano?
¡Oh la esencial revelación completa
que fije nuevo molde al barro humano!

¿Quién será, en un futuro no lejano,
el Cristóbal Colón de algún planeta?

Octubre de 1917

XXIX

NO MÁS MÚSICA

TÚ YA NO ERES POETA. Ya los númenes
que hablan por tu boca
enmudecieron para siempre.
Nada
te quedó de sus dones y mercedes,
y cual la Pitia a Sócrates, pudiera
una voz murmurarte:
«¡Y ahora, amigo mío,
no más música!».
Pero
algo mejor que el sortilegio antiguo,
que el ingenuo artificio, nimio a veces
del verso, permanece en ti, y se llama
el *amor,* el *amor* por todo, a todos;
el *amor* en que tiembla y se retrata
el Universo entero;
el *amor,* que es, de veras, Dios: más grande

y bello que aquel Dios menor, pomposo,
triste o regocijado, que lloraba
o reía en tu «música de cámara»:
el *amor*, que tiene ímpetus de vuelo
más amplios y potentes que las musas.

Él dictará desde hoy tu simple, grave
(y acaso alada) prosa,
y de su mano irás por el sendero,
sin escuchar al pájaro que canta;
de todo inútil fardo tan ligero,
tan ligero de planta
que los caminos no guarden tus huellas...
¡Pero mirando mucho en la espesura,
por ver si hay un dolor, una negrura
que puedas alumbrar con luz de estrellas!

Octubre de 1917

XXX

DEIDAD

Como duerme la chispa en el guijarro
y la estatua en el barro,
en ti duerme la divinidad.
Tan solo de un dolor constante y fuerte
al choque, brota de la piedra inerte
el relámpago de la deidad.

No te quejes, por tanto, del destino,
pues lo que en tu interior hay de divino
solo surge merced a él.
Soporta, si es posible, sonriendo,
la vida que el *artista* va esculpiendo
al duro choque del cincel.

¿Qué importan para ti las horas malas,
si cada hora en tus nacientes alas
pone una pluma bella más?

Ya verás al cóndor en plena altura,
ya verás concluida la escultura,
ya verás, alma, ya verás...

Octubre 22 de 1917

XXXI

LIBERACIÓN

AYER

LIBERTAD DIVINA, ¿dónde anidarás?

Todo aquí nos liga, todo aquí nos ata.
El hombre, del hombre grillo es, que maltrata.
Cepo despiadado en la sociedad.

¿En qué orbes remotos, en qué estrella grata
brillas, Libertad?
El *Tiempo,* el *Espacio,* hierros invisibles,
El Amor, el Oro, cadenas no más.
¿En qué misteriosos planos invisibles
te gozan los dioses fríos y apacibles?

Libertad divina, ¿dónde anidarás?

Libertad, yo tengo la sed de tus besos:
¿cuándo con tus dulces labios rozarás
el marfil de un rostro que lleva ya impresos
nostalgias y anhelos del mundo en que estás?
Acaso tus ósculos entibien mis huesos...

Libertad divina, ¿dónde anidarás?

HOY

¡Canta el divino canto de la liberación!
Tuyo es el don ansiado, tuyo es el sumo don.
Canta el divino canto de la liberación.

Ya sabes lo que el mundo es y lo que tú eres;
ya sabes lo que buscas, ya sabes lo que quieres.
Rompiste ya la malla tenaz de la ilusión.
Canta el divino canto de la liberación.

No más pérfidos lazos ni redes engañosas
que retengan el vuelo de tus alas aquí,
Ya no estás en las cosas:
ellas están en ti.

En ti lo llevas todo,
sin la limitación
del tiempo, del espacio, de la forma y el modo...
En ti lo llevas todo:
canta el divino canto de la liberación.

Octubre de 1917

XXXII

SIN TI, POR ELLOS...

Quia melior est dies una in atriis tuis super millia. (Porque mejor es un día en tus atrios que mil fuera de ellos).

Salmos, 84-10.

Señor, no puedo huir a la montaña,
no puedo ir a buscarte en el desierto,
porque es fuerza morar entre los hombres.
El engranaje de mi vida quiso
que lazos irrompibles

me ligasen a innúmeros de ellos,
y dicen todas las filosofías
que el precepto esencial es el de amarlos.

Pero, tú bien lo sabes,
sus voces vanas me ensordecen; sufro
un tedio irremediable de sus risas,
de sus plebeyos goces,
de su insipiencia hinchada,
de su incesante y fútil hormigueo.

Yo sé que solo un día
a tus pies, contemplándote en silencio
con la interior mirada del espíritu,
vale más que otros mil bajo las tiendas
de los tristes humanos.

Y es esta, ya lo ves, la prueba máxima
de amor que puedo darte:
no estar contigo, por estar con ellos.
Por escuchar sus quejas, ¡ay!, dejarte;
por ayudarles, padecer el frío
de tu ausencia, bien mío;
trocar por sus negruras tus destellos,
¡y por amarlos, parecer no amarte!

Octubre de 1917

XXXIII

BIEN SABES

BIEN SABES que no hay cosa
en nombre de la cual yo no te ame:
en nombre de la ortiga y de la rosa,
del monstruo y de la diosa,
del astro sumo y de la charca infame.

Y sabes, ¡oh Ideal!, que no hay criatura
a quien no ame por ti: celeste o impura,
vulgar o excelsa...
Pongo sobre todas
tu majestad como una investidura,
tu divina blancura
como un traje de bodas.

Ante la mezquindad los ojos cierro,
y así voy, sin mirar, por mi destierro,
burlando los escollos y el abismo;
abierta en cambio la interior pupila,
para verte en la honda, en la tranquila
fuente del alma, llena de ti mismo.

Noviembre 5 de 1917

XXXIV

UNO CON "ÉL"

Eres uno con Dios, porque le amas.
¡Tu pequeñez qué importa y tu miseria,
eres uno con Dios, porque le amas!

Le buscaste en los libros,
le buscaste en los templos,
le buscaste en los astros,

y un día el corazón te dijo, trémulo:
«¡aquí está!», y desde entonces ya sois uno,
ya sois uno los dos, porque le amas.

No podrán separaros
ni el placer de la vida
ni el dolor de la muerte.

En el placer has de mirar su rostro,
en el dolor has de mirar su rostro,
en vida y muerte has de mirar su rostro.

«¡Dios!» dirás en los besos,
dirás «Dios» en los cantos,
dirás «¡Dios!» en los ayes.

Y comprendiendo al fin que es ilusorio
todo pecado (como toda vida),
y que nada de Él puede separarte,
uno con Dios te sentirás por siempre:
uno solo con Dios, porque le amas.

Noviembre 8 de 1917

XXXV

EL FOCO

El ánima está pronta, pero la carne es débil.
A fuerza de bañarnos en luz del Ideal,
soñamos en cosechas heroicas de virtudes;
y cuando más erguidas nuestras cabezas van,
los pobres pies viajeros tropiezan en los riscos
y un gran derrumbamiento sigue al alto soñar.

Así la humilde tela del cine, en que proyecta
todos sus sortilegios la lente, si pensar
pudiese un solo instante, creyérase orgullosa
la magia de las magias, conjunto sin igual
de escenas, de paisajes, de luces, de colores,
hasta quedar de pronto sola en la obscuridad
su burda lona blanca donde tembló el prodigio,
toscamente enrollada sobre un palo trivial.

Veis hoy una doncella: todo luz son sus ojos,
es toda transparencia su piel; hay en su andar

un ritmo que esclaviza las almas, y que lleva
tras sí como una cauda de anhelos... Preguntad
después de breves lustros a vuestras viejas ansias
frente de cierta dama de aspecto episcopal:
¿en dónde están las dulces gallardías de antaño?

El foco de la gracia ya no proyecta más
su cono de luz viva, pródigo de milagros,
en aquel pobre rostro velludo de mamá...

Hombre soberbio y vano que juzgas gloria propia,
privilegio de estrella, toda la majestad
con que la misteriosa luz de Dios se dignaba,
prestándole excelencias, tu ser transfigurar:
humíllate amorosamente cuando te dore
el foco del eterno, del distante Ideal,
y cuando quede a obscuras de nuevo el alma, alégrate,
pensando que en otra alma sin duda brillará.
Murmura: «¡gracias, gracias!», y espera entre las sombras
que el haz maravilloso te vuelva a iluminar.

XXXVI

REMANSO

¡Oh, cuán bueno es pasar inadvertido,
dulce Fray Luis! Que no diga ninguno:
«Ahí va el eminente, el distinguido…».

¡Que suave regazo el del olvido!
¡Qué silencio mullido!
¡Qué remanzo de paz tan oportuno!

Simplemente, al arrimo
de la Naturaleza, madre santa,
hacer la obra, dar el fruto opimo,
como brinda su néctar el racimo,
la fuente brota y el pardillo canta.

No pedir galardón ni recompensa,
feliz del fruto que cuajó en la rama.
Cordialmente pensar con cuanto piensa,
férvidamente amar con cuanto ama.

Sentirse uno por siempre con la esencia
misma de la perenne creación:
chispa consciente en su inmortal conciencia
y latido en su inmenso corazón.

Noviembre 17 de 1917

XXXVII

LOS LENTES

A VECES, cuando los senos
del Enigma hurgando vas,
hallas que, por saber más,
cada día entiendes menos.

Y que en vano se encarama
a las cúspides tu pie:
pues, de más alto, se ve
más inmenso el panorama.

Se pierde más y se esfuma
el plan, y en la lejanía
sucumbe la luz del día
más y más entre la bruma.

Pesaroso y humillado
desciendes hasta la falda
del monte, y hundes la espalda
en el césped de algún prado.

Quieres dormir a la ingrata
curiosidad de saber,

y juras nunca más ver
lo que un misterio recata.

Y cuando, ya vencido,
todo lo reputas vano,
un burlón acento arcano
decir parece a tu oído:

«Tus tanteos, infeliz,
semejan por lo inocentes
los de quien busca sus lentes
con ellos en la nariz».

Noviembre 26 de 1917

XXXVIII

REVELACIÓN

Deja que los seres y las cosas hablen;
si sabes mirarlos y escucharlos bien,
tornaránse lentamente cristalinos,
hasta deslumbrarte con su limpidez.

Deja que los seres y las cosas hablen;
si sabes mirarlos y escucharlos bien,
te dirán los cínifes por qué te desangran,
te dirá la abeja por qué acendra miel,
te dirá la rosa por qué te perfuma,
te dirán las olas por qué su vaivén,
te dirá el cometa cuál de sus remotas
peregrinaciones el misterio es.

Deja que los seres y las cosas hablen;
deja que se muestren en su desnudez.
Más o menos tarde, si los miras mucho,
leerás en los ojos de toda mujer;

hasta el más astuto de tus enemigos
dejará que asome su alma a flor de piel;
y la propia Esfinge, si arrostras impávido,
si contemplas firme su glacial mudez,
venderá su enigma...
Ni los dioses vencen
la perseverancia de un tenaz *¡por qué!*

Noviembre 16 de 1917

XXXIX

QUOUSQUE TANDEM...

¿Y cuándo acabarás
de pasear tu tedio por las cosas o por
los hombres, entre quienes como fantasma vas?
Tú eres el espectáculo y tú el espectador:
tristeza (¡cuán amarga tristeza!) lo demás.

Adéntrate en ti mismo,
digiere lo que viste,
húndete en el mutismo
de tu mundo interior,
y asómate, si puedes, al edén que perdiste...
Todo lo que vislumbres, dentro de tu alma existe,
y es tu propio espectáculo, y tú, el espectador.

Noviembre 30 de 1917

XL

COMPRENSIÓN

¿Por qué empeñarse en saber
cuando es tan fácil *amar?*
Dios no te manda entender;

no pretende que su mar
sin playas pueda caber
en tu mínimo pensar.

Dios solo te pide amor:
dale todo el tuyo, y más,
siempre más, con más ardor,
con más ímpetu... ¡Verás
cómo, amándole mejor,
mejor le comprenderás!

Diciembre 3 de 1917

XLI

MÍO

¿Nada es mío? Mentira: todo es mío,
pues que mío eres tú.
Tú, en quien están los anchos universos;
tú, en quien anidan posibilidades
sin fin.

Rico desmesuradamente,
soy contigo: poseo
la creación perpetua, que cual río
turbulento, en mil giros se revuelve
sin cesar; de ti nace y a ti vuelve.
Todo lo tengo, pues que tú eres mío.

Diciembre de 1917

XLII

JESÚS

Jesús no vino al mundo de «los cielos».
Vino del propio fondo de las almas;
de donde anida el yo: de las regiones
internas del Espíritu.

¿Por qué buscarle encima de las nubes?
Las nubes no son trono de los dioses.
¿Por qué buscarle en los candentes astros?
Llamas son como el sol que nos alumbra,
orbes de gases inflamados... Llamas
no más.
¿Por qué buscarle en los planetas?
Globos son como el nuestro, iluminados
por una estrella en cuyo torno giran.

Jesús vino de donde
vienen los pensamientos más profundos
y el más remoto instinto.
No descendió: emergió del océano
sin fin del subconsciente;
volvió a él, y ahí está, sereno y puro.
Era y es un eón.
El que se adentra
osado en el abismo
sin playas de sí mismo,
con la luz del amor, ese le encuentra.

Diciembre 20 de 1917

XLIII

LOS MANANTIALES

Lee los libros esenciales,
bebe leche de leonas; gusta el vino
de los fuertes: tu Platón y tu Plotino,
tu Pitágoras, tu Biblia, tus indos inmemoriales:
Epicteto, Marco Aurelio... ¡Todo el frescor cristalino
que nos brindan los eternos manantiales!

Diciembre 21 de 1917

XLIV

LA DOCTORA

Si por leer apasionadamente
los libros, no contemplas
el tembloroso libro de los astros
en los límpidos cielos invernales;
si pretendes hallar en los filósofos
lo que la Noche, la *doctora* suma,
en silencio te ofrece:
la convicción augusta y formidable
de su Dios infinito,
allá tú...
Cegarás junto a tu lámpara,
cuando tantos luceros
del abismo sin límites envían
un mensaje de luz a tu mirada,
y a tu mente extasiada,
un mensaje que dice: «¡Le buscamos,
como le buscas; en amor ardemos
por Él; ardiendo, nos purificamos,
y, ya purificados, le hallaremos!».

XLV

TIMONEL PENSATIVO

Timonel pensativo, misterioso
timonel que a seguirte me convidas:
yo cruzaré en tu barco luminoso
este mar de locuras de las vidas.
¿Dónde va tu bajel? ¡Qué importa eso!
Iré contigo a cualesquiera playas.
Bien sé que nuestro viaje es un regreso,
y que mi patria está donde tú vayas.

Enero 6 de 1918

XLVI

HERÁCLITO

Mira todas las cosas curioso, embelesado;
mas sin querer asirlas: como ves el reflejo
de la luna en las aguas del estero encantado;
como la sombra trémula de una nube en un prado;
como la imagen móvil de un rostro en un espejo.

Y acertarás, sin duda, porque nada se plasma
fuera de ti; ninguna forma realidad es,
y aun cuando su ilusoria corporeidad te pasma,
si vas resueltamente a su encuentro, el fantasma
te dejará que pases de su engaño a través.

Febrero 11 de 1918

XLVII

DIFUSIÓN

Enfocado hacia ti mismo,
de ti querrás olvidarte,
en vano, y, por descentrarte,
llegas hasta el heroísmo.

Ansiarías derramarte
por el vario e inmenso abismo
del Todo; mas tu egoísmo
no consentirá en dejarte.

Estando en todo, serías
feliz, porque diluirías
tu mal de absoluto modo;

mas si esto no puede ser,
entra en ti muy hondo, a ver
si entrando en ti, estás en todo.

Febrero 11 de 1918

XLVIII

LIBROS

LIBROS, urnas de ideas;
libros, arcas de ensueño;
libros, flor de la vida
consciente; cofres místicos
que custodiáis el pensamiento humano;
nidos trémulos de alas poderosas,
audaces e invisibles;
atmósferas del alma;
intimidad celeste y escondida
de los altos espíritus.

Libros, hojas del árbol de la ciencia;
libros, espigas de oro
que fecundara el Verbo desde el caos;
libros en que ya empieza desde el tiempo
el milagro de la inmortalidad;
libros (los del poeta)
que estáis, como los bosques,
poblados de gorjeos, de perfumes,
rumor de frondas y correr de agua;
que estáis llenos, como las catedrales
de símbolos, de dioses y de arcanos.

Libros, depositarios de la herencia
misma del universo;
antorchas en que arden
las ideas eternas e inexhaustas;
cajas sonoras donde custodiados
están todos los ritmos
que en la infancia del mundo
las musas revelaron a los hombres.

Libros, que sois un ala (amor la otra)
de las dos que el anhelo necesita
para llegar a la Verdad sin mancha.

Libros, ¡ay!, sin los cuales
no podemos vivir: sed siempre, siempre,
los tácitos amigos de mis días.

Y vosotros, aquellos que me disteis
el consuelo y la luz de los filósofos,
las excelsas doctrinas
que son salud y vida y esperanza,
servidle de piadosos cabezales
a mi sueño en la noche que se acerca.

Febrero 28 de 1918

XLIX

A MI HERMANA LA MONJA

SÁLVATE TÚ, hermana, con tu sencillez;
sálveme yo con mi complejidad...

Distinta es la senda, distinta es la vez,
y aun siendo la misma, otra es la verdad.

Sigue tras las nubes buscando el fulgor
de tu antropomorfa celeste deidad,
mientras yo me asomo todo a mi interior,
hambriento de enigmas y de eternidad.

¡Hay algo en nosotros igual: el *amor*,
y ese ha de lograrnos, al fin la *unidad!*
¡ Salva seas, pues, tú con tu candor,
salvo yo con toda mi complejidad!

Marzo 3 de 1918

L

¡SOY UN VIEJO!

Soy un viejo significa: «Ya está cercana la hora
de cosechar»; significa: «La liberación me aguarda,
y tras ella el ancho espacio, la Verdad consoladora,
cuya cita esperé ansioso, murmurando: ¡lo que tarda!».

Cuando dices: «Ya soy viejo», quieres decir: «Me aproximo
a la vida y condición naturales propias mías;
volveré al Regazo inmenso por cuyo calor y arrimo
suspiraba... Cesa el sueño; va a amanecer: buenos días».

«Soy un viejo» es tanto como exclamar: «Nobles amigos,
fieles órganos, ministros de mis complejas funciones,
de mis actos instrumentos, de mis andanzas testigos,
ya vais a holgar. Como premio pienso daros vacaciones».

«Seréis élitros fugaces, nidos tal vez..., tal vez rosas;
latiréis quizá en otro corazón lleno de fuego;
miraréis acaso en otras pupilas esplendorosas;
besaré en otros labios (¡besad mucho, yo os lo ruego!)».

«Soy vieja» es, amiga mía, como insinuar: «¡Seré joven!
Lo que llevo no envejece; lo que envejeció ya dejo;
¡pobre sexo desdeñado, tiempo habrá de que te troven
de nuevo! Arrugas, ¡mañana seréis gloria de otro espejo!».

«Soy un viejo» decir quiere: «Caed en buena hora, galas,
vueltas harapos. Ya vienen los bellos lujos que espero.
Rómpete, capullo inútil, porque estorbas a mis alas;
ataúd, sé cuna blanda... ¡Voy a nacer, pues me muero!».

Marzo 7 de 1918

LI

LA SED

INÚTIL la fiebre que aviva tu paso;
no hay fuente que pueda saciar tu ansiedad,
por mucho que bebas... El alma es un vaso
que solo se llena con eternidad.

¡Qué mísero eres! Basta un soplo frío
para helarte... Cabes en un ataúd;
¡y en cambio a tus vuelos es corto el vacío,
y la luz muy tarda para tu inquietud!

¿Quién pudo esconderte, misteriosa esencia,
entre las paredes de un vil cráneo? ¿Quién
es el carcelero que con la existencia
te cortó las alas? ¿Por qué tu conciencia,
si es luz de una hora, quiere el sumo *bien*?

Displicente marchas del orto al ocaso;
no hay fuente que pueda saciar tu ansiedad
por mucho que bebas... ¡El alma es un vaso
que solo se llena con eternidad!

Marzo 26 de 1918

LII

LA BEATITUD

UNA MIRADA PLENA, de observador profundo
y embelesado siempre, que ve sin inquietud
el panorama múltiple del universo mundo,
eso es la beatitud.

Pensar, pensar sin tregua y admirar; mas sintiendo
que nada nos afecta ni afectará jamás

del devenir y el cambio sin fin que estamos viendo;
que somos, ante el piélago, presencia nada más.

Que mónada inmutable, pura y simple conciencia,
inconmovible en toda su primordial virtud,
de su aseidad segura, confiada en su inmanencia,
nuestra alma estará toda y en todo como esencia,
saber y sentir esto: ¡he aquí la beatitud!

Marzo de 1918

LIII

RIDENDO

¿A DÓNDE marcha el Cosmos? Hacia un fin: enterarse,
ver, comprender su inmensa substancia, contemplarse
en su totalidad polimorfa.
El Abismo
pretende sin cesar conocerse a sí mismo.

En devenir perpetuo sube toda existencia,
reptando hacia la cima de luz de la conciencia.
Coloides, protozoarios,
rizópodos, amibos, seres rudimentarios,
la miope seudociencia, presuntuosa, engreída,
exclama al contemplaros: «¡Ya sé lo que es la vida:
reacción físicoquímica, una simple reacción,
lo mismo nuestra idea que nuestra sensación!».

Y el numen, que palpita dondequiera, buscando
la intelección cabal y plena de sí propio,
si investigas, doctor, también investigando
se encuentra en tu cerebro; y si miras, mirando
contigo está la lente del ultramicroscopio.

Y mientras que tú agitas, lleno de afectación,
la cabeza y exclamas: «Reacción físicoquímica:

eso es el pensamiento y eso es la sensación»,
¡el numen, que en ti escucha tu hueca afirmación,
se ríe de tus humos y de tu bufa mímica!

LIV

EL DESFILE

Asisto a un desfile perpetuo. Yo soy
parte del desfile. Con la Especie voy
marchando, y a un tiempo la veo pasar.
¿Somos uno? ¿Muchos? ¿El espectador
mira con los ojos de todos?
Señor,
qué mínimo y vano nuestro preguntar...

Asisto a un desfile perpetuo, y no sé
si al morirme, ¡oh Dios!, no más andaré,
o si en otros sigo mi peregrinar;
si con las que ajenas plantas imagino
he de hollar el triste polvo del camino
siempre, sin cesar,
o si en tu regazo, pobre peregrino,
hallaré refugio donde descansar.

Junio de 1918

LV

PASTOR...

Pastor, te bendigo por lo que me das.
Si nada me das, también te bendigo.
Te sigo riendo si entre rosas vas.
Si vas entre cardos y zarzas, te sigo.
¡Contigo en lo menos, contigo en lo más,
y siempre contigo!

Junio de 1918

LVI

¡PERO NO!

Parece que está cerrada la puerta de las mercedes.
Parece que el dulce fíat del Padre ya enmudeció,
Parece que tus intentos son alas presas en redes;
voluntad, voluntad mía, parece que nada puedes...
¡Pero no!

¡Pero no!
Sigue queriendo tenazmente, y con iguales
esfuerzos hiere la roca del destino, voluntad.
No consientas en tus grillos, no consientas en tus males,
y opón sin cesar a tantas limitaciones fatales
tu propia fatalidad.

Julio 20 de 1918

LVII

LA ORACIÓN

No será lo que quieres —murmura el desaliento—:
tu plegaria es inútil; no verá tu pupila
el dulce bien que sueñas... ¡Imposible es tu intento!

Yo escucho estas palabras como el rumor del viento
y sigo en mi oración, obstinada y tranquila.

Agosto 12 de 1918

LVIII

ESTE DÍA

ESTE DÍA quedó santificado
por angustia sin tasa, sin medida;
este día ya fuiste desgraciado
por diez años de vida;

este día, a través de la hosca, estrecha
y despiadada senda en que caminas,
los dioses arrojaron la cosecha
de diez años de espinas;

este día, el Destino, que te forja
sin cesar grillos, cepos, ligaduras,
arrojó ante tus pobres pies la alforja
de todas tus torturas;

este día, cumpliendo una condena,
al Himalaya del dolor subiste,
y en sus cimas estuvo tu alma en pena
heroicamente triste;

este día, en que a solas tu conciencia
y tú, locos de angustia ya los dos,
hicieron la más trágica experiencia…
¡es el día mejor de tu existencia,
porque en él ni un instante faltó Dios!

Septiembre 5 de 1918

EL PANORAMA

El poeta, que ha estado asomándose a su propio espíritu, viendo en el espejo de sí mismo el universo, sale fuera por unas horas, y contempla el panorama del mundo... Los seres y las cosas pasan, pasan… pasan. «Maya» teje y desteje sus redes.

I

LA MAL PAGADA CANCIÓN

La trémula serenta
que en la noche azul y plata
bajo unas rejas plañó
por desdenes de una ingrata,
la trémula serenata
ha siglos que se extinguió.

Mas queda aún el labrado
hierro, queda el ulcerado
muro de aquel torreón
esquivo, y está narrado
el amor infortunado
en pergamino rugado
en un archivo de León.

Queda, en iglesia vetusta,
en que el eco, al resonar

en las bóvedas, asusta,
una cripta secular,
donde duerme en paz la augusta
infanta que cerró, adusta,
sus oídos al cantar.

Queda, en lóbrego crucero,
el busto del caballero,
dentro de un nicho severo,
donde reza una inscripción
que fue en lides el primero,
defendiendo con su acero,
contra el muslín algarero,
la Patria y la Religión.

Queda, para que la aprenda
todo amante a quien encienda
el alma el rapaz con venda,
la canción del trovador;
y queda, en fin, como prenda
de la mal pagada ofrenda,
el perfume de leyenda
de aquella cuita de amor.

II

LA TONTA

Permanece a la puerta largo tiempo sentada
sumergiendo en quién sabe qué abismos su mirada,
y cuando los patanes se mofan de ella, y cuando
le preguntan: ¿Qué haces?, responde: «¡Estoy pensando!»
«¡Está pensando!», todos corean con voz pronta.
«¿Lo oís? ¡Está pensando Sebastiana la tonta!».

Mas ella no se inmuta, y sus claras pupilas,
con misterioso ahínco clávanse en las tranquilas
lontananzas bermejas del crepúsculo vivo,
que, sin pensar, parece cual ella pensativo...

¿Qué miran esos ojos fulgurantes a ratos,
verdes y estriados de oro como los de los gatos?

¿Qué atisban en las nubes —ingrávidas viajeras—
que pasan proyectando sus sombras en las eras?
¿Qué acechan en los cielos, qué buscan, en fin, cuando
la tonta a los patanes responde: «Estoy pensando»?

Su alma está en ese punto de la Circunferencia
divina en que se funden la ciencia y la inconsciencia;
donde los dos extremos eslabones se traban,
donde empiezan los simples y los genios acaban.

La madrastra la riñe sin cesar: nunca acierta
la tonta a contentarla... Mas, después, a la puerta
de la casucha sórdida, Bastiana se desquita,
mirando con sus ojos de jade la infinita
lontananza en que sangra la tarde agonizando,
mientras murmuran todos: «La tonta está pensando...».

III

LOS POZOS

¡Madre, madre, me muero de sed!
Si supieras qué sueño he tenido...
—¿Qué soñabas, mi amor? —Pues soñaba
que vivía en un raro planeta,
glacial, cristalino.
En un raro planeta de hielo,
habitado por seres blanquísimos
y de un rubio ideal, que moraban,
muy felices en medio del frío.

Los enormes, translúcidos témpanos
azulados, a la luz de un tímido
satélite verde, fingían fantasmas
envueltos en linos

irreales o montes absurdos
de amatistas, topacios, zafiros...

Y recuerdo también, madre mía,
que en ocultos sitios
llenos de misterio,
vigilados siempre por custodios rígidos,
gigantescos, mudos, había unos pozos,
unos pozos hondos... hondos, *¡de aire líquido!*

Era ciento ochenta grados bajo cero
su temperatura...
—¡No delires, hijo!
—*¡Ciento ochenta grados bajo cero,* madre!
Y si por descuido
un bloque de hielo caía en un pozo,
hirviendo al contacto de aquel cuerpo «ígneo»,
se alzaban columnas de «vapor de aire»
lanzando, rabiosas, sus agudos silbos...

Esos pozos estaban cubiertos,
y muy recatados y muy escondidos...
Pero yo, muriendo de sed, fui a buscarlos,
fui a buscarlos, madre, por entre los riscos
de hielo, con ansias de apagar la lumbre
de mis fauces ávidas (mientras que, dormidos,
los rubios guardianes yacían al borde
de cada hoyo estigio).

Y abriendo la tapa de uno, del más grande,
por inadvertencia resbalé al abismo.
¡Resbalé a la sima negra, en cuyo fondo
había aire líquido!

¡Oh, qué sensaciones deliciosas, madre,
qué estupendo frío!
¡Por fin a estos labios de brasas, la fuente
mayor de frescura refrigeraríalos!

¡Pero no acababa de caer al fondo!
¡No llegaba al líquido!

Nunca terminaba mi derrumbamiento:
¡solo iba creciendo mi frío...!

¡Al fin llegué, madre, llegué, qué ventura!
¡Qué baño divino!
¡Qué inmersión silenciosa en las linfas
insondables del pozo dormido!...

Mas, ¡ay!, que al contacto de aquellos caudales,
de aquellos caudales claros y tranquilos,
sentí que mi cuerpo se cristalizaba
como un gran diamante, volviéndose nítido.

¡Era yo un cadáver de cuarzo! ¡Un cadáver
infinitamente frío, frío, frío!
¡Pero libre, madre, de sed para siempre,
de esa sed inmensa que ya no resisto!

¿Por qué he despertado? ¿Por qué volví al horno
de este lecho...? ¡Madre, tu vaso está tibio!
¡Llévatelo! ¡Quiero que me des un vaso
de aquel aire líquido!

IV

EL MAYOR DE LOS BIENES

Mientras Luz se retuerce bajo el trémulo filo
del dolor, en un ángulo de la estancia, en quietud
armoniosa, un trasunto de la Venus de Milo
perpetúa el milagro de su augusta actitud.

Luz, que fue, por falacias de un Don Juan, seducida
(¡como tantas!), la fuga supo ya del infiel;
y pensando en su honra, para siempre perdida,
llora todas sus lágrimas, vierte toda su hiel.

Entre tanto, la diosa, que vivió en un pasado
sin igual, en que el cuerpo, con divino impudor,
se ostentaba orgulloso, y amar no era pecado,
con sus ojos sin lumbre mira aquel gran dolor.

¡Oh modelo de Fidias, noble carne desnuda:
esos brazos que faltan a tu estatua sin par,
si cobrarlos pudieses, los tendieras sin duda
a la hermana que llora su delito de amar!

Rodearas con ellos su cabeza, sus sienes,
en tus pechos altivos descansara quizá,
y a su oído dijeras: «¡Oh mujer!, ya no penes:
amar es, aun con lágrimas, el mayor de los bienes;
¡el amor, aun sin honra, dios por siempre será!».

V

UNA DAMA SENTIMENTAL

I

Una dama sentimental,
entrada ya en los treinta y...
una tibia tarde otoñal.
Escenario: calle ideal
de algún umbroso *Sans-souci*.

¿Versos? ¡También! Pero mejor
la melodía que al fluir
canta el rizado surtidor,
loco de saltar y reír.

Como un celaje blanco por
la serenidad del zafir,
cruzan las alas del amor.

II

Sueña la dama que un amante
maduro ya, fino, elegante,
la mano en la mano, al oído
le dice cosas de ternura...

Allá en ocaso, un desvaído
lila, trémulo, malherido,
sucumbe al fin a la negrura...

III

Decir a la dama oyeron:

«Amor, ¿por qué no te vas,
si ya las hojas cayeron,
si ya las nieves vinieron,
si el mirlo no canta más?
Amor, ¿por qué no te vas?

»Turbas con fiebre funesta
un alma que estaba presta
a partir, y en su desdén
por todo humano prurito
buscaba en el infinito
el solo, el máximo bien.

»Agitas un corazón
en que la primer pasión
nació veinte años atrás.
Golpeando el aldabón
de un portal ruinoso estás.
¿Oyes? ¡Suena la oración!
Amor, ¿por qué no te vas?»

IV

La oyeron aún decir:

«¡Mi cáliz he de beber...!
Ya no quisiera vivir,
pero vivo sin querer.
¡No sé ni cómo sufrir,
pero sufro sin saber!

»¡Amar sí sé, con ardor!
Toda yo me entrego así...
¡Mas, de qué sirve ese amor
si no me quieren a mí!

»Amor tal es flor precaria
que nadie viene a aspirar;
¡es estrella solitaria
que muere sin alumbrar! »

Pobre dama sentimental
entrada ya en los treinta y...
Si hiela un hálito glacial
toda flor en torno de ti,
si a nadie mueves con tu mal,
pobre dama sentimental,
yo te querré... quiéreme a mí.

VI

LA NOVIA

Vigilate, quia nescitis qua hora
Dominus venturus sit.

MAT., XXIV, 42

LA SUTIL DESTEMPLANZA de una tarde marcera
enfermó sus pulmones; su invisible puñal

le clavaron los cierzos en la espalda de cera,
y hela allí entre las rosas que ofreció primavera,
cual friolentas primicias para su funeral...

El ajuar de la novia terminado se hallaba,
y ya el novio, impaciente, con febril anhelar,
los minutos, las horas y los días contaba.
El ajuar de la novia terminado se hallaba,
cuando vino el Esposo que no sabe esperar...

Cuando vino el Esposo que nos hiela el deleite,
que sorprende a las vírgenes en la noche falaz,
y requiere las lámparas que no tienen aceite...
¡Cuando vino el Esposo que nos hiela el deleite
y nos sella los labios con un beso de paz!

Ella supo, no obstante, cuál sería su sino;
la voz queda de un ángel al oído le habló
y le dijo: «No temas; será blando el camino,
y tu beso de bodas el más dulce y divino
de los besos de bodas...».
Y sonriendo murió.

VII

CABECITAS

MUCHACHAS, cabecitas sin pensamiento,
¡pero tan bellas!
Con esas actitudes tan armoniosas,
cuando parece que estáis mirando nubes y estrellas
con la mano en la barba... ¡estáis mirando muy otras cosas!

¡Los límpidos cristales de vuestras mentes
con cuán pocas ideas se han empañado!
Sois divinas por eso, como las fuentes,
que, sin saber, reflejan soles fulgentes,
y jamás ha una huella contaminado.

¡Columnas de la raza, del laberinto
del amor, venideras dulces Ariadnas,
en vuestra joven alma late el instinto
primordial, sin mancilla de ciencias vanas!
Dios hizo de vosotras el instrumento
del ser; si vuestras bocas, lindas doncellas,
dicen sí, de la vida cuaja el portento...
Muchachas, cabecitas sin pensamiento,
pero tan bellas…

VIII

LA NUBE

¡Qué cuentos de hadas saldrían de esa nube
crepuscular, abismo celeste de colores!
¡Cuánta vela de barco, cuánta faz de querube,
cuánto fénix incólume, que entre las llamas sube;
cuánto dragón absurdo, cuántas divinas flores!

¡Cuánto plumón de cisne, cuánto sutil encaje,
cuánto pavón soberbio, de colas prodigiosas;
cuánto abanico espléndido, con áureo varillaje,
cuánto nimbo de virgen, cuánto imperial ropaje,
cuántas piedras preciosas!

Mas ella no lo sabe, y ensaya vestiduras
de luz y vierte pródiga sus oros y sus cobres,
para que la contemplen tan solo tres criaturas:
¡un asno pensativo, lleno de mataduras,
y dos poetas líricos, muy flacos y muy pobres!

IX

LA CARICIA

Abril. Cesó la lluvia. Finge el prado
cosecha de diamantes, cristalino

reguero de esmeraldas. El nublado
majestuoso se aleja como vino.

Glorifica el cenit, transfigurado,
un solemne crepúsculo ambarino...
¡Yo me detengo a oler, embelesado,
las húmedas matitas del camino!

Tonicidad eléctrica me inunda.
Me siento ágil y mozo; una delicia
nueva y sutil me invade, me circunda.

Todo es color, virginidad, primicia;
mi espíritu se anega en paz profunda.
¡Parece que Dios mismo lo acaricia!

X

EL LUCERO

¡QUIÉN SABE si el sufrir rejuvenece!
A ti, cuya alma en pena sangre y llora;
a ti, que solo eres dolor, parece
que con cada tormento te amanece
en el pálido rostro nueva aurora.

Ninguno al verte presumir podría
toda la magnitud de tu agonía.
La urna de tu espíritu, cerrada,
fielmente esconde sus angustias.
Pero
¡con qué doliente luz tiembla un lucero
en el abismo azul de tu mirada!

XI

EL POETA NIÑO

Sufrió su pasión,
rio su reír,
cantó su canción...
¡y se fue a dormir!
Se marchó risueño
después de cantar,
y tal es su sueño,
que no tiene empeño,
¡ ay!, en despertar.

Sufrió su pasión,
rio su reír,
cantó su canción...
¡y se fue a dormir!

XII

ÉL

Su voz más dulce que una orquesta
sin duda fue... Más que un cristal
su alma fue pura y manifiesta.
¡Estar con Él, era una fiesta!
Morir por Él, un ideal.

Ha dos mil años que pasó
sembrando paz, vertiendo miel,
y de la tierra se adueñó.
¡Ha dos mil años que murió,
y el mundo aún vive por Él!

LA CATÁSTROFE

I

POETA, TÚ NO CANTES LA GUERRA...

Poeta, tú no cantes la guerra; tú no rindas
ese tributo rojo al Moloch, sé inactual;
sé inactual y lejano como un dios de otros tiempos,
como la luz de un astro que a través de los siglos
llega a la Humanidad.

Huye de la marea de sangre, hacia otras playas
donde se quiebren límpidas las olas de cristal;
donde el amor fecundo, bajo de los olivos,
hinche con su faena los regazos, y colme
las ánforas gemelas y tibias de los pechos
con su néctar vital.

Ya cuando la locura de los hombres se extinga,
ya cuando las coronas se quiebren al compás
del orfeón coloso que cante Marsellesas;
ya cuando de las ruinas resurja el Ideal,
poeta, tú, de nuevo,
la lira entre tus manos,
ágiles y nerviosas y puras, cogerás,
la nítida estrofa, la estrofa de luz y oro,
de las robustas cuerdas otra vez surgirá:
la estrofa llena de óptimos estímulos, la estrofa
alegre, que murmure: «¡Trabajo, Amor y Paz!»

Agosto 3 de 1915

II

DESPUÉS

¿TANTA OBLACIÓN HEROICA no ha de fructificar?
Señor, esta oleada roja la has permitido...
¡Cuántos caen a diario! ¡Cuántos han sucumbido!
¡Su sangre ya no es lago, Señor; su sangre es mar!

Tan lento y silencioso martirio nos asombra.
Mientras ellos perecen, ellas, en un rincón,
trabajan, sufren, callan, esperan en la sombra...
¿Su enorme angustia, Cristo, no ha de tener sanción?

Aguardemos las flores más bellas para luego.
Después del torbellino, las rosas se abrirán.
El mundo, como un fénix, resurgirá del fuego,
y en muchas almas nuevos soles se encenderán.

¡Quién pensará en la noche cuando despunte el día!
¡Con el sereno júbilo de una labor tenaz,
restañará su sangre la Humanidad bravía
en el regazo inmenso de la divina Paz!

¡De nuevo hermanos todos los hombres, sentiremos
que el mundo es nido vasto, de material calor,
y en él con ideales lejanos soñaremos,
al misterioso arrullo de una canción de amor!

Agosto 22 de 1915

III

LO QUE NOS QUEDA

PORQUE en este aluvión de sangre y lodo
se hundió nuestra fortuna, ¿te querellas?
En suma, deja que se pierda todo:
¡siempre habrán de quedarnos las estrellas!

¡Siempre habrá de quedarnos la argentina
palidez de las noches enlunadas,
y el júbilo del hora matutina
y la paz de las tardes fatigadas,
y mi ternura casta, y la divina
serenidad azul de tus miradas!

Julio 30 de 1915

IV

LA NIEVE MISTERIOSA DE LA MONTAÑA

Ven, ya llegó la hora del amor: ¿por qué inmóvil
y silencioso estás frente a tu ventana?
¿No te esperan mis besos?
—Déjame: estoy mirando
la nieve misteriosa de la montaña.

—He aquí el libro que enseña tanta filosofía:
¿por qué sobre la mesa lo abandonas, sin gana
de sondar sus honduras?
—Déjame: estoy mirando
la nieve misteriosa de la montaña...

—Poeta, el mundo tiembla de expectación: la Horda
científica destruye cuanto la especie humana
supo crear. . . Asómate a la lucha; comparte
la ambición de los fuertes, que triunfarán mañana,
o el temblor de los débiles...
—Déjame: estoy mirando
la nieve misteriosa de la montaña.

Marzo 9 de 1916

V

PROPÓSITO

Et s'il ne reste qu'un,
je serai celui-là!

VÍCTOR HUGO

AUN CUANDO el mundo entero,
borracho de crueldades,
a proclamar llegara
el culto de la fuerza,
la destrucción del débil,
el aniquilamiento
de todos los pequeños,
tú, poeta, en el fuero
de tu conciencia libre;
tú, en el humilde campo
de tu acción, de tu vida,
¡sé misericordioso!
¡Sé cordial, sonriente,
humano, siempre humano!
No hagas, sufrir ni a un mínimo
tallo de sensitiva;
amordaza el vocablo
irónico, prefiere
cortar las alas de oro
a las abejas áticas
del epigrama; deja
que te juzguen inerme
para el alfilerazo
maligno; que en tu alma,
tan solitaria y muda,
la compasión florezca
como el nardo en invierno...
¡Y tu corazón sea
urna que guarde un poco
de la piedad de Cristo!

Marzo 16 de 1916

VI

EL VELO

¡Cómo ha delirado la demencia humana
a través del tiempo! ¡Cuántas religiones!
¡Cuánta lucha estéril! ¡Qué de angustia vana
enseñoreándose de los corazones…!

Y Tú, en tanto, incólume sobre las edades,
Raíz de los seres, pura y cristalina,
Unidad de todas las pluralidades,
eres, como encina de las tempestades,
el azul de eterna limpidez divina.

Con sus propias nubes, los hombres velaban
tu rostro, y lo velan aún; te escondía
cada torbellino de los que se alzaban
entre las contiendas que por ti libraban,
y que hoy, insensatos, libran todavía.

La sangre vertida se encharca en pantanos,
que son, con sus miasmas, velo pertinaz
entre tu perenne luz y los humanos.
¡Si cesan un día las pugnas de hermanos,
el mundo, al instante, mirará tu Faz!

Febrero 3 de 1918

VII

YA ES MUCHO...

Como estamos rompiendo a duras penas
el cascarón de la animalidad,
no exijas perfecciones nazarenas
a la antropopiteca Humanidad:

ya es mucho que haya algunas almas buenas
que irradien un destello de piedad.

No quieras del Amor ánforas plenas:
ya es mucho si contienen la mitad...
No pidas ondas blandas y serenas
al mar esquivo de la sociedad:
¡ya es mucho que no rompa las antenas
y el casco del bajel la tempestad!

Abril de 1918

VIII

EL CRISTO FUTURO

¡Oh, mi señor! Tú callas, tú ya no dices nada
sino en el hondo instinto del alma que te invoca;
pero los malos te hacen hablar, ¡ay!, y en su boca
tu voz se vuelve grito de guerra y son de espada.

Tu eterna mansedumbre se torna marejada
de horror; tu mano pródiga cual garra nos sofoca,
y surge, en vez del agua, la sangre de la roca
del mundo, y toda nube de rayos va preñada...

Mas un día (¡benditos quienes lucir le vean!)
los hombres, que a su imagen y semejanza «crean»
a Dios, serán tan grandes, que abismarán al mito

cruel, obscuro, torvo, que gozaba matando,
¡y tú en la mente humana te irás agigantando,
hasta llenar de músicas y luz el infinito!